기독교문서선교회 (Christian Literature Center: 약칭 CLC)는 1941년 영국 콜체스터에서 켄 아담스에 의해 시작되었으며 국제 본부는 미국 필라델피아에 있습니다. 국제 CLC는 59개 나라에서 180개의 본부를 두고, 약 650여 명의 선교사들이 이동 도서차량 40대를 이용하여 문서 보급에 힘쓰고 있으며 이메일 주문을 통해 130여 국으로 책을 공급하고 있습니다. 한국 CLC는 청교도적 복음주의 신학과 신앙서적을 출판하는 문서선교기관으로서, 한 영혼이라도 구원되길 소망하면서 주님이 오시는 그날까지 최선을 다할 것입니다.

새로운 성경신학
새 아담, 여자의 후손

Biblical Theology Renewed : New Adam, Woman's Offspring
by Seock-Tae Sohn
All rights reserved.
Korean Edition Copyright ⓒ 2024 by Christian Literature Center, Seoul, Korea

새로운 성경신학

새 아담, 여자의 후손

2024년 5월 30일 초판발행

지 은 이 | 손석태

편　　　집 | 정희연
내지디자인 | 박성준
표지디자인 | 장윤주, 서민정
펴　낸　곳 | (사)기독교문서선교회
등　　　록 | 제16-25호(1980.1.18.)
주　　　소 | 서울 동대문구 천호대로71길 39
전　　　화 | 02-586-8761~3(본사) 031-942-8761(영업부)
팩　　　스 | 02-523-0131(본사) 031-942-8763(영업부)
이　메　일 | clckor@gmail.com
홈 페 이 지 | www.clcbook.com
송 금 계 좌 | 기업은행 073-000308-04-020 (사)기독교문서선교회
일 련 번 호 | 2024-62

ISBN 978-89-341-2696-6(93230)

이 책의 출판권은 (사)기독교문서선교회가 소유합니다.
신저작권법에 의하여 한국 내에서 보호를 받는 저작물이므로 무단 전재와 무단 복제를 금합니다.

새로운 성경신학

새 아담,
여자의 후손

손석태 지음

Biblical Theology Renewed
New Adam, Woman's Offspring
Seock-Tae Sohn

CLC

목차

머리말	6
서론	9
1. 아담, 하나님의 형상	**16**
1.1. 여자의 몸에서 낳은 하나님의 아들	16
1.2. 하나님의 창조 세계	19
1.2.1. 하나님-사람-만물	21
1.2.2. 아담-하나님의 형상	23
1.2.3. 심히 기뻐하신 하나님	30
2. 아담의 범죄와 죄의 삯 (창 3:1-24)	**32**
2.1 선악과를 따먹지 말라고 명하신 하나님	32
2.2. 선악과를 따먹은 아담	34
2.3. 아담과 하와, 그리고 뱀을 심판하시는 하나님	35
2.4. 아담에게 가죽옷을 지어 입히신 여호와	40
3. 하나님의 홍수 심판과 언약	**43**
3.1. 폭력적인 세상	43
3.2. 육체가 된 사람들	47
3.3. 홍수로 땅을 쓸어버리는 하나님	53
3.4. 노아와 언약을 맺으시는 하나님	55
4. 하나님의 구원 계획	**60**
4.1. 새 아담의 모형	70
4.2. 새 언약 새 아담	81
4.2.1 새 아담을 설계하시는 하나님	85
4.2.2. 노아와 홍수 심판	86
4.2.3. 셈의 장막, 여호와의 거처	91
4.2.4. 아브라함	93
4.2.5. 모세	102
4.2.6. 다윗의 후손: 임마누엘	106
4.2.7. 임마누엘: 새 아담	112
4.2.7.1. 제단	115
4.2.7.2. 제물	116
4.2.7.3. 제사장	118
4.3. 새 아담의 죽음과 부활	118

   4.4. 새 아담의 나라   130
      4.4.1. 새 하늘과 새 땅   131
      4.4.2. 새 아담의 나라 새 사람들   137

5. 새 아담, 임마누엘   140
   5.1. 성육신하신 하나님의 아들   140
   5.2. 예수님의 순종   146
   5.3. 예수님의 죽음   152
   5.4. 예수님의 부활   162
      5.4.1. 예수님의 부활에 대한 증언들   163
      5.4.2. 베드로의 증언   165
      5.4.3. 바울의 증언   165
      5.4.4. 공회의 증언   169
   5.5. 부활하신 그리스도   172
      5.5.1. 왕이 되신 새 아담   173
      5.5.2. 대제사장이 되신 새 아담   178
      5.5.3. 대선지자가 되신 새 아담   183

6. 새 아담의 새 백성들   194
   6.1. 새로운 왕이 되신 새 아담   196
   6.2. 새 백성을 모으는 왕, 새 아담   199
      6.2.1. 선지자의 사명을 받은 제자들   200
      6.2.2. 성령의 세례를 받은 제자들   203
   6.3. 성령의 선물을 받은 3000여명의 사람들   205
   6.4. 하나님 나라의 백성을 모으는 제자들   209
      6.4.1. 베드로의 복음 사역   210
      6.4.2. 바울의 복음 사역   214

7. 새 창조: 새 하늘과 새 땅, 새 사람   219
   7.1 육의 몸과 영의 몸   222
   7.2. 하늘 아버지의 집   226
   7.3. 성전(聖戰)을 통한 성전(聖殿)   230
   7.4. 하나님의 전신갑주를 입어라   235
   7.5. 만인 선지자가 되어라   239
   7.6. "내가 네 안에, 네가 내안에, 모두가 우리 안에"   249
   7.7. 새 하늘, 새 땅, 새 예루살렘   252
   7.8. 보아라, 내가 속히 오겠다.   259

결론   265
참고문헌   269

머 리 말

　세상에서 성경만큼 오랜 역사를 통하여 사람들이 많이 읽고 연구하고 사랑하고, 영향을 받은 책은 없을 것이다. 성경은 마치 바다와 같아서 그 깊이와 넓이를 헤아리기가 힘들다. 3천여년이 넘는 긴 세월 가운데 수많은 사람들이 그 깊이와 높이, 길이와 넓이를 헤아리기 위해 일생을 바쳐왔지만 여전히 성경은 미지의 세계이다. 나도 뒤늦게 50평생 성경을 붙들고 살아 왔지만 아직도 "여호와의 길"을 찾기 위해 헤매고 있는 중인데, 감히 이 책을 내놓게 되었다. 뒤 따라 오는 후배들에게 이 책이 똑바른 길잡이가 되리라고는 생각한 것은 아니고, 다만 이쪽으로 저 산 넘어 가면 무엇인가 반짝거리는 것이 있는 것 같다는 말은 해 줄 수 있을 것 같아 그것이라도 도움이 되기를 바라고 자판을 두들겼다.

　이 책이 출판되어 나오기까지 저자를 지도해주신 여러 스승들에게 먼저 감사를 드린다. 특별히 지금은 고인이 되셨지만 New York University 의 Baruch A. Levine 교수님은 내가 구약성경을 어떻게 접근할 것인가를 가르쳐주시고, 특히 고대 근동의 많은 문헌들에 대한 소개와 그것을 신학에 사용하는 방법을 지도해주셨고, 박사 학위 논문을 쓰는 과정에 있어서도 큰 인내심을 가지고 성실하게 지도해주셨다. 평생에 잊을 수 없는 은사님께 마음 깊이 감사를드린다. Tremper Longman III 교수님은 내가 Westminster Theological Seminary에서 공부하며 구약성경 연구에 대한 관심을 갖게 하고, 이후 내 신학이 좌로나 우로 치우치지 않도록 이끌어주신 선생님이자 친구로서 항상 감사하는 마음과 존경하는 마음이 떠나질 않는다. 또한 한

국이 낳은 세계적인 신약학자요 나의 둘도 없는 믿음의 친구, 김세윤 박사는 항상 신학자로서의 권위와 자존심과 학문하는 태도를 가르쳐 준 선생이었다. 특히 신학에 눈을 뜨게해주고, 신학에 빠져들도록 격려하고, 용기를 불어넣어준 친구였기에 감사하는 마음이 항상 내 안에 있다.

개신대학원대학교의 설립 이사장, 조경대 목사님은 하나님께서 나를 축복하시기 위하여 세워주신 주님의 종이라고 믿고 있고, 그분의 사랑과 은혜는 헤아릴 수도 없고, 잊을 수도 없다. 또한 그분의 두 아들, 개신대학원대학교의 조성환 이사장과 조성환 총장이 내게 베푼 호의와 배려도 잊을 수 없는 은혜이다. 항상 감사하는 마음이다. 뿐만 아니라 미국 유학 중, 뉴욕중부교회의 전도사 시절부터 현재까지 나의 목사님이 되어 주신 총신대 김의원 총장과 김영옥 사모님, 신학교에 다니는 시절부터 항상 말동무, 길동무가 되어준 아세아연합신학대학교(ACTS)의 원종천 교수 등은 내가 살아온 동안 나를 여러모로 도와주신 친 형제나 다름없는 분들이다. 또한 나를 위해서 기도해 주시고 물심양면으로 후원해 주신 샬롬교회의 정신성 목사님과 고등학교를 거쳐 대학교 졸업때까지 같은 하숙집에서 한 방을 쓰고 지금까지 소꿉친구가 되어준, 김종욱 회장의 사랑과 후원은 앞으로도 계속 변치 못할 우정이고 사랑이다. 또한 학원 선교를 위해서 젊은 날을 함께바쳤던 ESF 동역자요 형들인 이승장, 안병호, 장창식 목사님들, 그리고 임종학, 한의수, 조완철, 채미자 등의 2세대 간사 목사님들에게 감사드린다. 이들의 변치 않는 사랑과 동역 가운데 나는 신자가 되어, 목자로 성장하였고, 오늘의 내가 있을 수 있게 되었다고 믿는다. 또한 새빛교회 성도들이 그동안 내게 베푼 사랑은 아무리 감사해도 부족할 것이다. 조계연, 김상준 장로, 송화창, 김승호 안수 집사들과 그들의 배우자들, 그리고 채미자, 정사철, 고대웅 등의 협동목사들과 여기에 언급하지 않은 우리 교회의 모든 성도들은 하나님께서 보내주신 동역자들이고, 이들의 사랑과 헌신이 없었다면 나는 목회를 할 수 없었을 것이다.

이 책의 출판을 위해 여러 모로 배려해 주신 기독교문서선교회(CLC) 박영호 사장님을 비롯하여, 실무적으로 많은 도움을 주신 이경옥 실장님과 박성준 과장에게 감사를 드린다. 이 책의 아름다운 표지를 도안해준 장윤주 ESF 간사, 또한 출판을 위해 여러 모로 바쁜 가운데 무더위를 무릅쓰고 본 서의 한글 표준말과 맞춤법 교정을 맡아주신 강정숙 목사님께도 감사드린다. 또한 항상 내 곁에서 이 책이 나오기까지 온갖 뒷바라지를 다 해준 평생의 동역자, 고희숙을 비롯한 나의 가족들, 수연, 화창, 선용, 도림, 시은, 시원, 수민들에게 감사하고, 모든 나의 형제자매들에게도 감사드린다. 무엇보다 나의 출생으로부터 오늘까지 내 인생길을 이끌어주신 하나님 아버지께 영광과 감사를 드린다.

2024년 봄을 기다리며
배봉산 아래에서

서 론

하나님께서 아담과 하와와 뱀의 죄를 문책하고, 각각에게 언약적 저주를 퍼붓는 가운데 "여자의 후손"을 언급하신다. 여기 창세기 3장에서 언급되고 있는 여자의 후손은 과연 누구인가? 우리는 그의 정체를 파악하기 위하여 먼저 창세기의 창조의 기사로 돌아가야 할 것 같다. "여자의 후손"에 대한 언급은 하나님께서 타락한 인간에게 찾아오셔서 그의 범죄를 추궁하고 징벌을 퍼붓는 한편 구원을 약속하는 문맥에서 나타난다. 따라서 우리는 인간의 타락과 그에 수반되는 징벌의 성격을 먼저 규명해야 할 필요가 있다. 지금까지 조직신학은 구원을 이해하고 설명하는 데 있어, 특히 칭의와 성화의 개념을 이해하고 설명하는 데 있어서 성경에서 사용되고 있는 언약적 체계나 성격을 근거하지 않고 조직신학적 체계나 이론을 따라 논리를 전개하려고 했기 때문에 필요 이상의 논쟁들이 있었다는 것을 부인할 수 없다. 언약적 개념을 가지고 언약적 언어는 사용하고 있었지만 인간의 타락과 구원을 설명하는 데 있어서 언약적 틀은 갖추지 못한 것이다.

레이몬드는 종교개혁의 대표적 인물인 칼빈의 언약 사상에 대하여 언급하며, 칼빈은 그의 『기독교 강요』에서 언약 사상을 광범위하게 사용하고 있다 (예를 들어 II. ix-xi을 보라). 그러나 그는 그의 강요를 삼위일체적 계열을 따라 발전시키고 있기 때문에 언약 사상은 그의 저서 속에서 건축 구조적이거나 지배적인 원리가 되지 못하고 있다"고 평하고 있다.[1] 한편으

---

[1] 레이몬드는 아울러서 종교개혁자들 가운데 은혜의 언약과 행위 언약의 발전과 정착

로 또 나른 일부 개혁주의 전통은 구원의 서정 문제를 2차원적 구도에서 논리의 선후 관계와 그 정교성을 추구해오다 보니 칭의와 성화를 예리하게 나누게 되고 결국 그리스도 안에서 누리는 구원의 역동성을 상실한 것은 사실이나 칼빈은 이 문제를 그리스도와의 연합이라는 방법론을 통해서 극복함으로 구속사적-언약사적 역동성을 살려냈다고 말한다.[2] 말하자면 칼빈은 언약적 틀 안에서 구원론을 이해하고 전개했다는 것이다. 특히 릴백도 그의 박사 학위 논문에서 칼빈의 신학적 체계와 전통적인 언약신학 사이의 긴장 관계에 대한 답변을 하며 칼빈은 "The Binding of God"라는 말을 통해서 언약 개념을 설명하고 있다고 말한다. 그러나 여전히 칼빈도 확실한 언약적 체계를 사용하여 그 틀 속에서 전통적인 신학적 주제를 설명하고 있지 않은 것은 사실이다.[3] 리더보스는 모든 인류가 아담과 그리스도 안에 포함되었다는 비유를 설명하며 이것을 한 사람 안에 모든 사람이 포함되었다는 공동체적 의미라고 다음과 같이 말한다.

"모든 인류가 아담 안에 포함되었다는 것이다. 이것은 한 사람 안에 모든

에 대하여 자세하게 기술하고 있다. Robert L. Reymond, A New Systematic Theology of the Christian Faith. 2nd ed. (Nashville: Thomas Nelson Publishers, 1998), 503-544.

2 Richard B. Gaffin Jr. "Justifcation and Union with Christ" in Theological Guide to Calvin's Institutes: Essays and Analysis. Eds. David W. Hall and Peter A. Lillback (Philipsburg: R&R, 2008), 248-69. 강웅산, "칼빈의 칭의론과 신학적 구조와 그 의미," 『칼빈의 구원론과 교회론』 요한 칼빈 기념사업회 (서울: SFC, 2011), 39-64.

3 Lillback은 칼빈에게 있어서 언약 개념은 하나님과 죄인을 들을 묶는 띠라고 설명한다. "칼빈은 고대에 언약적 희생을 군대를 하나의 단위로 묶는 수단으로서 사용하고 있었음을 주시하고 있다. 그리하여 또한 칼빈의 언약 개념의 핵심은 하나님께서 묶는다(binding)는 개념이다. 묶는다는 것은 하나님께서 그 자신을 그의 피조물과 함께 연합하는 행동이다. 칼빈은 다음과 같이 기록하고 있다. '그리하여 죄의 용서란 우리에게 있어서 처음으로 교회와 하나님의 왕국에 들어가는 것이다. 그것이 없이는 우리가 하나님과 언약(foederis)도 없고, 묶는 것(conjunctionis)도 없다. 그러므로 언약은 하나님과 연합을 이루는 수단이다. 그것은 하나님과 사람 사이를 묶는 <띠>(bond)이다.'" Peter A. Lillback, The Binding of God: Calvin's Role in the Development of Covenant Theology (Grand Rapids: Baker, 2001), 137.

사람이 속했다는 공동체적인 의미이다. 그와 같이 모든 사람이 둘째 아담이며 아담인 그리스도 안에 있는 것이다. 두 "사람들"은 서로 적대 관계에 있고, 이에 따라 두 세대들과 두 존재 양태가 성립한다. 아담 안에 있다는 것은 육체에 속한 첫 존재 양태에 속한 것이다. 마지막이며 종말론적인에 존재 양태가 그리스도 안에 있다는 것은 항상 공동체적인 의미로 그리스도와 그에게 포함된 만물 안에 속한다는 의미이다. 인류가 아담 안에 있는 것 같이, 교회 즉 예정된 교회는 그리스도 안에 있다."[4]

그러나 그에게는 창조주 하나님이 종주이시고, 아담이 그의 속주라는 언약관계에서, 모든 만물에 대한 하나님의 대리통치자로서의 속주(vassal)인 아담이 그의 종주(suzerain)인 하나님의 명령을 불복종함으로 그에 대한 언약적 저주가 아담 자신뿐만 아니라 그와 언약적 연대성을 가진 모든 피조물에게 똑같이 미치게 되었다는 언약 개념이 보이지 않는다. 따라서 한 사람 안에 모든 사람이 속했다는 공동체적인 의미를 설명하는 데 미흡한 점이 있다. 이와 같은 예는 단지 리더보스만의 경우만 아니고 전통신학 자체의 한계이다. 조직신학이 성경신학의 기초 위에서 세워지고 설명되어야 할 필요가 여기에 있다. 따라서 필자는 고대 근동 세계나 구약성경에서 사용하고 있는 언약 개념의 틀 속에서 인간의 죄 문제와 하나님의 구원의 원리를 대략 정리해보려고 한다.

창세기 1-2장은 하나님의 존재와 만물의 창조, 그리고 하나님께서 창조하신 세계에 어떠한 조직과 질서가 있는 가를 보여주시는 말씀이다. 따라서 성경은 태초에 하나님이 계셨고, 그 하나님께서 천지를 창조하셨다는 것을 전제한다.

하나님께서는 세상을 창조하시고, 그가 창조하신 세상에 일정한 질서

---

4 Ridderbos, Herman N. "When the Time Fully Come" in *Redemptive History and the Kingdom of God*. ed. &tr. Kwang-Man Oh. 오광만 편역

가 유시뇌노독 사람을 그의 형상대로 만들어 왕으로 세우고, 온 세상 만물에 대한 그의 통치권을 그들에게 위임하셨다. 그리하여 창조주 하나님께서는 대왕(Suzerain)이 되시고, 사람은 그의 봉신(Vassal)으로 세우셨다. 이때에 하나님께서는 아담에게 동산 나무에서 나는 모든 것을 자유롭게 먹을 수 있지만 선과 악을 알게 하는 나무의 열매는 먹지 말라고 명하시고, 거기서 나는 것을 먹는 날에는 반드시 죽을 것이라는 법령을 공포하셨다. 고대 근동 세계에서 대왕과 왕 사이의 관계는 일종의 군대 조직과 같아서 상명하복과 연대성이 있었다. 하나님께서는 이 명령을 통하여 창조주 하나님과 아담 사이의 종주와 속주로서의 연대적 관계성을 선포하시고, 그 나무의 실과를 따먹음으로 관계가 무너질 경우에는 그에 상응하는 징벌로서 모든 신민들에게 죽음이 따를 것을 선언하신 것이다. 따라서 하나님과 아담 사이에는 창조 시부터 생명을 담보한 언약 관계로부터 그 역사가 시작된 것이었다.

불행하게도 첫 사람, 아담은 하나님의 명을 거역하고 선악을 알게 하는 나무의 실과를 따먹고, 하나님의 낯을 피하여 하나님을 떠났다. 하나님의 품을 떠나 하나님과의 관계를 끊고, 죽음이 기다리는 세상 나라로 가버린 것이다. 사도 바울은 이와 같은 상황 가운데 하나님의 형편에 대하여 다음과 같이 기술하고 있다.

> "하나님께서 이 예수님을 그분의 피를 믿음으로 말미암는 속죄 제물로 세우셨으니, 이는 하나님께서 오래 참으시며 이전에 지은 죄를 간과하시어 자신의 의를 나타내시려는 것이다. 이때에 자신의 의를 나타내신 것은 자신도 의로우실 뿐만 아니라 또한 자신이 예수 믿는 자를 의롭다고 하는 분이심을 보여주려는 것이다."(롬 3:25-26)

이 말씀은 아담과 그의 연대성 안에 있는 죄인들을 벌하고 세상 만물을 진멸해야 하기 때문에 마음이 편치 않으신 하나님께서 죄인들을 살려

의롭다하시고, 하나님 자신도 의로우시려는 그의 깊은 뜻을 드러내고 있는 것이다. 사실 이러한 하나님의 뜻은 에덴동산에서부터 암시되고 있다. 하나님께서는 그의 명령을 거역한 아담과 그의 아내와 뱀을 불러놓고 이들을 심판하시는 가운데 "여자의 후손"을 언급하신다. 그러나 심판과 더불어 이 죄인들을 처형할 하나님의 의사는 보이지 않는다. 특히 "여자의 후손"을 언급하신 것은 오히려 죄인들을 살리시려는 의도를 비춰고 계신 것이다.

이와 더불어 우리가 간과할 수 없는 사실 중에 하나는 하나님께서 아브라함을 부르시고, 그 부르신 목적을 말씀하시는 가운데 앞으로 전개될 중요한 사실을 언급하신다.

> "아브라함은 반드시 크고 강한 민족이 되고 땅의 모든 민족들이 그로 말미암아 복을 받을 것이다. 내가 그를 선택한 것은 그가 그의 자식과 그 가족들에게 명령하여 여호와의 도를 지켜 공의와 정의를 행하게 하고, 나 여호와가 아브라함에 대하여 말한 것을 그에게 이루려 하는 것이다."(창 18:18-19)

하나님께서는 아브라함을 불러 앞으로 그가 그의 후손들을 통하여 이루시고자하는 역사적이고 세계적인 원대한 꿈을 말씀하신다. 그것은 그의 후손들에게 "여호와의 도"를 지켜 공의와 정의를 행하게 하여 땅의 모든 민족이 그로 말미암아 복을 받게 하려는 것이었다. 여기에서 "여호와의 도"란 여호와의 말씀이다. 하나님의 말씀을 통하여 공의와 정의, 곧 하나님과 사람, 사람과 사람들 사이에 바른 관계가 이루어 질 때 하나님께서 창조하신 이 세상에는 진정한 의가 서고, 평화가 임하게 되리라는 것이다. 하나님께서 아브라함을 통하여 이루시고자 계획하시는 "의", 곧 공의와 정의가 있는 세상은 하나님의 도, 곧 하나님의 말씀을 통한 평화가 있는 세상이다. 이사야 선지자를 통하여 말씀하신대로 말일에 높은 산에 여호와의 전이 서고, 세상 만방 사람들이 그 전으로부터 나오는 하나님의 말씀을 받으러 나오면, 주께서 그들에게 "주님의 길"(his ways, ויכרה)을 가르쳐 주실 것이고 (사 2:3), 말씀을 받은 사람들은 전쟁 무기를 녹여서 농기구를 만들어, 시온은 "공의와 정의"로 구속될 것이다(사 1:27). 또한 그 때에 이새의 줄기에서 한 싹이 나오게 되며 그 뿌리들로부터 가지가 나와서 열매를 맺게 되면, 물이 바다를 덮음 같이 여호와의 지식이 온 땅에 충만하여 이리와 어린양, 표범과 어린 염소, 송아지와 젊은 사자, 어린 아이와 뱀 등 온갖 짐승들이 태생적인 그들의 적대감을 버리고 함께 어울려 사는 새 에덴, 곧 평화의 세상이 될 것이다(사 11:1-10).

하나님께서는 이러한 세상을 만들기 위하여 먼저 일꾼이 필요했다. 아담 이후 죄악으로 물든 세상을 깨끗하게 하기 위하여 노아라는 의인을 세워 세상을 홍수로 청소를 하게 하시고, 그의 아들 셈의 후손 가운데 아브라함을 불러 앞으로 이루실 새 하늘과 새 땅의 설계도를 보여 주시고, 모형의 인물과 모형의 세계를 만들게 하신다. 구약성경이 바로 이 설계도라면 신약성경은 설계도에 따른 구체적인 건축 공사 현장의 모습을 그리고 있다고 할 수 있다. 하나의 건물을 건축하기 위하여 수많은 다양한 건축 재료와 인력이 필요하고, 시간이 필요하듯이, 하나님의 "새 아담, 새 하늘과 새 땅"을 위한 재건축 공사도 하루아침에 이루어질 일이 아니었다. 성경은 하나님의 설계도이다. 새 아담은 오셨고, 새 아담이 세우시는 새로운 세상, 곧 새 하늘과 새 땅은 현재 진행형이다.

여자의 후손, 하나님의 아들로 이 땅에 오신 만왕의 왕, 예수님은 3년 동안의 새 하늘과 새 땅을 위한 건축 공사를 마무리하고, 이제 하늘 아버지 집에 올라가셔서 그의 백성을 맞을 준비를 하고 계신 것이다. 그러나 아직도 예수님에게는 에덴동산에서 그의 발꿈치를 상하게 했던 사탄의 토벌 작전을 남겨둔 상황이었다. 그러나 이 성전 (Holy War)은 오래 계속되지는 않을 것이다. 머지않아 부활하신 예수께서는 이들을 섬멸하시며, 머리에는 많은 면류관을 쓰고, "만왕의 왕, 만주의 주" (Βασιλευς βασιλέων καὶ κύριους κυρίων)라는 이름이 씌어진 옷을 입고, 흰말을 타고 공의로 심판하고 싸워 이기실 것이다(계 19:1-18). 그리하여 사도 요한은 새롭게 시작되는 새 세상을 보고 "또 내가 새 하늘과 새 땅을 보니 처음 하늘과 처음 땅이 없어지고 바다도 더 이상 존재하지 않았다."(계 21:1-4) 라고 기술하고 있는데, 마치 창세기 1-2장으로부터 시작되는 첫 창조의 대미(大尾)를 알리고, 보좌에 앉으신 하나님께서 "보아라, 내가 만물을 새롭게 한다"(요 21:5)고 새 창조를 선포하고 있는 것 같다.

결국 아브라함의 후손 새 아담은 옛 아담의 실패에 대한 복구로, 하나님과의 관계를 회복하는 것이고, 계속하여 하나님과 하나가 되는 것이었다. 그리하여 새 아담, 예수님은 그의 백성들에게 하나님과 하나되는 관계성을 중요시하고 그의 제자들에게 하나님과 하나가 되기를 명하셨다. 예수께서는 만찬 석상에서 제자들에게 "내 안에 거하라. 나도 너희 안에 거하겠다"(요 15:4)라고 말씀하시고, 계속하여 "아버지 아버지께서 내 안에, 내가 아버지 안에 있는 것처럼 모두 하나가 되어 그들도 우리 안에 있게 하소서."(요 17:21)하고 기도하신다. 우리 모두가 다 그리스도와 함께 하나님 안에 있기를 바라시는 것이다.

궁극적으로 하나님께서 새롭게 이루시고자 하는 새 세상은 아브라함에게 말씀하신대로 "여호와의 도" 곧 "하나님의 말씀"을 통한 공의와 정의가 이 땅에 이루어져 이 땅에 평화가 이루어지는 것이다. 하나님과 관계가 바른 관계가 이루어지지 않고는 공의로운 사회를 만들 수 없고, 반대로 사람들 사이에 바른 관계가 이루어지지 않으면 정의로운 세상이 될 수 없다. 따라서 하나님과 사람과 만물 사이에 바른 관계가 이루어질 때, 세상에는 하나님의 평화가 임할 수 있다. 여호와의 도는 본질적으로 하나님의 말씀을 의미하는 것이고, 하나님과의 언약 관계를 의미하는 말이다.

이제 우리는 성경 안에서 하나님과 사람과 만물 사이의 관계성이라는 중심 주제를 통하여 하나님께서 어떻게 새 하늘과 새 땅과 새 세상을 이루시는지 그 과정과 역사를 살펴보려고 한다.

1. 아담, 하나님의 형상

1.1. 여자의 몸에서 낳은 하나님의 아들

갈라디아서 4:4-5을 보면 바울은 예수님의 탄생의 의미를 다음과 같이 말하고 있다.

> "그러나 때가 찼을 때에 하나님께서 자기 아들을 보내어 여자에게서 나게 하시고 율법 아래 나게 하셨으니 이는 율법 아래 있는 자들을 속량하시고, 우리로 아들의 신분을 얻게 하시려는 것이었다."

이 말씀의 요점은 첫째는 하나님께서 자기 아들을 여자에게서 나게 하셨다는 것과 둘째는 하나님께서 그의 아들을 이 땅에 보내신 것은 우리로 하나님의 아들의 신분을 얻도록 하기 위함이라는 것이다. 그런데 여자에게서 낳았다는 말은 율법 아래 나게 했다는 말과 동일한 의미로 사용하고 있으며, 우리들이 하나님의 아들의 신분을 얻도록 하기 위하여 율법 아래 있는 자를 속량하는 절차가 있음을 부연하고 있다. 여기서 주목되는 것은 바울이 마리아를 가리켜 "여자"라고 칭하고 있는 점이다. 가나의 혼인 잔치 집에서 예수께서는 마리아를 "어머니"라고 부르지 않고 "여자여!"라고 부른다(요 2:4). 주석자들은 대부분 이것이 어머니에 대한 존칭어라고 설명하지만 별로 공감이 되지 않는 해석이다.

요한은 그의 복음서 서두에 말씀이신 하나님이 성육신하신 사건을 기술하며, 마리아가 낳은 아들이 하나님의 유일한 아들이며, 그가 우리 가운데 거하고 있으나 그의 백성들이 그를 영접하지 않았다고 소개하고 있다. 계속하여 그를 세상 죄를 지고 가는 하나님의 어린 양(1:29), 성령으로 세례를 주실 분(33), 모세가 율법에 기록하였고, 선지자들이 기록한 분(45) 등으로 숨가쁘게 증거하며, 2장에 들어와 가나 결혼 잔치에서 마리아는 그의 아들을 신적 능력을 가진 특별한 신랑으로 등장시키고 있다. 예수께서는 이곳에서 물을 포도주로 변화시키는 이적을 행하여 창조주로서 자신의 능력을 보여주고, 고대 근동 세계의 풍습대로 결혼 잔치 집에서 신랑이 내야 할 포도주를 자신이 대신 접대함으로 사실상 신랑 역할을 대신한다.[1] 말하자면 예수께서는 이 잔치 집에서 신적인 신랑(the divine bridegroom), 곧 구약 성경에서 이스라엘의 신랑 역할을 하신 여호와 하나님이심을 암시적으로 보여주고 있다. 말하자면 예수님은 자신이 단순한 마리아의 아들이 아니라 사람의 몸을 입은 여호와 하나님이심을 은밀하게 나타내신 것이다. 이 점을 염두에 둔다면 예수께서 마리아를 향하여 "여자여!"라고 부르신 것은 자신이 구약 성경에 예언되고 약속된 "새 아담"이자 메시야이심을 스스로 시인한 것이요, 창세기 3:15에 언급된 대로 마리아는 아담으로 하여금 하나님을 반역하게 한 사단의 머리를 짓밟을 후손을 잉태할 그 여자임을 지칭하는 것이다. 요컨대 예수께서는 마리아를 창세기에 언급된 그 "여자"로 인지하고 부르신 것이다. 바울은 이러한 신학적 배경을 염두에 두고 하나님께서 그의 아들을 여자에게서 낳게 하셨다고 말한다.

뿐만 아니라 하나님께서 그의 아들을 여자에게서 낳게 하신 것은 율법 아래 있는 자들을 속량하시고 우리로 하여금 하나님의 아들의 신분을 얻게

---

1 Seock-Tae Sohn, *YHWH, The Husband of Israel* (Eugene: Wipf & Stock, 2002), 37-39. 손석태,『목회를 위한 구약신학』(서울: CLC, 2006), 205-287.

하려 함이라고 말한다. "율법 아래 낳게 하시고, 율법 아래 있는 자를 속량한다"는 말에서 율법이 무엇을 가리키는 것인가? 모세의 율법을 의미하는 것일까? 헬라어 "노모스"(νομος)라는 말은 성경의 역본에서 대부분 "율법"이라는 사전적 의미로 번역하여 사용하고 있지만, 일반적으로 기록된 법과 함께 "원리"라는 의미로 사용되고 있다. 음악의 영역에서는 "곡"이나 "멜로디"라는 의미로도 사용된다.[2] 특히 본문의 배경이 되는 갈라디아서나 로마서에서 그리스도의 언약적 대표성과 그리스도와 신자들과의 언약적 연대성을 설명하는 본문에서는 "원리"라는 의미로 사용되는 경우가 많다. 이는 그리스도의 구원 사역이 모세의 율법과 다른, 다시 말하면 기록된 법 이전에 존재했던 보편적인 원리에 의한 것이라고 말할 수 있을 것이다.

성경은 모세의 율법 이전에 아담의 하나님께 대한 불순종이 범죄이며, 아담 한 사람의 범죄에 대한 형벌이 아담 한 사람에게만 적용된 것이 아니라 아담과의 연대성 안에 있는 모든 사람들에게 다 같이 적용된다는 연대성의 원리가 있다는 것을 보여준다. 따라서 아담의 한 범죄가 모든 사람의 범죄가 되며, 아담에게 내려진 형벌이 결국은 모든 사람에게 같은 형벌이 되는 것이다. 이것은 창조 때에 하나님께서 아담과 맺은 언약의 원리 때문이다. 하나님께서는 세상 만물을 창조하시고, 사람을 그의 모양과 형상대로 만들어, 만유의 통치자로 세우시고 서로 떼려야 뗄 수 없는 언약적 연대 관계를 맺으셨다.

따라서 바울이 말하는 "율법 아래 있는 자"라는 말은 하나님 앞에서 언약적 연대성을 가진 모든 피조물, 곧 아담과 만물을 의미하는 말이라고 할 수 있다. 이들은 아담과의 연대성 때문에 아담과 함께 언약적 저주 아

---

[2] 조호형, "갈라디아 6:2에 나타난 '그리스도의 법'에 대한 연구," 『신약연구』 14.4(2015), 511, 531.

래 놓이게 되었으며, 언약적 저주는 결국 죽음의 세력 아래로 들어가게 됨을 의미한다. 하나님께서는 바로 이러한 피조물들을 구원하기 위하여 그의 아들을 율법 아래, 곧 언약적 연대성의 원리가 적용되는 체계(system) 안에서, 여자의 아들, 곧 사람의 아들로 낳게 하신 것이다. 우리는 여기에서 하나님께서 창조 시에 구축하신 언약적 연대성의 원리가 적용되는 체계에 관하여 살펴볼 필요가 있다.

1.2. 하나님의 창조 세계

창세기 1:1은 "태초에 하나님께서 하늘과 땅을 창조하셨다."라고 시작한다. 이 말씀은 태초에 하나님이 계셨고, 그 하나님께서 하늘과 땅을 창조하셨다는 것을 전제하고 선포하는 말씀이다.[3]

이어서 1:2은 "땅은 공허하고 …"로 시작하여 땅에 대한 창조 사건을 기술하고 2:3에서 땅에 대한 창조 이야기가 끝난다. 그리고 2:4은 "이것이 여호와 하나님께서 땅과 하늘을 만드시던 날, 그것들이 창조되었을 때에 하늘과 땅의 내력이다."로 끝난다. 다음 2:5-25 은 하나님의 사람 창조 이야기이다. 따라서 창세기 1-2장은 특이한 구조로 짜여 있음을 볼 수 있다. 2:4은 1:1을 반복하고 있고, 1:1에서 하나님께서 "하늘과 땅(השמים ואת הארץ)을 창조하셨다"를 2:4에서는 "땅과 하늘(ארץ ושמים)을 만드셨다"로 바꿔 쓰고, 같은 의미의 동사, "창조하다"(ברא)를 "만들다"(עשה)라는 동사로 바꿔 쓰

---

[3] 3. G. Hasel, "Recent Translation of Genesis 1:1" *The Bible Translator* 22(1971): 156-7. John H. Walton, *The Lost Word of Genesis One: Ancient Cosmology and the Origins Debate* (Downers Grove: IVP, 2009), 43-45. M. G. Kline은 여기의 군대를 "보이지 않는 영적 군대"(the invisible spiritual hosts of heavens)로 해석한다, 『하나님나라의 서막』 [*Kingdom Prologue* (Eugene: Wipf & Stock, 2006), 23.] 김구원 역, CLC, 2012. 윌리암 J. 덤브렐, 『새 언약과 새 창조』(*The End fo the Beginning: Relvelation 21-22 and the Old Testament*) 장세훈 옮김 (서울: CLC, 2003), 214. Cf. O. H. Steck. *Der Schopfungsbericht der Priesterschrift* (Gottingen: Vandenhoeck and Ruprecht, 1975), 223-7.

고 있다. 성경 저자는 분명 이 부분에서 독자의 주의를 환기시키며, 1:2-2:4이 1:1에서 2:5 사이로 넘어가는 삽입구(*inclusio*)를 형성하고 있다는 신호를 주고 있음을 알 수 있다. 따라서 창세기 1-2장의 구조는 1:1에서 하나님의 천지 창조를 대 전제로 선언하고, 2절은 "땅은..." 이라고 시작하여 2:3 까지 땅의 세계에 대한 이야기를 하고, 2:4이 1:1을 이어가고 있음을 알리고, 2:5-25에서 사람의 창조에 대한 이야기를 계속 이어가고 있음을 알 수 있다. 창세기 저자는 이와 같은 삽입구를 2:10-15의 에덴에서 흘러나오는 강에 대한 기술에서도 사용하고 있다. 창세기 1-2장의 특성을 염두에 두고 하나님의 창조 기사를 살펴보면 다음과 같은 구조로 짜여 있음을 알 수 있다.

A (1:1) 하나님의 천지 창조 선언
<삽입구 1:2a-2:4 하나님께서 창조하신 땅>
B (1:2-2:5) 하나님이 창조한 세계
 Ba (1:2-13) 영역의 창조
  1:3-5 빛
  1:6-10 궁창
  1:11-13 땅
 Bb (1:14-2:3) 영역의 주관자를 세움
  1:14-18 해, 달, 별
1:19-23 새, 물고기
  1:24-31 짐승, 가축, 사람
 Bc (2:1-4) 만군의 완성 선언 및 하나님의 안식
C (2:4b-25) 아담의 창조
 Ca (2:4-15) 아담의 창조와 에덴 동산
<삽입구 2:9-14 에덴동산을 적시는 강들>
 Cb (2:16-17) 선악과에 대한 명령
 Cc (2:18-25) 여자와 가정의 창조

1.2.1. 하나님, 사람, 만물

　본문의 구조를 살펴보면 A(1:1)는 창세기 1-2장의 창조 기사에 있어서 하나님의 창조 선언이자 대전제요 서론이다. 이어서 B(1:2-2:4)는 하나님께서 창조하신 세계, 특히 우리가 살고 있는 지구의 모습, 그리고 C(2:5-25)는 하나님의 사람과 가정의 창조 등 세 부분으로 구성되어 있다. 여기서 B(1:2-2:4)는 1:1과 2:5 사이의 삽입구를 이룬다. 그렇다면 이 창조 기사는 1:1의 천지창조에 이어 2:5-25의 사람 창조로 이어지는 이야기이다. 이러한 본문 구조에 따르면 이 창조 기사는 C(2:5-25)의 인간 창조에 그 중심점을 두고 있는 것을 볼 수 있다. 그럼에도 불구하고 삽입구 B(1:2-2:4)는 창조 세계에 나타난 조직과 질서를 보여주고 있다는 것을 간과할 수 없는 중요한 부분이다.

　이 가운데 특히 Ba(1:2-13)는 첫째 날, 둘째 날, 셋째 날은 하나님께서 빛과 궁창과 땅이라는 일정한 영역을 창조하시고, Bb(1:14-2:3)는 넷째 날, 다섯째 날, 여섯 째 날은 각각의 영역을 삶의 터전으로 삼고 있는 주관자, 곧 영주를 세우는 일을 기록하고 있다. 넷째 날에 "하나님께서 두 큰 광채, 곧 낮을 다스리는 큰 광채와 밤을 다스리는 작은 광채를 만드시고 … 낮과 밤을 다스리게 하시며"(16-18)라고 기록하고 있는데, 이는 하나님께서 해와 달과 별을 첫째 날의 빛의 세계를 "다스리는 자"(לשמ, הלשממ)로 세우고 있음을 알 수 있다. 다섯 째 날에는 물에는 물고기를 비롯한 바다 짐승들이, 공중에는 새와 날개 있는 모든 생물들이 번성하여 살도록 하고 있다. 그리고 여섯째 날에는 땅에 기어 다니는 각종의 생물들과 각종의 짐승들을 그 종류대로 만드셨다. 특히 여섯째 날에 하나님께서는 그의 형상대로 사람을 지으시고 그를 왕으로 세워 그가 창조하신 만물에 대한 통치권을 부여하신다. 따라서 하나님께서 창조하신 세계는 창조주 하나님이 계시고, 하나님 아래에는 창조주 하나님을 대신한 왕으로서의 사람이 있고, 그 사람 아래 하늘과 물과 땅에 사는 각종의 피조물들이 있는 일종의 권위 체계가 있는 피라밋 구조로 되어 있는 것을 볼 수 있다.

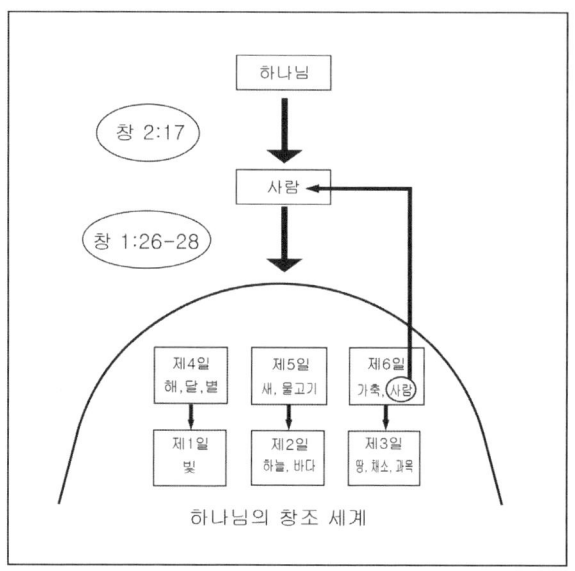

제5일에는 하나님께서 윗 궁창, 하늘에는 새, 아래 궁창, 바다에 물고기를 창조하신다. 그리고 제6일에는 물위에드러난 땅에서 자라난 각종 식물을 먹고 사는 짐승과 가축을 창조하신다. 특히 제 6일에는 하나님께서 그의 형상대로 사람을 지으시고 그를 왕으로 세워 만물에 대한 통치권을 위임하셨다.

이 본문의 구조를 보면 1:1은 창세기의 대 전제를 선포하고 1:2- 2:4a는 만물의 창조, 그리고 2:4b-25는 사람 창조에 대한 이야기이다. 그리고 특히 1:2-2:4a 가 삽입구를 이루어 본문이 1:1에서 2:4b로 이어지는 것에 중점을 두고 본다면 창세기 1-2장의 창조 기사는 분명 사람을 중심으로 하여 쓰여진 이야기라는 것을 알 수 있다.

1.2.2 아담, 하나님의 형상

하나님의 창조 기사는 전체적인 틀 속에서 볼 때 1:2-2:4은 1:1 에 대한 부가적인 설명이라고 할 수 있다. 이 삽입 구절들은 삽입이기 때문에 얼핏 본문에서의 그 중요도가 크지 않다고 할 수 있을지 모르지만 창세기 저자는 이곳에서 하나님께서 지으신 세계에 어떤 조직과 질서가 있는가를 잘 보여준다.

2-3일은 하나님께서 빛과 더불어 공간적으로 궁창 (하늘과 바다)과 땅을 창조하시고, 4-6일에는 이 각각의 영역을 무대로 활동하고 살아야할 상 위 피조물, 곧 그 영역의 영주들을 창조하신다. 첫째 날에는 빛을 창조하신다 (3-5), 셋째 날에는 땅을 창조하시고 그곳에 각양 각종의 식물이 이 땅에서 나와 번성하게 하신다(11-13). 넷째 날에는 하늘의 궁창에 광체가 있어서 낮과 밤이 나뉘게 하고 날과 계절과 해를 이루게 하라고 하셨다. 하늘의 궁창에 광명체들이 있어 낮과 밤이 나뉘게 하고, 그것들로 징조와 계절과 날과 해를 이루게 하라고 하셨다(14). 그리고 하나님께서는 낮을 다스리는 큰 광체와 밤을 다스리는 작은 광체를 만드시고, 또 별들도 만드셨다. 그리고 이것들을 하늘의 궁창에 두어 땅을 비추게 하시고 낮과 밤을 다스리게 하셨으며, 빛과 어둠을 나뉘게 하셨다. 따라서 여기서 말하는 큰 광체는 해, 작은광체는 달이라고 말할수 있을 것이다. 이 광체는 분명 첫째 날 창조한 빛의 세계를 다스리는 존재들이라고 할 수 있다. 다섯째 날에는 하나님께서 새와 물고기를 창조하셨다. 이들은 둘째 날 창조하신 궁창, 곧 하늘과 물속에 사는 피조물들로서 물속에는 바다짐승과 물에 사는 생물의 무리로가득하게 하고, 하늘의 궁창에는 날개 있는 새들이 날아다니라고 명하신다(창 1:20). 그리고 그들에게 복을 주시며, "생육하고 번성하여 바닷물을 채워라. 새들도 땅에 번성하여라"(22)고 말씀하신다. 둘째 날 창조하신 궁창은 다섯째 날에 창조하신 물고기와 새들의 생활 무대이며, 활동 영역이다. 여섯째 날에는 하나님께서 땅의 모든 짐승과 사람

을 창소하신다. 이늘은 땅에서 활동하며, 땅에서 자라는 식물을 먹고 산다. 따라서 여섯째 날은 셋째 날과 서로 떼려야 뗄 수 없는 관계를 갖는다고 볼 수 있다. 특히 하나님께서는 그가 창조하신 모든 생물들을 다스리도록 사람을 그의 모양과 형상대로 만드시고 그들에 대한 창조주로서의 그의 통치권을 그에게 위임하신다(1:28).

사람은 여섯째 날에 다른 동물과 같은 날에 창조되었다. 뿐만 아니라 사람은 다른 동물과 같이 "생물"(נפש היה)로 일컫고 있다. 창세기 2:7에 하나님께서는 땅의 흙으로 사람을 지으시고 그 코에 "니쉬맛트 하임"(חיים נשמת), 곧 "생명의 호흡 breath of life)을 불어넣으시니 생명체 (נפש היה, living creature)가 되었다고 했다. 그런데 히브리어 "네패쉬 하야"(נפש היה) "생물"이라는 말은 사람뿐만 아니라 모든 움직이는 생명체에 같이 사용되는 말이다(창 1:20, 21, 24)). 따라서 사람은 여섯째 날에 만들어진 "생물"이다. 그러나 1:26-27에서는 사람을 생명체로 창조하셨지만 좀 더 구체적으로 설명하고 있다. 그가 지으신 모든 만물을 다스리도록 하나님의 형상대로 창조하셨다는 것이다. 따라서 인간은 본질적으로 하나님께서 창조하신 다른 생물과 같은 존재이긴 하지만 하나님께서는 사람을 그가 창조한 모든 만물을 다스리는 존재로 세우셨다는 것이다.

그런데 여기에서 우리가 간과할 수 업는 점은 하나님의 사람 창조에 대한 기사이다. 하나님께서는 첫째, 둘째, 셋째 날에는 빛과 궁창과 땅이라는 일정한 영역을 " ... 이 있어라"하는 말씀 한 마디로 창조하시고, 넷째, 자섯째, 여섯째 날에는 해와 달과 별, 새와 물고기, 그리고 각 양의 짐승들에게는 각각의 자기들의 영역을 다스리는 자를 세우신다. 그래서 "다스리다"는 뜻의 "마샬"(משׁל, rule over)을 사용하고 있다(1:19). 그러나 하나님께서는 사람을 만드실 때에는 그 목적과 모양을 분명히 밝히신다. 첫째로 하나님께서 사람을 만들되 "우리가 우리의 형상을 따라 우리의 모양대로 만들자는 것이었다. 사람을 하나님의 모양과 형상을 따라 만들겠다는 것이다. 둘째로 창조의 목적은 그가 창조한 "바다의 고기와 하늘의 새와 가축과 땅위에 기는 모든 것을 다스리게 하자"(1:26)는 것이었다. 여기에서 "다스리다"라는 히브리어는 "라다"(רדה, 통치하다, 다스리다)를 사용하고 있다. 각각의 영역의 주관자들과 사람은 다스리는 역할을 하지만 "마샬"(משל)과 "라다"(רדה)라는 다른 어휘를 사용하고 있다. 아마도 그 통치의 양식이 다르기 때문이 아닌가 생각된다. 그렇다면 사람을 그의 형상과 모양을 따라 만들겠다는 것은 무슨 의미인가?

우리는 이 질문에 대하여 고대 근동에서 사용하고 있는 "형상"이라는 의미가 무엇을 의미하는가를 살펴볼 필요가 있다. 고대 근동 세계에서는 왕을 가리켜 "신의 형상"이라고 지칭했다. 바빌로니아에서는 하무라비나 디글랏 빌레셀 같은 왕을 가리켜 그들의 신, "마둑"(Marduk)의 형상이나 "벨"(Bel)의 형상이라고 불렀고, 이집트에서는 바로 왕을 가리켜 그들이 섬기는 신, "레"(Re)의 형상, 혹은 "아문"(Amun)의 형상, "아톰"(Atom)의 형상이라고 불렀다. 이처럼 왕을 가리켜 신의 형상이라고 부른 이유는 왕이 천상의 신들을 대신하여 이 땅의 백성을 통치하는 자라고 믿었기 때문이다.[4] 고대 근동 세계에서 지상의 왕은 천상에 있는 신의 지상 대리 통치자였다. 따라서 하나님께서 사람을 그의 "체렘"(צלם, 형상)을 따라 만드신 이유도 땅에 있는 그의 모든 피조물을 그를 대신하여 다스리도록 하기 위함이었다. 말하자면 대왕이신 하나님께서 사람을 그의 형상대로 만들어 그를 대신하여 그가 창조한 모든 피조물을 다스리도록 하기 위함이었다고 할 수 있다. 말하자면 대왕이신 하나님께서 사람을 그의 형상대로 만들어 그를 대신하여 그가 창조한 모든 피조물을 다스리는 왕으로 세우시겠다는 것이다.

사람을 그의 모양과 형상대로 창조하여 그가 창조한 모든 것을 다스리게 하자는 뜻을 밝힌 하나님께서는 사람에게는 "생육하고 번성하며 땅

---

4 손석태, 『창세기 강의』 (개정 3판), 33-34. Peter J. Gentry & Stephen J. Wellum, *King- dom through Covenant: A Biblical-Theoogical Understanding of the Covenant* (Wheaton Cross- way, 2012), 216-244.

에 충만하고 그것을 정복하고, 바다의 고기와 하늘의 새와 땅 위에 움직이는 모든 짐승을 다스리라"(1:28)고 명하신다. 그러나 땅의 짐승과 하늘의 모든 새와 땅위를 기어 다니는 모든 것에게는 풀을 먹이로 주신다. 하나님께서는 그가 창조한 모든 생명에게는 먹고 살 수 있는 양식을 주시고, 번식하여 온 땅에 가득하게 채우라는 명령을 주신다. 그리하여 2:1에는 "하늘과 땅과 만물이 완성되었다"고 하나님의 창조 작업이 끝났음을 알린다.

그런데 여기에서 하나님께서 지으신 모든 피조물들을 한글 성경에서는 "만물"이라고 번역하고 있는데, 히브리어 "콜-츠바암"을 문자적으로 번역하지면 "그들의 만군" 혹은 "모든 그들의 군대" 또는 "만군"이라고 할 수 있다. 서구 역본들은 "all the host of them" (ESV, KJV), "all their vast array"(NIV) 등으로 번역하고 있다. 따라서 원문에 충실하게 "하늘과 땅과 그들의 만군이 완성되었다"라고 번역해야 옳다. 초기 한글 번역자들은 독자들의 이해를 돕기 위하여 중국 역본을 따라 "만물"이라고 해석적인 번역을 하고 있으나 만물과 만군은 그 의미가 전혀 다르다. 이 경우 만군은 하늘에 있는 많은 하나님의 군대만을 지칭하는 것은 아니고 동식물을 포함한 모든 생물들과 천공에 떠다니는 모든 별들과 그들 안에 있는 모든 생명체를 가리키는 말이라고 할 수 있다. 창세기 저자는 1:1에서 하나님께서 창조하신 하늘과 땅의 세계를 보여주면서 하나님께서 지으신 천상천하의 모든 피조물을 가리키는 어휘라고 할 수 있다. 따라서 하나님의 모든 피조물을 "군대"로 지칭하고 있는 것은 하나님의 창조의 세계가 마치 군대처럼 많고, 군대처럼 상명하복과 연대성이 있는 조직체라는 것을 말하고 있는 것이다.

시편 103:21-22 에서 시인은

"여호와를 송축하여라.
주님의 뜻을 행하여 주님을 섬기는

> 주님의 모든 군대들아 (כל-צבאו) 여호와를 송축하여라.
>
> 주께서 만든 모든 것들아
>
> 주께서 다스리시는 모든 곳에서
>
> 여호와를 송축하여라
>
> 내 영혼아 여호와를 송축하여라"

라고 쓰고 있다. 그는 하나님께서 창조하신 모든 만물을 "모든 그의 군대"라고 칭하고 있고 (수 5:15, 삼상 17:45, 시 84:12)[5], 성경은 곳곳에서 하나님을 "만군의 여호와"라고 칭하고 있다. 군대 조직은 동서고금을 막론하고 상명하복의 위계질서와 조직의 연대성이 그 특징이다. 대왕이신 하나님께서 사람을 그의 형상대로 만드시고, 그를 왕으로 세워 그를 대신하여 그가 창조한 모든 것을 다스리게 하는 조직과 질서 그리고 그 조직을 연합하는 연대성이 있는 세계가 바로 하나님께서 지으신 세상의 모습이다.[6] 이러한 사실을 종합해 보면 성경은 창조주 하나님이 대왕이시고, 사람이 하나님이 세우신 왕이며, 왕이 하나님께서 창조하신 만물을 다스리는 통치 체제를 형성하고 있다고 볼 수 있다. 시편 8편의 저자는 하나님께서 지으신 이와 같은 세상을 바라보면서 다음과 같이 노래하고 있다.

---

5   Tremper Longman III. "Army, Armies," *Dictionary of Biblical Imagery* (Downers Grove:IVP,1998), 47-48.

6   John H. Walton은 고대 근동세계의 문헌에서 볼 수 있는 창조 개념이 물질의 창조 를 위미하는 것이 아니라 기왕에 있는 물질에 기능을 부여하는 일이라는 논리로서 창세기 의 창조 기사는 물질의 기원에 대한 이야기가 아니라 기능적 기원에 대한 이야기라고 말한 다(they offer accounts of functional origins rather than accounts of material origins), *The Lost World of Genesis One: Ancient Cosmology and the Origins Debate* (Inter-Varsity Press, 2009), 33- 34, 92. 그러나 Walton의 주장은 하나님께서 창조하신 세계에 내재하고 있는 하나님과 사람과 만물 사이의 언약적 관계를 설명하기가 힘들다. 인간의 죄와 하나님의 구원에 대한 기 원에 대한 적절한 해답을 찾기 어렵게 한다. Cf. R. C. Sproul, gen.ed. *Genesis*. n.1:1-2:3. *The Reformation Study Bible* (Orlando: Reformation Trust, A Division of Ligonier Ministry,2015), 11.

"수님의 손가락으로 만드신 주님의 하늘과
주께서 자리를 정하신 달과 별들을 내가 봅니다.
사람이 무엇이기에 주께서 그를 생각하시며
인자가 무엇이기에 주께서 그를 돌보십니까?
주께서 그를 하나님보다 조금 못하게 하시고

영광과 존귀로 관을 씌우셨습니다.
주께서 그로 주님의 손으로 지으신 것을 다스리게 하시고
만물을 그의 발아래 두셨으니
곧 모든 양떼와 소떼와 들짐승과 하늘의
새와 바다의 물고기와 물길을 따라 다니는 것들입니다.
여호와 우리 주님,
주님의 이름이 온 땅에 어찌 그리 크신지요."(시 8:3-9)

여기에서 시인은 하나님께서 사람을 하나님보다 조금 못하게 하시고 영광과 존귀로 관을 씌우셨다고 했는데, 사람이 하나님과 같을 수 없는 피조물이라는 점을 분명히 밝힌다. 그러나 하나님께서는 사람에게 영광과 존귀로 관을 씌우셨다고 말한다. 여기에서 "관"(冠)이라고 번역하고 있는 히브리어 "아타라"(עטרה)는 "왕관"을 의미한다. 그러므로 관을 씌우셨다는 것은 하나님께서 사람을 왕으로 세우셨다는 의미이다. 창세기 1:26-28에 하나님께서 사람을 창조하실 때 그의 목적과 모양을 밝히신 대로 사람을 그를 대신한 피조물에 대한 대리통치자로서의 기능을 할 수 있도록 그의 모양과 형상대로 만드시고, 그를 대신한 통치자, 곧 분봉왕으로 그를 세우셨다는 의미이다. 고대 근동 세계에서 왕을 가리켜 "신의 형상"이라고 지칭했다. 이처럼 왕을 가리켜 신의 형상이라고 부른 이유는 지상의 왕들이 천상의 신들을 대신하여 그 땅의 백성을 통치하는 자라고 믿고 섬겼기 때문이다.

하나님께서는 그가 대왕이고 사람은 그가 세운 왕이라는 정치적인 틀 안에서 둘 사이의 관계를 설정하였다. 이러한 주종 관계는 고대 근동 사회에서 널리 사용되던 종주국과 종속국 사이에서도 볼 수 있다. 소위 황제로 칭하는 대왕은 그가 정복한 땅의 통치자들을 왕으로 임명함으로 그를 대신하여 그의 왕국들을 다스리는 권한을 부여하였다. 그러나 대왕과 왕 사이에는 일정한 계약을 맺어 피차간에 국제 외교 관계를 유지하는 형식의 법적인 절차와 의식이 있었다. 우리는 이러한 제도를 성경에서도 찾을 수 있다. 하나님께서는 대왕으로서 천지를 창조시고, 그의 수하에 사람을 왕으로 세워, 그가 창조한 만물을 그를 대신하여 통치하도록 위임하신 것이다. 그러나 하나님께서는 그가 창조한 세상과 하나님 자신과의 사이에 일정한 관계를 설정하고 질서를 지키도록 하셨다. 사람은 아무리 만물을 다스리는 왕이라 할지라도 그는 하나님께서 창조하고 세운 자이기 때문에 하나님과 동등할 수 없다. 따라서 하나님께서는 아담에게 동산에 있는 나무의 열매는 따먹지 말라고 명하시고, 따먹는 날에는 정녕 죽으리라고 경고하셨다. 이 경고는 물론 아담 한 사람에게만 적용되는 것은 아니고 아담과의 연대성 안에 있는 모든 자에게 함께 적용되는 명령이었다. 따라서 성경은 바로 이러한 계약 개념을 통하여 하나님께서 지으신 세계와 그 안에 있는 조직과 질서를 이해하고 설명하고 있는 것이다. 물론 이것은 단순한 이론적인 개념이 아니라 하나님께서는 실제로 이 언약적인 틀 속에서 그의 백성들과 관계를 맺고 그의 역사를 이끌어 가신 것이다.

따라서 창세기 1-2장의 조직과 질서는 이러한 고대 근동 세계의 종주와 속주 (Suzerain-Vassal)의 봉건제도의 틀과 유사성이 있는 것으로 보여진다. 아담을 하나님의 형상으로 창조한 것, 하나님께서 아담에게 만물의 통치권을 위임하여 대왕과 왕의 관계를 맺은 것, 아담에게 선악과를 따먹지 말라는 명령과 함께 그에 따르는 축복과 저주의 규정이 있는 것, 땅이 아담 때문에 저주를 받아 가시덤불과 엉겅퀴를 내게 되는 것(3:17), 종주인 하나님과 속주인 아담과 만물 사이의 연대성을 고려한다면 비록 여기에 언약이라는 말이 명시적으로 언급되고 있지 않지만 하나님과 아담 사이에는 분명히 언약적 관계가 있다고 말할 수 있다. 시편 8편이나 예레미야서에서는 하나님과 사람과 만물 사이의 계약적 관계를 인지하고 언급하고 있다 (렘 31:31-37).

이와 같은 창세기기 1-2장의 구조를 요약한다면 1:1은 태초에 하나님이 계셨고, 그 하나님께서 하늘과 땅을 창조하셨다는 것을 대 전제로 선포한다. 이어서 창세기 저자는 "땅은 ... "이라는 말로 독자의 관심을 땅으로 돌리고, 1:2부터 2:4까지 땅의 창조에 대한 설명을 하고 이어서 2:5부터는 사람의 창조에 대한 이야기로 넘어간다. 우리는 이것을 1:1이 2:4에서 반복하고 있는 것을 통하여 땅에 대한 이야기는 일종의 삽입구를 형성하고 있으며, 이로 미루어 보건데 본문 1-2장은 사람에 대한 이야기를 주로 다루고 있음을 알 수 있다.

1.2.3. 심히 기뻐하시는 하나님

하나님께서는 아담을 중심으로 이 세상에 위계질서가 있는 세상을 만드시고 보시기에 매우 좋았다(very good, טוב מאד)고 했다(1:31). 하나님께서는 그가 지으신 세상에 대하여 크게 만족하고, 안식하셨다. 하나님께서 창조 후 안식하셨다는 것은 하나님께서 그의 창조 세계에 대한 만족감으로부터 온 것이라고 할 수 있을 것이다. 하나님께서 지으신 세상은 하나님 보시기에 매우 좋았고, 만족스러운 것이었다. 무엇 하나 빼고 더할 필요가 없는 완벽한 세상이었고, 하나님께서 설계하신 대로 모든 것이 완벽하고 정확하게 작동하는 세계였다.

2:16-17의 말씀을 보면 하나님께서는 아담에게 선악을 알게 하는 나무의 실과를 따먹지 말라는 명령을 주신다. 하나님께서는 인간과 소통하시고, 인간과 교제를 나누고 있는 것을 볼 수 있다. 하나님께서는 인간을 여러 많은 피조물 가운데 그의 교제의 대상으로 창조하시고, 그와 소통

하시는 것이다. 아담은 하나님과 종주와 속주라는 관계성 속에서 하나님을 대신한 만물의 통치자로서의 하나님께서 만족할 만한 그의 역할을 하고 있는 것을 볼 수 있다. 여호와 하나님께서는 흙으로 모든 들짐승과 하늘의 모든 새를 지으시고 아담이 그것들을 무엇이라고 일컫는 지 보시려고 그에게 데려오셨으며, 아담이 그 생물을 일컫는 대로 모두 그것의 이름이 되었다고 했다(2:19). 이름이란 존재를 의미한다. 존재하지 않는 것에는 이름이 없다. 무엇이든지 존재하기 때문에 이름이 있다. 또한 이름은 존재의 의미를 부여하고, 규정하고, 구별한다. 이름은 그것을 창조한 창조자나 소유자가 짓는다. 하나님의 창조물은 하나님만이 그의 이름을 지을 수 있는 일이다. 그러나 하나님께서는 이 권한을 아담에게 주셨다. 그래서 아담은 모든 생물의 이름을 지음으로 하나님의 대리 통치자요, 대리 소유자로서 권위를 행사하고 있는 것이다. 하나님께서 지으신 세상은 부족함도 없고, 남음도 없는 아주 완벽한 것이며, 이를 창조한 하나님의 마음에 흡족한, 보시기에 좋은 세상이었다.

창세기의 창조 기사는 만물의 창조에 대한 이야기가 끝나고 이제 1:2에서 2:4a의 만물 창조에 대한 삽입절로부터 이제 2:4b의 사람창조로 넘어간다. 만물을 창조하신 하나님께서는 사람에게 생육하고 번성하여 땅에 충만하라고 복은 주시고 사람이 생육하고 번성하여 충만하도록 그의 배필을 만드신다. 하나님께서는 남자의 갈빗대로 여자를 만드시고, 남자와 여자가 한 몸이 되어 가정을 이루게 하신다. 사람에게 번성하고 충만하라고 주신 복을 그 여자를 통하여 주시는 것이다. 따라서 여자와 창조와 더불어 이어진 가정의 창조는 하나님의 창조 활동의 크라이막스이고, 대미를 이루는 사건이라고 할 수 있다. 말하자면 창세기 1-2장의 창조 이야기는 사람의 창조가 핵심이고, 가정의 창조가 그 정점이자 종점인 것을 알 수 있다.

2. 아담의 범죄와 죄의 삯(창 3:1-24)

하나님께서 지으신 세상은 하나님이 보시기에 매우 만족스러웠다. 하나님은 창조주로서 대왕이시고, 아담은 창조주의 대리 통치자로서 만물을 다스리는 왕이라는 관계 속에서 일정한 조직이 있고, 질서가 있는 세계였다. 사람은 위로 하나님을 대왕으로 섬기고, 아래로는 하나님을 대신하여 만물을 다스리는 그의 분봉왕으로서 하나님께서 창조하신 질서를 지키고 조직을 관리해야 하는 존재였다. 하나님께서 창조하신 만물은 하나님께서 창조하신 영역의 영주인 사람의 보호와 치리 아래서 그의 영주를 섬기며 사는 존재였다. 따라서 사람이 그의 대왕이신 하나님과 언약적 연대성을 가진 것과 마찬가지로 만물도 대왕이신 하나님 안에서 그의 영주요 왕인 사람과 언약적 연대성을 가진 관계이기 때문에 사람과 운명 공동체라고 할 수 있다. 사람이 복을 받으면 만물도 복을 받고, 만물이 저주를 받으면 그 저주는 사람에게까지 미치는 것이었다. 하나님과 사람과 만물이 하나님 안에서 연대성을 맺고, 질서를 유지하며 사는 세상이 바로 하나님께서 창조하신 세상이다. 하나님께서는 그가 창조하신 세상의 조직과 질서를 보시고 매우 기뻐하시고 만족해 하셨다. 그런데 이러한 세상에 이 질서를 깨는 사건이 일어나게 되었다.

2.1. 선악과를 따먹지 말라고 명하시는 하나님

하나님께서는 하나님-사람-만물 사이의 관계가 유지되고 질서를 잘 지켜 평화로운 세상이 될 수 있도록 아담에게 특별한 명령을 내리신다.

"그 동산의 나무에서 나는 모든 것을 자유롭게 먹을 수 있으나 선과 악을 알게 하는 나무의 열매는 먹지 마라. 네가 거기서 나는 것을 먹는 날에는 반드시 죽을 것이다."(창 2:16-17)

하나님께서는 그의 분봉왕, 아담에게 동산에 있는 모든 것을 자유롭게 먹어도 좋지만 선악을 알게 하는 나무의 열매는 절대 먹어서는 안 된다는 명령을 내리신다. 하나님께서는 이 세상을 일정한 조직과 질서가 있는 세상으로 창조하셨다. 하나님께서는 일분일초라도 틀림이 없이 정밀하게 작동하도록 이 세상 만물을 창조하셨다. 그리고 이 세상을 사람에게 맡기어 관리하는 사명과 책임을 주셨다. 따라서 하나님께서 지으신 세상은 하나님의 뜻대로 유지되고, 보존되며, 작동되어야 하는 것이었다. 하나님께서는 대왕-왕-만물이라는 질서를 세우셨다. 하나님께서 지으신 이 세상은 마치 군대의 조직과 같아서 상명하복과 이에 따르는 상벌에 대한 연대성을 가진 조직이어서, 한 개인의 잘잘못은 모든 사람에게 치명적인 영향력을 주지 않을 수 없었다. 따라서 하나님께서는 그가 창조한 이 세계에 이 질서가 잘 지켜지도록 아담에게 에덴동산에 있는 선악을 알게 하는 나무의 실과는 따먹지 말라는 명령을 내리신 것이다.

하나님께서는 이 명령을 통하여 하나님 자신이 창조주요, 만물의 주인으로서의 권위와 능력을 천명하고 선포하신 것이다. 하나님의 명을 거역하고 그 실과를 따먹는 날에는 극형에 처할 것을 선언하신 것이다. 사람은 만물을 다스리는 왕이라 할지라도 하나님은 아니다. 하나님은 사람을 창조하신 창조주이시고, 사람은 그가 만물 위에 세운 그의 대리 통치자이다. 따라서 사람은 하나님 위에 올라갈 수 없는 존재이다. 사람은 하나님과 같이 되려고 해서도 안 되고, 하나님의 권위와 능력을 탐하고 하나님을 대적해서도 안 되는 것이었다. 다만 하나님의 명령을 복종함으로 하나님을 하나님으로 경외하고 섬기면 되는 것이다. 따라서 사람은 그가 살기 위해서는 하나님께서 주시는 이 명령을 반드시 지켜야 했다. 그래야 하나님께서 시으신 세상에 질서가 서고, 생명과 평화가 있게 될 것이다. 그러나 아담은 하나님의 명령을 거역하고 선악과를 따먹었다.

2.2. 선악과를 따먹은 아담

사단의 사주를 받은 뱀은 아담과 그의 아내를 유혹했다. 뱀은 사람이 선악과를 따먹어도 죽지 않고, 도리어 선악과를 따먹으면 눈이 밝아지고, 하나님과 같이 된다는 거짓말을 하였다. 아담의 아내는 뱀이 하는 말에 유혹되어 하나님께서 금하신 선악을 알게 하는 나무의 실과를 따먹었다. 사탄의 사주를 받은 뱀은 아담의 아내에게 하나님께서 금하신 선악을 알게 하는 나무의 열매를 따먹어도 결코 죽지 않는다고 자신 있게 거짓말을 하고, 아담의 아내가 자기의 말을 듣도록 부추겼다. 그의 거짓말은 첫째로 사람이 그 열매를 따 먹어도 절대로 죽지 않는다는 것이고, 둘째는 사람이 그 열매를 따먹으면 사람의 눈이 열린다는 것이고, 셋째는 사람이 눈이 열리면 하나님과 같이 되어 선악을 알게 될 것이기 때문에 하나님께서 그러한 명령을 주셨다고 말하는 것이다. 뱀의 말을 듣고 여자가 그 나무의 실과를 보았을 때, "그 나무는 먹음직하고, 보기에 아름다우며, 지혜롭게 할 만큼 탐스러웠다."(3:6). 여자는 결국 그 열매를 따먹고 자기와 함께한 남편에게도 주었다.

아담과 그의 아내는 선악을 알게 하는 나무의 열매를 따먹으면 하나님과 같이 될 수 있으리라는 허황된 야심을 이기지 못하고, 하나님의 명령을 거역하여 먹어서는 안 될 실과를 따먹었다. 아담은 그를 만물의 왕으로 세우신 대왕께 반역을 저지른 것이다. 그와 하나님 사이의 종주와 속주의 언약 관계를 깨버린 것이다. 아담은 하나님의 종주로서의 권위를 짓밟아 버렸고, 그와의 언약적 관계를 깨버림으로 그의 종주이신 하나님의 언약적 저주를 자초한 것이다.

하나님께서는 사람을 다른 피조물과 다른 특별한 뜻과 특별한 방법으로 그의 형상대로 창조하시고, 그에게 하나님을 대신하여 하나님께서 창조하신 모든 만물을 가꾸고 돌보며, 지키는 자로 세우셨다. 하나님께서는 사람을 데려다가 에덴동산에 두시고 그것을 경작하며 지키도록 특별한 사명을 주셨다(창 2:15). 하나님께서는 아담이 일하며, 가정을 세우고, 그가 주신 사명을 감당하도록 곁에서 지켜보시며, 그에게 필요한 모든 것을 공급해주셨다. 다른 피조물과는 비교할 수 없는 특별한 관심과 특권을 주셨다. 그래서 시편 8편 기자는 "사람이 무엇이기에 주께서 그를 생각하시며, 인자가 무엇이기에 주께서 그를 돌보십니까? 주께서 그를 하나님보다 조금 못하게 하시고, 영광과 존귀로 관을 씌우셨습니다."(시 8:4-5)라고 하나님의 인간을 향한 독점적인 관심과 사랑을 노래하고 있다. 하나님과 사람은 종주와 속주, 대왕과 왕 이상의 깊고 오묘한 관계이다. 그러나 사람은 뱀의 유혹을 이기지 못하여 하나님을 배반하고, 하나님의 얼굴을 피하여 숨어버렸다. 하나님과의 관계를 일방적으로 끊어버린 것이다.

2.3. 아담과 하와와 뱀을 심판하시는 하나님

선악을 알게 하는 나무의 실과를 따먹은 아담과 그의 아내는 눈이 열려 자기들이 벌거벗은 것을 알게 되었고, 그들은 더 이상 하나님을 대면할 수 없는 죄인임을 깨닫고 하나님의 얼굴을 피하여 무화과나무 잎을 엮어 자기들을 위하여 치마를 만들어 입었다(3:7). 그들은 뱀의 말대로 눈이 열린 것은 사실이지만 하나님과 같이 되지는 않았다. 오히려 부부간에 몸을 가려야 할 수치심을 알게 되었고, 그들의 관계에 변화가 일어났다. 하나님을 반역하는 일에 공범자가 된 아담 부부는 그들의 잘못을 상대방에 떠넘기고 핑계함으로 부부 사이에 금이 간 것이다 (창 3:12).

하나님은 이들의 반란을 묵과하시지 않았다. 그들을 찾으신 것이다.

아담은 날이 서늘할 때에 동산에 거니는 여호와의 목소리를 듣고 그의 아내와 더불어 여호와 하나님의 얼굴을 피하여 동산 나무 사이에 숨었다. 그들은 하나님께서 그들을 반역자로 동산에서 내쫓기 전에, 스스로가 하나님 앞에서 설 수 없는 반역적 죄인임을 자인하고, 하나님의 얼굴을 피하여 떠난 것이다. 이제 그들에게는 하나님께 대한 두려움이 생기게 되어 하나님 앞에서 그들 자신들이 숨을 곳을 찾은 것이다. 그러나 하나님께서는 그들을 찾아내셨다(10).

사람은 죄를 짓고, 자기와 자기 죄를 감출 수 없다. 전지전능하시고 무소부재하신 하나님 앞을 피하여 자기의 몸을 감추고, 자기의 죄를 숨겨 둘 수 없다. 하나님께서는 선지자 예레미야의 입을 빌어 "어떤 사람이 은밀한 곳에 숨는다고 해서 내가 그를 보지 못하겠느냐? 여호와의 말이다. 내가 하늘과 땅에 충만하지 않으냐? 여호와의 말이다."(렘 23:24)고 자신의 무소부재하심과 죄인들을 찾아내고야 마는 깊은 통찰력에 대하여 말씀하셨다. 또한 시편 저자도 다음과 같은 고백을 한다.

> "내가 주님의 영을 떠나 어디로 가며
> 내가 주님의 얼굴을 피해
> 어디로 도망가겠습니까?
> 내가 하늘에 올라가더라도
> 주께서 거기 계시며
> 내가 스올에 눕더라도 거기 계십니다.
> 내가 새벽 날개를 타고
> 바다 저편에 가서 산다 해도
> 거기서도 주님의 손이 나를 인도하시며
> 주님의 오른손이 나를 붙들어 주십니다."(시 139:7-10)

하나님께서는 아담에게 "네가 어디 있느냐?"고 찾으셨다. 하나님은 반드시 죄인을 찾으시며, 그의 죄를 밝히시는 분이다.

　　무화과나무 뒤에 숨어있는 아담과 그의 아내를 불러내신 하나님은 이제 심문을 시작하신다. "네가 벌거벗은 것을 누가 네게 알려주었느냐? 내가 너에게 먹지 말라고 명령한 그 나무의 열매를 네가 먹었느냐?"고 물으셨다. 하나님의 심문은 아담부터 시작하신다. 먼저 아담을 불러 그의 벌거벗음을 누가 알려 주었는지 물으셨다. 여기서 하나님께서는 여자를 먼저 불러 심문하신 것이 아니다. 아담은 자기 아내의 말을 듣고 여호와께서 먹지 말라고 명하신 그 나무의 열매를 따먹었다고 대답한다. 그렇다면 전지전능하신 하나님은 당연히 아담의 아내를 먼저 불러 심문했어야 할 것이다. 그러나 하나님은 아담을 먼저 부르심으로 이 사건의 책임자가 여자가 아니라 아담이라는 것을 분명히 보여주신 것이다. 대왕이신 하나님과의 관계에서 아담이 왕이지 아담의 아내가 왕이 아니다.

　　아담의 대답은 "주께서 저와 함께 하도록 주신 여자, 그가 그 나무의 열매를 제게 주어서 제가 먹었습니다."(3:12)라고 말했다. 아담은 그의 아내를 핑계하며, 책임을 아내에게 돌렸다. 그러자 하나님은 여자에게 "네가 한 일이 무엇이냐고 물으시자, 여자는 "뱀이 저를 속여 제가 먹었습니다."(13)라고 말했다. 여기서 여자는 뱀이 자기를 속여 자기가 먹었다고만 말하지, 자기가 아담에게 그 실과를 먹도록 주었다는 말은 하지 않는다. 아담은 이 모든 일이 자기 책임이라는 말은 하지 않는다. 그의 아내는 뱀이 자기를 속여 실과를 먹었다고 뱀을 핑계하지만 자기가 남편에게 그 실과를 주었다는 말은 하지 않는다. 돕는 배필로서 남편을 실족시킨 자신의 잘못을 일부러 드러낼 필요는 없었을 것이다. 하나님은 아담 부부를 철저하게 심문하신다. 하나님은 심문을 마치고 아담부터 시작해서 이들에게 심판을 내리신다.

"네가 아내의 말을 듣고 내가 네게 먹지 말라고 명령한 그 나무의 열매를 따먹었으므로 땅이 너 때문에 저주를 받고, 너는 평생 동안 수고하여야 그 소산을 먹을 것이다. 땅이 네게 가시덤불과 엉겅퀴를 낼 것이며, 너는 들의 식물을 먹게 될 것이다. 너는 흙에서 취했으니 흙으로 돌아가기까지 네 얼굴에 땀을 흘려 음식을 먹을 것이다. 너는 흙이니 흙으로 돌아갈 것이다."(3:17-19)

하나님께서 아담에게 내리신 저주는 아담이 흙이니 흙으로 돌아가야 한다는 것이고, 땅이 아담 때문에 저주를 받는다는 것이었다(창 3:19). 3:17에 보면 하나님께서는 아담에게 죽음을 선언하고, 사실상 이 사건과는 상관이 없어 보이는 땅을 저주하신다. 그러나 땅도 하나님께서 지은 만물이고 아담의 통치 안에 있기 때문에 아담과 언약적 연대성을 맺고 있어서 아담의 범죄는 땅에게도 미치는 것이고, 아담에게 내린 하나님의 언약적 저주는 결국 땅에게도 동일한 효력을 발생하는 것이었다. 그리하여 아담은 에덴동산에서 추방되고, 땅은 가시덤불과 엉겅퀴를 내어 아담은 평생 동안 수고하여야 그 소산을 먹을 수 있게 되었다(17-19).

여기에서 사람이 흙으로 돌아간다는 것은 죽음을 의미하는 것이다. 사람은 하나님께서 흙으로 그 모양을 만드시고, 그것의 코에 그의 "니쉬맛 하임"(נשמת חיים, 생명의 호흡)을 불어넣어 살아 움직이는 "네패쉬 하야"(חיה, נפש, 생명체)가 되게 하셨다(창 2:7). 이제 하나님은 사람의 생명의 호흡을 끊으심으로 본래의 흙으로 돌아가게 하겠다는 것이다. 물론 땅에서 취했기 때문에 흙으로 돌아가는 것은 자연스러운 것이라고 생각할지 모르지만 죽음은 자연적인 것이 아니다. 사람을 비롯한 모든 만물은 하나님께 지은 범죄에 대한 대가요 형벌로 흙으로 돌아가는 것이다. 흙으로 돌아가는 것은 죽음이다. 사람이 아무리 자기가 죄인이 아니라고 변명하고 주장한다고 할지라도 죽음은 우리가 죄인임을 확인해 줄 뿐이다. "한 사람으로 말미암아 죄가 세상에 들어오고 그 죄로 말미암아 사망이 들어왔으며 그리하여 사망이 모든 사람에게 이르렀으니, 이는 모든 사람이 죄를 지었기 때문이다."(롬 5:12). 사람이 죽는 것은 정한 것이다(히 9:27). 그래서 바울은 "죄의 삯은 사망이다."(롬 6:23)라고 선언했다.

하나님의 심문과 언약적 저주는 아담뿐만 아니라 이 사건에 연관된 뱀과 여자에게도 내려진다. 뱀은 여자를 속여 여자가 죄를 짓게 하였기 때문에 다른 모든 가축과 들짐승보다 더 저주를 받아 배로 다니며, 평생토록 흙을 먹게 된다는 것이다. 계속해서 하나님께서는 여자와 뱀에게 저주를 퍼부으신다.

> "내가 너와 그 여자 사이, 그리고 네 후손과 그 여자의 후손 사이에 적대감을 둘 것이다. 그는 네 머리를 상하게 할 것이고 너는 그의 발꿈치를 상하게 할 것이다."(창 3:16)

여기에서 중요한 점은 첫째로 아담과 뱀, 그리고 그들의 후손은 서로 적대감을 갖게 된다는 것이다. 본문에 등장하는 뱀은 물론 오늘날 우리가 알고 있는 뱀과는 분명 다르다. 사람과 말하고 소통하며, 사람을 유혹할 수 있는 지능과 이성을 가진 동물이라면 이는 분명 이 세상에 있는 동물과는 구별되는 생물이라고 할 수 있을 것이다. 따라서 이 말하는 뱀은 하나님을 대적하고, 아담을 하나님께 반역하도록 유혹하는 사탄의 하수인(agent) 역할을 하고 있는 짐승이라고 해석하는 것이다.[1]

둘째는 여자의 후손은 뱀의 머리를 상하게 하고, 뱀은 여자의 후손의 발꿈치를 상하게 한다는 것이다. 여기에서 여자의 후손은 단수로 쓰여 있다. 따라서 뱀의 머리를 짓밟을 자는 복수의 여자의 후손들이 아니라 단

---

1 손석태, 『창세기 강의』, 62-69.

한 사람을 가리키는 말이다. 여자의 후손이 뱀을 사주했던 그 사탄을 대적하여 그 머리를 상하게 한다는 것은 뱀과 여자의 후손은 서로 적대적인 관계가 되고, 그들은 서로 싸우게 되는 데 여자의 후손은 그들의 싸움에서 뱀의 머리를 상하게 하여 승리할 것이나 뱀에게 그의 발꿈치를 물리게 된다는 것이다. 여기에서 뱀에게는 그의 후손이 언급되지 않고 있다. 뱀과 여자의 싸움은 여기에서 끝나지 않고, 뱀을 사주한 사탄과 여자의 후손은 앞으로 계속하여 적대감을 갖고 싸우게 된다는 것이다. 평온했던 하나님의 동산이 이제 전쟁터가 되고 말았다.

2.4. 아담에게 가죽 옷을 지어 입히신 여호와

하나님은 그의 명령을 거역하고 선악과를 따먹은 아담과 그의 아내, 그리고 선악과를 따 먹도록 부추긴 뱀에게 저주를 퍼부었다. 죽음을 선고한 것이다. 그러나 하나님께서는 아담 부부에게 긍휼을 베푸신다.

첫째는 하나님은 아담과 그의 아내를 거짓말로 선악과를 따먹도록 부추긴 뱀에게 저주를 내린다. 뱀에게 다른 모든 들짐승보다 더욱 저주를 받아 배로 다니고 평생토록 흙을 먹고 살게 한다. 3:14에 하나님께서 뱀에게 모든 가축과 모든 들짐승보다 더욱 저주를 내려 배로 다니게 한다는 말씀은 하나님께서 다만 아담과 하와와 뱀에게만 저주를 내리는 것이 아니라 모든 가축과 모든 들짐승들에게도 저주를 내리시되, 뱀은 그들보다 더욱 무거운 저주를 내리신다는 것이다. 말하자면 아담과의 언약적 연대성 안에 있는 모든 가축과 들짐승도 아담과 함께 하나님의 저주를 받게 된 것이다.

뿐만 아니라 그의 후손과 여자의 후손 사이에 적대감을 두고, 여자의 후손이 그의 머리를 상하게 한다는 것이었다. 물론 그는 여자의 후손의 발꿈치를 상하게 하기 때문에 여자의 후손은 상처를 입게 되겠지만 뱀은 머리를 상하여 치명상을 입게 된다는 것이다. 저주 받은 뱀은 결국 여자의 후손에게 망하게 될 것을 말씀하신 것이다.

둘째는 하나님께서는 아담과 그의 아내 하와에게 가죽 옷을 만들어 입히셨다. 아담과 하와는 선악을 알게 하는 나무의 실과를 따 먹은 후 그들의 눈이 열려서 자기들이 벌거벗은 것을 알게 되었고, 무화과나무의 잎을 엮어 치마를 만들어 그들의 몸을 가리고(3:7), 하나님의 얼굴을 피하여 동산 나무 사이에 숨었다. 그들은 하나님께 대한 두려움을 느꼈다(10). 죄를 지은 그들은 죄 때문에 하나님 곁에 있을 수가 없어 하나님과의 교제를 끊고 숨은 것이다.

하나님은 아담과 하와를 불러 그들의 죄를 심문하시고 그들에게 흙이니 흙으로 돌아가라는 죽음을 선고하셨지만(3:19) 당장 사형을 집행하시지는 않았다. 오히려 가죽 옷을 만들어 입히셨다. 여기서 가죽 옷은 사형수들에게 입히는 일종의 죄수복이라고 할 수 있을 것이다. "사람의 죄와 그 수치는 마땅히 가리어져야 할 것이다. 그러나 나뭇잎으로 만든 그 가리개는 사람의 수치와 죄를 가리기에는 미흡했다. 그것은 아담의 임시변통적인 도구에 지나지 않는다. 만일에 그것이 미흡한 것이 아니라면 하나님께서 그대로 두셨을 것이다. 그러나 하나님께서는 가죽 옷을 지어 입히셨다. 친히 짐승을 잡아 무화과 나뭇잎을 대신하게 한 것이다. 하나님 앞에서 죄를 지은 사람이 자기 나름대로 만든 옷으로 그의 치부를 가린다 해서 하나님께서 그것을 용납하실 수 없을 것이다. 하나님께서는 친히 가죽 옷을 지어 입히심으로 죄 지은 자들이 어떻게 자신의 죄와 수치를 가릴 수 있는가를 보여주신 것이다. 즉 인간의 죄는 하나님만이 가릴 수 있는 것이며, 죄를 가리는 그 옷은 생명을 희생함으로 얻어져야 한다는 것이다. 따라서 구약성경은 일찍이 죄지은 인간들이 하나님 앞에 나올 때 자신의 죄를 가리는 속죄제물의 필요성과 그에 따르는 규례를 강조하고 있다. 신약성경에서는 누구든지 그리스도와 합하여 세례를 받은 자를 '그리스도로 옷 입는 자'(갈 3:27; 롬 13:14)로 표현하고 있는 데, 이는 우리 죄인들이 그리스도의 속죄를 통하여 하나님 앞에 나아가게 됨을 의미하는 것으로 '옷 입는다'는 표현은 아담이 입은 가죽 옷에 대한 모형적 표현이라고 해야 옳다."[2] 따라서 우리 아담의 후예들은 사는 날 동안 아담의 가죽 옷, 곧 사형수들의 죄수복을 입고 사는 사람들이다. 그러나 이것이 모형적인 것이라면 원형이 올 때는 이 가죽 수의를 벗게 될 것이다.

하나님은 그들을 에덴동산에서 내어 보내시고, 그 동산에 그룹들과 두루 도는 화염검을 두어 생명나무의 길을 지키게 하셨다. 그들이 에덴동산에 있는 생명나무의 열매를 따먹고 영원히 살지 못하게 막으신 것이다. 하나님은 아담과의 교제를 끊으셨다. 하나님과의 영원한 영적 관계를 끊어진 것이다. 안토니 후크마는 이 점에 대해서 다음과 같이 설명하고 있다.

> "성경에 따르면, 삶의 가장 깊은 의미가 하나님과의 교제이기에, 죽음의 가장 깊은 의미는 타락 이전에 인간이 누렸던 하나님과의 교제의 단절이 분명하며 이 단절은 영적인 죽음이라는 사실을 덧붙여야 한다. 이런 연유에서 타락과 함께 남자와 여자에게 미친 죽음에는 영적 죽음도 포함되어 졌음이 틀림없으며 …"[3]

아담의 육체적인 죽음은 결국 하나님과의 영원한 결별이라고 할 수 있고 이는 곧 영적인 죽음을 말하는 것이다. 결국 사람은 금단의 선악과를 따먹으므로 육적으로 뿐만 아니라 영적으로도 죽게 되었다

---

2 손석태, 『창세기강의』, 81-82.
3 안토니 A. 후크마, 『개혁주의 인간론』 (서울: CLC, 1990), 234. 손석태, 『창세기 강의』,79. 재인용.

3. 하나님의 홍수 심판과 언약

아담의 범죄는 아담 한 사람뿐만 아니라 그와의 언약적 연대성 안에 있는 모든 피조물도 아담과 함께 죄인이 되게하고, 그로 말미암은 저주와 심판을 초래했다. 하나님께서는 아담에게 벌을 내리시며, "땅이 너 때문에 저주를 받고 ... 가시덤불과 엉겅퀴를 낼 것이며 ... 너는 흙이니 흙으로 돌아갈 것이다."(창 3:17-19)라고 말씀하신다. 땅이 아담 때문에 저주를 받는다는 것이다. 아담의 하나님께 대한 불순종과 반역으로 말미암은 하나님의 저주와 심판은 아담에게만 미친 것이 아니라 땅과 더불어 땅에서 사는 모든 생물들에게도 똑같이 미치고 있는 것을 볼 수 있다.

3.1. 폭력적인 세상

창세기 4-11장은 하나님의 말씀을 불순종하고 범죄한 아담의 후예들과 아담과의 언약적 연대성 안에 있는 만물들에게 하나님의 언약적 저주와 심판이 어떻게 내려지는가를 보여준다. 창세기 4장은 아담의 아들, 가인이 그의 동생 아벨을 살해하는 사건이다. 이 사건은 하나님께 제사 드리는 성스러운 제단 앞에서 가인은 하나님께서 그의 제물을 받아 주시지 않는다고 화를 내고 그의 얼굴을 떨어뜨렸다(창 4:5). 히브리어 성경은 하나님께서 "가인과 그 제물은 받지 않으시므로 가인이 매우 화가 나서 그의 얼굴을 떨어뜨렸다."고 적고 있다. 한글 성경에서 "받아주다"라고 번역하고 있는 히브리어 "샤아"(שָׁעָה)는 "쳐다보다"(to gaze), 혹은 "주시하다"(to regard)는 의미로 쓰이고 있어서, 하나님께서 가인의 제물을 쳐다보지도 않으셨다고 이해해야 할 것 같다.[1] 여기에서 중요한 점은 하나님께서는 "가인과 그 제물"은 받지 않으셨지만 "아벨과 그 제물"은 받으셨다고 했다. 하나님께서 보신 것은 제물만이 아니라 가인이라는 사람, 아벨이라는 사람이다. 하나님은 가인이라는 사람을 받으실 수 없기 때문에 그가 바친 제물을 받으실 수 없는 것이다. 뿐만 아니라 제물에 대해서도 바친 사람의 마음과 성의를 보신 것이다. 가인과 아벨은 각자 땀 흘려 수고하여 얻은 각자의 소출을 하나님께 드렸다. 그런데 동생 아벨은 "그의 양떼의 첫 새끼들"(מבכרות צאנו)과 "그들의 기름들"(מחלבהן)을 바쳤다고 했다. 모두 복수형을 쓰고 있다. 여러 마리의 양 새끼들로부터 취한 많은 양의 기름을 하나님께 드렸다는 것이다. 그러나 가인은 "땅의 소산"(מפרי האדמה מנחה)을 하나님께 드렸다. 가인이 드린 제물에 대하여는 특이한 설명이 없다. 하나님의 눈에 띄게 정성을 드린 것 같지 않다. 하나님께서는 사람들이 드리는 제물에 대한 관심보다는 제물을 바친 사람의 마음을 더 귀하게 보신 것 같다. 사람과 제물은 분리할 수 없다. 제물에 사람의 마음이 담겨있는 것이다. 따라서 하나님은 아벨의 마음을 더 귀하게 보신 것이다. 히브리서 11:4에서 "믿음으로 아벨은 가인보다 더 나은 제사를 하나님께 드림으로 의로운 자라 하는 증거를 얻었다."고 했다. 가인은 하나님께서 제물을 받지 않으셨다고 해서 그의 얼굴을 땅에 떨어뜨리고, 하나님께서 그에게 선을 행하도록 타일러도 동생을 계획적으로 들로 데리고 나가 돌로 쳐 죽이는 것을 보면, 가인이라는 사람은 하나님께서 받을 수 없는 사람이었다.[2] 하나님께서 받으시는 것은 예물보다는 사람 그 자체이며, 그 마음이다.

---

1 손석태 "가인과 아벨의 제사," 『성경을 바로 알자』(서울: CLC, 2013), 29-33. 『창세기 강의』 85-90.

2 창 4:5에 가인이 그의 동생을 죽이기 위하여 "우리가 들로 가자"라고 제의하는 말이 히브리어 성경 마소라 사본에는 없다. 그러나 LXX 에는 가인이 계획적으로 그의 동생을 죽이기 위하여 들로 데려가는 것처럼 적고 있다.

아담의 후예들은 하나님의 존전에서, 예배하는 중에, 하나님께 드리는 제물 때문에, 형제간에 사이가 벌어지고, 결국 형이 아우를 쳐죽이는 살인을 하게 된다(창 4:8). 도저히 일어나서는 안 될 일이 일어나고, 일어나서는 안 될 사람들 가운데, 일어나서는 안 될 장소에서, 하나님께 드리는 제사 제물 문제로 일어난 것을 보면 이 세상에는 이보다 더한 일이 누구에게든지, 언제, 어디서나, 무슨 이유로든지 일어날 수 있다는 것을 보여주는 것이다. 결국 이 세상은 무서운 세상이 되었다.

가인의 후손 라멕은 자기에게 상처를 입힌 소년을 살해하고, 자기 아비 가인의 11배가 되는 칠십 칠 배로 복수하겠다는 것을 아내들 앞에서 자랑스럽게 선언한다(4:23-24). 아담은 그의 아내와 동침하여 아들을 낳자, 그의 이름을 셋이라고 불렀는데 이는 가인이 죽인 그의 동생, 아벨을 대신하여 하나님께서 주신 씨라고 생각했다. 후에 셋도 아들을 낳고 그 이름을 에노스라고 불렀는데 이때부터 사람들이 여호와의 이름을 부르기 시작했다고 했다(창 4:26). 사람들이 하나님께 예배하기를 시작한 것이다. 그는 가인의 첫째 아들과 사촌 간으로 짝을 이룬다.

창세기 5장에서는 아담의 후손들에 대한 계보를 소개하고 있다. 하나님께서 이들을 창조하실 때 여전히 그의 형상대로 창조하셨고, 창조된 날에 그들에게 복을 주셨으며, 그들의 이름을 "아담"(אדם)이라고 불렀다.[3] 그리고 그 아담이 130세에 자기의 모양과 형상과 같은 아들을 낳았고, 그의 이름을 셋이라고 했다. 하나님께서는 아담이 그를 반역하고, 그의 명을 거역하여 그에게 죽음을 선고하였다 할지라도 그의 모양과 형상대로 후손을 그에게 주셨다는 것이다. 그러나 그들은 결국 죽었다. 5장은 아담의 후예들을 연대순으로 기록하고 있는데 여기에서 눈여겨 볼 점은 아담의 두 아들 가운데 맏아들인 가인이 아담의 후계자가 아니고, 아벨이 가인에게

---

3 성경에서 "아담"(אדם)을 맥락에 따라 "사람" 혹은 첫 사람 "아담"으로 읽고 있다. (3:24; 5:1-3).

살해된 후 얻는 셋을 통하여 아담의 계보가 이어져 가고 있다는 것이다(창 4:25). 여기 목록에 오른 자들은 "X는 Y년을 살고 Z를 낳고 죽었다"는 일정한 양식을 사용하고 있어서, 결국 이들은 낳고, 살고, 죽었다는 것이다. 상당히 오랜 세월을 살았지만 결국은 사람은 죽음을 피할 수 없는 존재라는 것을 강조하고 있는 것이다. 그리하여 시편 저자는 인생을 다음과 같이 쓰고 있다.

> "누구도 형제를 결코 대속하지 못하며,
> 그 속전을 지불할 수 없음은
> 그들의 생명을 대속하는 값이 너무도 엄청나서
> 사람은 영원히 감당할 수 없기 때문이다.
> 누구도 영원토록 살 수 없으며
> 결코 무덤을 보지 않을 수 없다.
> 참으로 지혜 있는 사람도 죽고
> 어리석은 사람이나 미련한 사람도 다 같이 망하여
> 그들의 재산을 타인에게 남겨두고
> 떠나는 것을 그가 볼 것이다.
> 사람이 고귀해도 계속 살 수는 없으니,
> 그 또한 망할 짐승과 같구나,
> 이것이 어리석은 자들이 가는 길이며
> 그들의 말을 기뻐하는 후대 사람들의 가는 길이다. (시 49:7-13)

이 시인은 비록 그가 수백 년 살았을 지라도 죽음은 남녀노소 빈부귀천을 막론하고 찾아온다는 것을 말하고 있다. 여기에서 그가 영원히 살 수 없는 이유는 속전을 지불할 수 없기 때문이라는 것이다. "속전"이라는 말은 죄 값이라는 뜻이다. 히브리어 "파다"(פדה)라는 말은 "돈을 주고 사다", 혹은 "죄 값을 대신 지불하다"는 뜻이다. 따라서 시인은 죄와 죽음의 관계를 염두에 두고, 사람이 영원토록 살 수 없는 이유를 죽음에 대한 죄 값을 치를 수 없기 때문이라는 것이다. 죄 값이 너무 비싸서 사람은 영원히 그것을 감당할 수 없기 때문이라고 말하고 있다. 창세기 4-5장은 폭력적인 세상의 단면을 보여주고 있으며, 폭력적인 세상의 인간들은 결국 죽음으로 그들의 삶이 끝나고 있음을 보여주고 있다.

3.2. 육체가 된 사람들

창세기 6:2에서 "하나님의 아들들이 사람의 딸들의 아름다움을 보고 각자 자기들이 선택한 모든 여자를 아내로 삼았다."고 했다. 창세기 1-2장의 하나님의 창조는 하나님께서 아담의 갈비뼈로 여자를 만드시고, 아담의 아내로 짝지어 가정을 세워 주심으로 하나님의 창조 사역이 마치게 된다. 하나님의 여자 창조는 특별하다. 하나님께서 다른 동식물을 만드실 때는 "... 이 있어라"는 명령을 내리셨다. 말씀 한 마디로 무(無)에서 유(有)를 창조하셨다. 그러나 여자의 경우는 달랐다. 유(有)에서 유(有)를 창조하신 것이다. 아담을 깊이 잠들게 하시고, 그의 갈빗대를 뽑아 여자를 만드시고, 이 여자를 아담에게 데려와 짝지어 주시고, 가정을 이루게 하셨다. 하나님의 마지막 창조 사역이 바로 여자를 만드시고 가정을 세우신 것이었다. 말하자면 하나님의 천지 창조의 마지막 작업이 바로 아담의 가정 창조였던 것이다. 하나님께서는 사람들에게 생육하고 번성하여 땅에 충만하라는 번식 명령을 주셨지만 남자의 갈빗대를 하나만 뽑아 여자 한 사람만 만들어 아내로 주셨다. 여자와 가정의 창조가 하나님의 천지창조에 있어서 최고점(climax)이자 최종점이었다. 그만큼 여자와 가정은 하나님의 창조에 있어서 중요한 위치를 차지하는 것이었다.

그런데 창세기 6:2에 보면 하나님의 아들들이 각자 자기들이 선택한 모든 여자를 아내로 삼았다고 했다. 여기에서 언급되고 있는 "하나님의 아들들"과 "사람의 딸들"이 누구인지에 대한 학자들의 해석은 다양하다. 하나님의 아들이 천사들이라는 설, 고대의 왕이나 치리자라는 설, 그리고 경건한 셋의 후예들이라는 설 등이 있으나 일반적으로 셋의 후예들이라고 주장한다.[4]

여기에서 "자기들이 택한 모든 여자들"(נשים מכל אשר בחרו) 이라는 말이 아담의 후예들의 상황을 잘 말해주고 있다. 하나님께서 짝지어 주신 여자가 아니라 자기들이 선택한 모든 여자들을 자기들의 아내들로 삼아 일부다처의 세상이 된 것이다. "모든"이라는 말이 당시 무분별한 일부다처의 가정 형태를 보여주고 있다. 하나님께서 세우신 가정이 무너진 것이다. 예수께서는 이 시대의 사람들을 가리켜 "홍수 이전 시대에 노아가 방주에 들어가던 날까지 사람들이 먹고 마시고 장가들고 시집가다가 홍수가 와서 그들을 쓸어버릴 때까지 그들은 알지 못하였으니 …"(마 24:37-38)라고 말씀하신다.

사람은 하나님의 모양과 형상대로 창조되어 하나님의 대리 통치자인 만물의 왕이 됨으로 모든 만물과 구별된 존재이다. 사람의 사명은 하나님께서 지으신 세상을 하나님을 대신하여 다스리는 것이다. 그러나 하나님께서 사람을 창조하신 것을 실망스럽게 여기시고 마음으로 슬퍼하셨다는 말씀을 보면 우리 인간은 창조 시에 하나님께서 주신 특별한 사명을 성실하게 수행하지 못한 것이다(5,6). 먹고 마시고 장가 들고 시집갔다는 예수님의 말씀은 사람이 이제 동물과 다름없는 존재가 되었다는 뜻이다. 사람은 이제 그가 존재해야 할 명분과 의미를 잃었다. 그래서 하나님께서는 "나의 영이 영원히 사람과 함께 하지 않을 것이니, 이는 그들이 육체가 되었기 때문이며, 그의 날은 백이십 년이 될 것이다."(6:3)라고 선언하신다. 하나님께서는 흙으로 사람을 빚어 사람의 모양을 만드시고, 그의

---

4 손석태,『창세기 강의』, 102, 주42. Kenneth Mathews, *Genesis 4:27- 11:26.* NAC (The Broadman & Holman Publishers, 1966), 322- 332.

코에 "생명의 호흡"(נשמת חיים, breath of life)을 불어 넣으시니 "생명체"(חיים נשמת, living being)가 되었다고 했다. 그래서 사람은 영(רוח)과 육(בשר)이 결합된 존재가 되었다. 그러나 이제 그들은 동물들과 다름없는 육체의 일만 도모했다. 사람들은 그 마음에 생각하는 모든 계획이 항상 악하기만 했다. 여호와께서는 마음 아파하시고, 슬퍼하셨다."(5, 6)고 했다. 하나님의 영이 그들과 함께 할 수 없었다. 하나님의 영이 함께 하시지 않으면 사람은 흙만 남을 것이다. 영이 없는 육만 있는 진흙덩이로 남게 될 것이다. 그래서 하나님께서는 "내가 창조한 사람을 지면에서 쓸어버리겠으니, 사람으로부터 가축과 기는 것과 공중의 새까지 그렇게 하겠다. 내가 그것을 만든 것이 실망스럽다."고 말씀하신다. 한글 성경에서 "후회하다"고 번역하고 있는 히브리어 "나함"(נחם)이라는 말은 이어서 사용되고 있는 "아차브"(עצב, 슬퍼하다)라는 말과 연계해서 문맥을 살펴볼 때, "후회스럽다"고 번역하는 것보다는 "안타깝다" 혹은 "실망스럽다"라고 번역하는 것이 더 적절하다. 전지전능하신 하나님께는 실패나 취소가 없다(롬 11:29).[5]

창세기 6:11-13은 아담 이후의 하나님께서 지으신 땅과 모든 육체를 보시고 다음과 같이 선언하신다.

> "그 땅이 하나님 앞에서 부패하고 폭력으로 가득하였다. 하나님께서 그 땅을 보시니 모든 육체가 땅 위에서 자기 행위를 더럽히므로 몹시 부패하였다. 하나님께서 노아에게 말씀하셨다. "모든 육체의 마지막이 내 앞에 이르렀으니 그 땅에 그들로 말미암아 폭력이 가득찼기 때문이다. 내가 그들을 땅과 함께 진멸하겠다."(창 6:11-13)

이 말씀을 정리해보면 이 땅은 사람들의 부패와 폭력으로 가득차 이

---

5 손석태, 『창세기 강의』(서울: CLC, 2021), 104-5.

제 모든 육체의 마지막이 하나님 앞에 이르렀다는 것이다. 그래서 하나님께서는 사람들의 살인과 성도덕의 타락으로 모든 육체를 땅과 함께 진멸하겠다는 선포를 하신다. 하나님께서는 인간의 타락상을 보시고 실망하시고 그와 연대성 안에 있는 모든 생물을 다 지상에서 쓸어버리시겠다고 선언하신 것이다.

이제 그의 날이 120년이 될 것이라는 말씀은 앞으로 사람의 수명이 120년이 될 것이라는 뜻이 아니라, 앞으로 다가올 홍수 심판까지의 남은 기간을 예고하시는 말씀이다(창 6:3). 노아가 방주를 다 만들 때까지의 기간을 의미하는 말이다. 사람이 하나님께서 주신 사명을 감당하지 못함으로 그들에게 언약적 저주를 내리실 것을 말씀하시는데, 사람과 더불어 가축과 기는 것과 공중의 새까지 다 지면에서 쓸어버리시겠다는 것이다. 사람이 하나님의 대리 통치자로서 합당한 삶을 살지 못하기 때문에 사람과 더불어 모든 피조물도 함께 쓸어버리겠다는 말씀은 바로 사람과 만물 사이에는 생사를 같이 하는 언약적 연대성이 있음을 확증하는 것이다.

하나님께서 명하신대로 노아가 그의 가족들과 짐승들과 하늘의 새들을 암컷과 수컷, 거룩한 것과 거룩하지 못한 것들을 방주에 들어가게 하자 홍수가 시작되었다 (창 7:1-10). 창세기 7:1-8:19 의 홍수 이야기는 세 개의 주제로 구성되어 있다. 첫째는 여호와께서 노아와 그의 가족들을 구원하시는 이야기이고, 둘째는 여호와께서 홍수를 내려 세상을 심판하시는 내용이며, 마지막으로는 다시는 홍수로 세상을 멸하시지 않겠다는 하나님의 언약을 기록하고 있다.

a. 노아 (6:10a)
　b. 셈, 함, 야벳 (6:10b)
　　c. 방주가 만들어짐 (6:14-16)
　　　d. 홍수를 알림 (6:17)
　　　　e. 노아와의 언약 (6:18-20)
　　　　　f. 방주 속의 음식 (6:21)
　　　　　　g. 방주에 들어갈 것을 명령 (7:1-3)
　　　　　　　h. 홍수를 7일간 기다림 (7:4-5)
　　　　　　　　i. 홍수를 7일간 기다림 (7:7-10)
　　　　　　　　　j. 방주에 들어감 (7:11-15)
　　　　　　　　　　k. 여호와께서 노아를 닫아 넣음 (7:16)
　　　　　　　　　　　l. 40일간의 홍수 (7:17a)
　　　　　　　　　　　　m. 물이 불어남 (7:17b-18)
　　　　　　　　　　　　　n. 산을 덮음 (7:19-20)
　　　　　　　　　　　　　　o. 150일간 물이 창 (7:21-24)
　　　　　　　　　　　　　　　p. 하나님이 노아를 기억하심 (8:1)
　　　　　　　　　　　　　　o`. 150일간 물이 줄어 듦 (8:3)
　　　　　　　　　　　　　n`. 산봉오리가 보임 (8:4-5)
　　　　　　　　　　　　m`. 물이 줄어듦 (8:5)
　　　　　　　　　　　l`. 40일이 지남 (8:6a)
　　　　　　　　　　k`. 노아가 방주의 창을 열다 (8:6b)
　　　　　　　　　j`. 까마귀와 비둘기가 방주를 떠남 (8:7-9)
　　　　　　　　i`. 물이 감하기를 7일간 기다림 (8:10-11)
　　　　　　　h`. 물이 감하기를 7일간 기다림 (8:12-13)
　　　　　　g`. 방주에서 나올 것을 명령 (8:15-17, 22)
　　　　　f`. 방주밖의 음식 (9:1-4)
　　　　e`. 모든 생물과의 언약 (9:8-10)
　　　d`. 미래에는 홍수가 없음 (9:11-17)
　　c`. 방주 (9:18a)
　b`. 셈, 함, 야벳 (18b)
　a`. 노아 (9:19)

이 홍수 이야기는 매우 인위적인 X자형의 구조(chiasmus, pali-strophe) 를 사용하고 있다. 웬함(Wenham)은 홍수 이야기 속에서 위와 같은 구조를 발견했다.[6]

도표를 보면 8:1의 "하나님이 노아를 기억하셨더라"는 구절을 중심 으로 상반부와 하반부의 이야기의 전개가 서로 대칭구조를 이루어 이것을 거울에 비춘다면 완벽하게 서로 일치 부합하는 구조(structure)로 되어 있는 것이다. 그러므로 홍수 이야기는 구약의 보편적인 문학 형태를 보여주고 있는 것으로, 결코 자료들을 편집한 것이 아니다. 오히려 통일성을 보여주 고 있다.[7] 거울에 비춘다면 거울처럼 오히려 통일성을 천명하고 있는 것 이다.[8]

---

6 Wenham, "The Coherence of the Flood Narrative," *Vetus Testamentum* 28 (1978): 37-39. Cf. B. W. Anderson, *JBL* 97 (1978) 38. R. E. Longacre, *JAAR* 47 Sup (1979): 89-133.

7 Wenham, 169. Tremper Longman III, "Storytellers and Poets in the Bible : Can the Literary Artifice Be True?" *Inerrancy and Her meneutic: A Tradition, A Challenge, A Debate,* ed. Harvie Conn (Grand Rapids : Baker, 1988), 141-142.

　홍수 이야기는 성경뿐만 아니라 고대 근동의 문헌에도 발견되고 있어서 일부의 학자들 은 근동 문헌의 고대성 때문에 성경의 홍수 이야기의 자료가 특히 바벨론의 길가메쉬 서사 시에서 유래한 것이라고 주장하고 그 해석을 고대 근동 문헌에 의지하는 사람이 많다. 고대 근동 문헌 가운데 홍수 이야기가 수록된 것은 바벨론의 길가메쉬 서사시(Gilgamesh Epic), 아트라하시스 서사시(Atrahasis Epic)가 있고, 수메르에도 같은 홍수 이야기가 있다. 성경의 노아에 대응하는 각각의 주인공 이름은 우트나피스팀(길가메쉬 서사시), 아트라하시스, 지 우스드라(수메르) 등이다. 성경과 고대 근동의 문헌이 다 같이 고대의 대홍수를 증거하고 있는 것은 바로 대홍수의 역사성을 뒷받침하고 있다고 볼 수 있지만 성경의 기록과 고대 근 동의 문헌 사이에는 서로 조화될 수 없는 큰 차이가 있다. 그 중요한 차이점은 고대 근동 문 헌에는 많은 신들이 등장하며, 대홍수에 대한 합리적이고 윤리적인 이유가 결여되고 있으 며, 오직 신들의 변덕에 의해서 인류가 멸망당하는 것으로 기록되어 있다. 대홍수 가운데 살아남은 사람도 그의 경건성 때문에 그와 친한 신에게 구원을 받은 것은 사실이지만 그것 은 은밀한 속임수를 통해서 이루어진 일이다. (Alexander Heidel, *The Gilgamesh Epic and Old Testament Parallels,* 2nd ed. Chicago & London: Chicago University Press, 1949, 224-269. "길 가메쉬 서사시의 홍수 설화와 구약성경의 비교"「고대 근동의 창조설화 홍수설화와 구약성 경의 비교」, 윤영탁 역. 서울 : 엠마오, 1990. 89-157.) 그래서 성경의 홍수 이야기와 고대 근동의 문헌의 홍수 이야기는 그 목적과 방법에 있어서 본질적으로 서로 다르다.

8 Wenham, 169. Tremper Longman III, "Storytellers and Poets in the Bible :Can the

3.3. 홍수로 땅을 쓸어버리는 여호와

노아 때의 홍수는 한편으로는 하나님께 대한 불순종이 초래한 하나님의 진노와 저주의 심판이요, 다른 한편으로는 새 하늘과 새 땅을 만들기 위한 땅의 정지 작업과 만물의 회복에 대한 하나님의 비전과 언약이라고 할 수 있다. 따라서 하나님은 대 홍수를 통하여 일단 부패와 폭력이 난무한 인간 세상을 다 쓸어버리고 정리하신다.

그리고 아담에게 주셨던 생육하고 번성하여 온 땅에 충만하라고 하셨던 번식 명령을 노아와 그의 아들들에게 주시며, 땅의 짐승과 공중의 새와 바다의 물고기들도 다 그의 손에 넘겨주셨다. 말하자면 세상 만물을 다 노아와 그의 아들들에게 주신 것이다. 그러나 노아 이후 사람들은 하나님의 명령과 축복을 버리고, 자기들의 이름을 내고 흩어짐을 면하기 위하여 바벨탑을 쌓는다(11장). 하나님께 대한 도전의 극치라고 할 수 있다. 따라서 노아를 통한 하나님의 홍수 심판에도 불구하고 이 세상은 나아진 것이 없었다. 그러므로 하나님께서는 불심판을 통하여 세상을 쓸어버리려고 하신 것이다. 하나님과의 언약을 깨버린 인간들에게 내리실 종말의 저주와 심판에 대한 예고이다. 따라서 베드로는 이 홍수 심판을 최후에 있을 불 심판에 대한 모형으로 가르치고 있다.

> "그들은 하나님의 말씀으로 하늘이 옛적부터 있었고 땅은 물에서 나와 물로 형성된 것과 그때 세상은 물이 넘쳐서 물로 망하였다는 것을 일부러 잊으려 한다. 그러나 지금의 하늘과 땅은 불사르기 위해 동일한 말씀으로 간수되어 경건하지 않은 자들의 심판과 멸망의 날까지 보존 된 것이다."(벧후 3:5-7)

Literary Artifice Be True?" *Inerrancy nad Hermeneutic: A Teadtion, A Challenge, A Debate,* ed. Harvie Conn (Grand Rapids: Baker,1988), 141-142.

베드로는 노아 시대의 홍수를 앞으로 종말에 있을 불 심판에 대한 모형으로 가르치고 있다. 하나님께서 말씀으로 창조하신 세상은 물로 망했다고 한다. 그리고 지금의 하늘과 땅은 심판과 멸망의 날에 불사르기 위하여 동일한 말씀으로 보존되고 있다는 것이다. 이 말은 아담의 범죄로 그와 언약적 연대성을 가진 이 세상은 불 심판을 받아 멸망될 것을 말하고 있는 것이다. 하나님께서 창조하시고 기뻐하셨던 이 세상은 하나님의 대리통치자인 아담 한 사람이 저지른 불순종의 범죄로 말미암은 언약적 저주로 불 심판을 받아야 한다는 것이다. 그 불 심판의 모형으로 물 심판을 하셨다는 것이다. 베드로후서 3:12은 계속하여 "그 날에 하늘들이 불타서 풀어지고 물질은 불에 녹아 버릴 것이다."라고 말한다. 하나님의 마음도 더 이상 그의 피조물로 인한 기쁨이 없어졌고, 하나님의 불 심판이라는 언약적 저주로 말미암아 세상은 그 종말을 맞게 되는 것이다. 바울은 이 인류의 비극적인 죽음과 종말을 언약적 연대성의 틀 안에서 다음과 같이 말하고 있다.

"이러므로 한 사람으로 말미암아 죄가 세상에 들어오고, 그 죄로 말미암아 사망이 들어왔으며, 그리하여 사망이 모든 사람에게 이르렀으니, 이는 모든 사람이 죄를 지었기 때문이다." (롬 5:6)

모든 사람이 죄와 죽음의 권세 아래 갇히게 된 이유를 바울은 언약적 연대성의 우두머리, 한 사람 아담의 범죄와 그와의 언약적 관계를 가진 만물 사이의 연대성 때문이라고 가르치고 있다. 우리 인간은 아담과 더불어 왕 노릇하였지만 이제 죄지은 아담과 더불어 멸망 받고 진멸되어야 할 존재들이 된 것이다.

3.4. 노아와 언약을 맺으신 하나님

홍수가 끝난 후 방주에서 나온 노아는 여호와께 단을 쌓고, 모든 정결한 짐승과 정결한 새들을 택하여 하나님 앞에 번제로 드렸다. 여호와께서는 그 향기를 맡으시고, 마음속으로 말씀하셨다.

> "내가 다시는 사람 때문에 땅을 저주하지 않겠다. 사람이 마음으로 의도하는 것이 어려서부터 악하기 때문에 내가 이번에 했던 것처럼 모든 생물을 다시는 멸하지 않겠다. 땅이 있을 동안 심고 거두는 일, 추위와 더위, 여름과 겨울, 그리고 낮과 밤이 그치지 않을 것이다."(창 8:20-22)

하나님께서는 홍수 심판 이후 앞으로 다시는 땅을 저주하지 않겠다고 말씀하신다. 땅이 있을 동안 밤과 낮, 그리고 사계절이 변함없이 계속되게 하고, 땅위에 살고 있는 모든 생물들을 멸하지 않고, 계속 생명을 부지하고 살도록 하겠다고 스스로 다짐하신다. 그리고 노아와 그의 아들들에게 복주시며 말씀하신다.

> "생육하고 번성하며 땅에 가득 채워라. 땅의 모든 짐승과 새와 땅에 기는 모든 것과 바다의 모든 물고기가 너희를 두려워하며 너희를 무서워할 것이다. 너희 손에 이것을 넘겨주겠다."(9:1-2)

이 말씀은 하나님께서 세상을 창조하실 때 사람을 그의 형상대로 창조하시고 그에게 복을 주시며 하신 말씀과 같다(창 1:28; 9:6). 첫 창조 시 하나님께서는 사람을 만드시고 그에게 복을 주시며, 자식들을 낳고 길러 땅에 번성하고, 충만하여, 땅을 가득하게 하고, 하늘과 바다와 땅에 사는 모든 만물을 다스리라는 명령을 주셨다. 그리고 그들이 먹고 살 수 있도록 모든 식물을 양식으로 주셨다. 그런데 홍수 이후에도 하나님께서는 사람들에게 홍수 전에 주셨던 만물에 대한 통치권을 그대로 주신다. 또한 그들이 먹고 살 양식도 주셨으며 홍수 후에는 사람들에게 살아 움직이는 모든 생물도 그들의 양식으로 주신다. 그러나 고기를 먹되 피째 먹어서는 안 된다고 명하신다. 홍수 이후 특별한 명령은 사람이 사람의 피째 흘려서는 절대로 안 된다는 것이다(창 9:5). 가인이 그의 아우 아벨을 죽인 이후 가인의 후손들의 인명 살상 행위는 대를 이어 갈수록 잔인해지기 때문에(창 4:23-24) 하나님께서는 홍수 이후 특별히 사람이 고기를 먹을 수 있도록 허락하시지만 피째 먹지는 말라고 명하신다. 특히 사람의 피를 흘리지 말라는 지시를 내리신다(9:4). 왜냐하면 하나님께서 사람을 그의 형상대로 만드셨기 때문이라는 것이다(창 9:5). 하나님의 형상인 사람을 도전하고 피를 흘리게 하는 것은 결국 하나님께 대한 도전이기 때문이다.

이어서 하나님께서는 노아와 그의 아들들, 그리고 그가 창조한 모든 생명체들, 곧 방주에서 나온 모든 생물들을 다시는 홍수로 멸하지 않겠다는 언약을 세우고, 그 언약의 표로 그의 무지개를 구름 속에 두시겠다고 말씀하신다.

> "'이것이 나와 너희 사이에, 그리고 너희와 함께 하는 모든 생물 사이에 내가 대대로 주는 언약의 표이다. 내가 무지개를 구름 속에 두었으니 그것이 나와 땅 사이에 언약의 징표가 될 것이다. 내가 구름으로 땅을 덮을 때에 그 무지개가 구름 속에 나타나면 나와 너희 사이, 그리고 육체를 가진 모든 생물 사이에 맺은 내 언약을 내가 기억할 것이니, 다시는 물이 모든 육체를 멸하는 홍수가 되지 않을 것이다. 그 무지개가 구름 속에 있어 내가 그것을 보고 나 하나님과 땅 위의 있는 모든 육체를 가진 모든 생물 사이의 언약을 기억하겠다.' 하나님께서 노아에게 말씀하시기를 '이것이 내가 나와 땅 위에 있는 모든 육체 사이에 세운 언약의 징표이다'라고 하셨다."(창 9:12-17).

하나님께서는 땅 위에 있는 모든 생명체들을 홍수로 멸망시키지 않고 보존하겠다는 언약을 노아와 함께한 모든 생명체들과 맺었다. 그리고 하나님께서는 그 언약의 징표(covenant sign)로 무지개를 하늘의 구름 속에 두어 무지개가 나타날 때마다 이 언약을 기억하겠다고 말씀하신다.[9] 아담과의 연대성 안에 있던 생명체들을 홍수로 쓸어버린 하나님께서는 이제 땅을 멸할 홍수를 다시는 내리지 않고 보존하실 것을 약속하신 것이다. 따라서 우리는 이 언약을 "보존언약"(The Covenant of Preservation)이라고 칭한다.

노아는 방주에서 나와 하나님께 감사의 제사를 드렸고, 하나님께서는 그에게 복을 주셔서 포도를 심어 그 열매를 따서 포도주를 담아 마실 수 있게 되었다. 그가 포도주를 마시고 취하여 장막 안에서 벌거벗었는데 이를 본 가나안의 아비 함이 자기 아버지의 하체를 보고 그의 두 형제에게 알렸다. 노아의 아들 셈과 야벳은 겉옷을 가져다가 자기들의 어깨에 걸치고 얼굴을 뒤로 돌려 아버지의 벌거벗음을 보지 않고, 뒷걸음으로 들어가 아버지의 하체를 덮었다. 노아가 술이 깨어 일어나 그 작은 아들이 자기에게 행한 것을 알고, 가나안은 그의 형제들의 종이 되라고 저주했다. 이어서 말했다.

"여호와 셈의 하나님을 송축하여라.
가나안은 셈의 종이 될 것이며,

---

9 여기에서 무지개로 번역되는 히브리어 "케셋"(קשת)은 "활"(bow)이라는 의미도 있다. 고대 메소포타미아의 창조 설화에는 마르두크가 티아맛을 물리친 후 승리의 활을 하늘의 별자리로 그려 넣었다는 대목이 있다. 따라서 바벨론에서는 활모양의 별자리는 전쟁 여신의 장신구로 여겨졌다. 우가릿 문헌에도 비슷한 설화가 있다. 따라서 학자들 가운데는 하나님께서 다시는 사람과의 전쟁을 하지 않겠다는 상징으로 그의 화살과 활이 하늘로 향하도록 했다고 하는 자들이 있는데 이 경우 홍수를 퍼붓는 가운데 폭우는 하나님의 화살이 될 것이다. 성경에도 하나님께서 그의 진노를 퍼부으실 때에 화살을 사용하시는 경우가 있다 (신 32:23, 42; 합 3:9-11; 시 18:15). 그러나 이곳에서 무지개를 활로 이해해야 할 이유가 없다. Wenham, 196. Sarna 63, 손석태, 『창세기 강의』, 주 56.

하나님께서 야벳을 크게 하시고,
셈의 장막에서 거하시며,
가나안은 그의 종이 될 것이다." (창 9:26-27)

일부의 역본에서는 이 부분을 "하나님께서 야벳을 크게 하시고, 셈의 장막에 거하게 하시며 …"라고 번역하고 있다. 이 경우에는 하나님께서 야벳을 크게 하시고 야벳이 셈의 성막에 거하게 한다는 의미가 될 것이다. 하나님께서 야벳을 셈의 장막에 거하게 하신다는 것은 문법적으로나 문맥적으로, 나아가서 구속사적인 전개 과정을 통하여서 볼 때 맞지 않다. 그러나 "하나님께서 야벳을 크게 하시고, 셈의 장막에 거하시며"라고 번역을 할 경우 하나님께서 야벳을 크게 하시고, (하나님께서) 셈의 장막에 거하신다는 의미가 될 것이다.[10] 노아 홍수 사건 이후 하나님의 구원의 역사는 이제 노아의 아들, 셈의 후손, 데라와 아브라함으로 이어진다. 하나님께서는 셈의 후손 이스라엘 백성들을 이집트로부터 구출하시고, 시내 산으로 인도하여 거기에서 이들과 언약을 맺고 이들을 그의 백성 삼으신다. 그리고 그들 가운데 거하시기 위하여 성막을 만들라고 명하신다. 그 성막은 가나안 정착 시대에는 성전이 되고, 이 성전은 앞으로 오실 메시야의 모형이 되어 가는 것을 볼 수 있다(출 25:8; 29:45; 레 16:16; 민 35:34; 요한 2:21; 15:4; 고전 3:16).[11]

---

10 히브리어 "샤칸"(שכן)의 권유형(Jussive form), "브이쉬콘"(וישכן)의 주어를 하나님으로 봐도 문법적으로 문제가 없다. 본문은 셈과 야벳의 관계에 대한 축복이라기보다는 하나님과 이들 각각의 관계에 대한 말씀이라고 보는 것이 더 타당하다. 하나님께서는 야벳을 크게 하시지만 셈의 장막에 거하기를 기원하시는 축복으로 이해하는 것이 본문뿐만 아니라 구속사적으로 옳다. 노아는 셈을 위하여 축복하며 하나님께서 그의 장막에 거하시기를 간구하고 있는 것이다. 노아 이후의 성경의 역사는 셈을 중심으로 전개해 나간다. 손석태, 『창세기 강의』 117-18. Cf. Scott Hahn, *Kinship by Covenant: A Canonical Approach to thr Fulfillment of God's Saving Promise* (New Haven & London: Yale University Press, 2009), 98-99, 391n.45. W. Kaiser, *Toward an Old Testamet Theology*, 82.

11 Cf. Gordon J. Wenham, *Genesis 1-15*. WBC (Waco, Tex. : Word, 1987), 202-3. John

이상을 정리해볼 때, 창세기 3-11장은 하나님의 명을 거역하여 선악과를 따먹고 에덴동산에서 추방된 아담과 그 후예들의 부패와 폭력에 대한 하나님의 징벌을 보여주는 내용이다. 하나님께서는 아담과 그의 언약적 연대성 안에 있는 모든 만물은 홍수로 멸하였다. 그러나 하나님께서는 노아와 그의 가족들, 그리고 땅 위에 사는 동식물은 다 종류별로 남겨주셨다. 아마도 노아의 가족들과 그의 후손들이 살아남아 새 하늘과 새 땅을 이루기 위한 배려였을 것이다. 이제 하나님께서는 그의 명령을 가장 잘 순종했던 노아의 아들, 셈의 후손들을 통하여 앞으로 아담을 대신한 새 아담과 새 아담을 통하여 이루실 새 하늘과 새 땅에 대한 모형을 계시하시고, 나아가서 구체적으로, 그리고 점진적으로 실형을 준비해 가실 것이다.

H. Walton, *Genesis: The NIV Application Commentary* (Grand Rapids: Zondervan, 2001), 350-51.

4. 하나님의 구원 계획

하나님께서 지으시고 기뻐하신 세상은 아담의 하나님의 말씀에 대한 불순종으로 말미암아 하나님의 진노와 심판에 이어 죄와 죽음이 지배하는 세상이 되고 말았다. 그러나 하나님께서는 그가 지으신 세상을 죄와 죽음이 지배하도록 놔둘 수는 없었다. 바울은 "이 때에 자신의 의를 나타내신 것은 자신도 의로우실 뿐만 아니라 또한 자신이 예수 믿는 자를 의롭다고 하는 분이심을 보여주려는 것이다."(롬 3:26)라고 말한다. 하나님께서는 죄와 죽음의 지배 아래 있는 이 세상을 구원하심으로 자신이 "의로우실" 뿐만 아니라 "의롭게 하는 자"이심을 보여주시고자 한다고 말한다. 그리하여 하나님께서 이 세상을 구원하시려는 계획을 세우신다. 하나님의 계획은 하늘과 땅을 새롭게 하는 것이었다. "새 하늘과 새 땅"이라는 말은 "새로운 천지" "새로운 세상"이라는 의미의 *merism* 이라고 할 것이다. 하나님께서 계획하시는 새로운 세상은 말씀을 통한 회복이었다. 말씀에 대한 불순종이 초래한 언약적 저주를 거두고 새로운 세상을 만드는 길은 말씀을 통한 재창조였다. 하나님께서는 그의 선지자들을 통하여 그가 새롭게 창조할 세상의 모습을 점진적으로 계시해주신다.

이사야 2:2-5에 보면 마지막 날이 올 때의 모습을 그리고 있다. 여기서 "마지막 날"은 하나님께서 세상을 심판하고 죄악된 세상을 다 진멸해 버리는 것을 의미하는 것이 아니고, 그가 계획하신 새 하늘과 새 땅, 곧 새로운 세상을 완성한 날이라고 해야 할 것이다. 만일에 마지막 날을 하나님께서 창조하신 세상을 심판하고 진멸하여 하늘과 땅을 공중분해버리는 것으로 이해한다면 하나님께서 세상을 창조하신 목적이 무의미하고 하나님은 자기모순에 빠진 괴물이 되고 말 것이다. 하나님께서는 그가 창조하신 세상을 보고 매우 기뻐하셨다고 했다. 하나님께서 지으신 세상을 사탄이 다 망쳐놓았는데 하나님께서 자신이 만든 세상을 진멸해버린다면 이 세상은 사탄의 세상이 되고 말 것이다. 하나님께서는 사탄을 진멸하고 첫 창조보다 더 아름답고 보시기에 좋은 세상을 만들어야 공의롭고 정의로운 하나님이 되시는 것이다.

> 마지막 날이 올 때에
> 여호와의 전의 산이,
> 산들 꼭대기에 서고, 언덕들 위에 높아지며,
> 모든 민족들이 그리로 모여 들 것이다.
> 많은 백성들이 오면서 말할 것이다.
> '가자, 우리가 여호와의 산과 야곱의 하나님의 전으로 올라가자.
> 주께서 주님의 길을 우리에게 가르치실 것이니(וירנו מדרכיו, and he may teach us his ways),
> 우리는 그 길을 걸어 갈 것이다.
> 이는 율법이 시온에서,
> 여호와의 말씀이 예루살렘에서 나올 것이기 때문이다.
> 주께서 민족들 사이에서 재판하시고
> 많은 백성들을 판결하실 것이니,
> 그때에 그들이 칼을 쳐서 보습을 만들고,
> 창을 쳐서 낫을 만들 것이니
> 다시는 나라가 나라를 향하여
> 칼을 들지 않을 것이고
> 다시는 전쟁을 배우지 않을 것이다.
> 야곱의 집이여, 오라.

우리가 여호와의 빛 가운데서 걸어가자. (사 2:2-5) [1]

마지막 날에 여호와의 전이 있는 산이 다른 산들이나 언덕보다 더 높이 서게 된다. 그때에 모든 민족들, 많은 백성들이 여호와의 산과 야곱의 전으로 올라간다. 그 이유는 율법이 시온에서 나오며, 여호와의 말씀이 예루살렘에서 나올 것이며, 주께서 "주님의 길"을 가르쳐 주실 것이기 때문이라는 것이다. 그러면 세상 사람들은 칼이나 창과 같은 전쟁 무기를 녹여서 농기구를 만들어 다시는 전쟁이 없는 평화로운 세상을 만들게 된다는 것이다. 여기서 "주님의 길" (דרך יהוה)이란 구약성경에서 흔히 하나님의 말씀을 의미하는 말이다. 그러나 두서없는 말이 아니라 말씀을 통하여 정리된 사상이나 철학이나 정신, 혹은 마땅히 사람이 지켜야 할 도리나 행위 등을 의미한다. 주께서 그의 길을 가르쳐주시고, 우리는 "주의 길"을 갈 것이라고 말한다. 여기서 히브리어 "아라흐"(ארח)라는 말은 인간들이 가는 인생길을 의미한다. 태어나서 자라고 때가 되면 결혼하고 아이들 낳고, 늙어가는 일련의 일생 과정을 길에 비유하는 말이다.

본 예언의 말씀은 미가서 4장에 반복되고 있는데, 여기서 우리가 눈여겨 볼 점은 여호와의 전이 있는 산이다. 본문에서는 시온과 예루살렘이 여호와의 산으로 지칭되고 있다. 미가 서에서도 여호와의 전이 있는 여호와의 산을 예루살렘이 있는 시온 산으로 지칭하고 있다(미 4: 1-5). 시편에는 시온 산을 여호와의 산, 만군의 여호와의 성, 하나님의 성으로 부르고 "북방의 시온 산은 높고 아름다우며 온 세상의 기쁨이 되니 위대한 왕의 성이다. 하나님께서 그 성의 궁전에 계시니 자신을 피난처로 알리셨다."(시 48:2-3)고 노래하고 있다. 시온 산은 실제로 그 높이가 다른 산보다 더 높은 산은 아니다. 높고 높으신 여호와 하나님께서 거하시는 성전이 시온 산의 예루살렘에 있기 때문에 높다고 말하는 것이다. 따라서 이 비전

---

1 미가서 4:1-3에도 같은 예언이 수록되어 있음.

은 예루살렘의 시온 산 성전에서 여호와의 율법과 여호와의 말씀이 나오기 때문에 열방의 사람들이 그것을 받으려고 시온을 향하여 올라가는 모습을 그리고 있는 것이다.

여기서 만방의 사람들이 시온 산의 성전을 향하여 올라가는 이 비전은 이스라엘의 왕국 시대에 있을 일은 아닌 것이 분명하다. 말일에 있을 일이다. 신약 성경을 보면 시온에 있는 성전을 청소하시던 예수께서는 그 성전을 자신이 사흘 만에 다시 짓겠다고 그 성전을 헐라고 말씀하신다. 제자들은 이 말씀이 무슨 뜻인지 알지 못했지만 요한은 이 말씀을 부활하신 예수께서 성전된 자기의 육체를 가리켜 하신 말씀이라고 하였다(요 2:13-21). 예수님의 몸이 바로 성전이라는 것이다. 말일에 예수님이 성전이고, 성전이신 예수님으로부터 말씀과 율법이 나오기 때문에 열방의 백성들이 그의 말씀을 받기 위해서 시온 산을 오르는 모습을 그리고 있는 것이다. 열방의 백성들이 성전된 예수님으로부터 말씀을 받으면 어떻게 되는가?

세상 만방의 사람들이 칼을 쳐서 보습을 만들고, 창을 쳐서 낫을 만든다는 것이다. 전쟁하던 무기를 녹여서 농기구를 만든다는 것이다. 그리하여 다시는 전쟁이 없는 세상이오며 평화로운 세상이 된다는 것이다. 말하자면 말일에 하나님께서 이루시고자 하는 새 하늘과 새 땅은 하나님의 말씀을 통한 전쟁이 없는 평화의 세상이라는 것이다.

이어서 이사야 11장에는 이 평화로운 세상에 대하여 좀 더 자세하게 설명하고 있다. 이새의 줄기에서 한 싹이 나며, 그 뿌리들로부터 한 가지가 나와서 열매를 맺게 될 것인데 그는 지혜와 분별의 영, 섭리[2]와 능력의 영, 지식과 여호와를 경외하는 영이 그 위에 머무는 분이 오시게 된다는

---

2 히브리어 "예차"(עצה)라는 말은 "모략" "권면" "상담"(Counsel) 등으로 번역하고 있으나, "계획"(plan)이나 "전략"(stratege)라는 의미도 있다. 따라서 전후 문맥을 살펴볼 때에 하나님은 계획을 세우시고, 전략을 짜는 분으로 이해한다면 이는 "섭리"라는 말이 더 적절할 것이다.

것이다. 이새의 줄기에서 나온 한 싹은 분명 다윗의 후손을 가리키며, 그는 보통 사람들과 다른 여호와의 영이 함께 하는 신적 존재임을 말하고 있다. 그를 공의와 정의와 성실로 세상을 다스리고 재판하는 분으로 소개하고 있다(사 11:1-5). 그때에 세상이 어떻게 되는가?

> "그때에
> 이리가 어린 양과 함께 살고,
> 표범이 어린 염소와 함께 누우며
> 송아지와 젊은 사자와 살진 짐승이 함께 있어
> 어린아이가 그들을 이끌 것이다.
> 암소와 곰이 함께 먹으며 그것들의 새끼가 함께 누우며,
> 사자가 소처럼 풀을 먹을 것이고,
> 젖 먹는 아이가 독사의 구멍에서 장난하며
> 젖 뗀 아이가 독사의 굴에 손을 넣을 것이다.
> 나의 거룩한 산 모든 곳에서
> 해치거나 파괴하는 것이 없을 것이니,
> 마치 물이 바다를 덮음같이
> 여호와의 지식이 땅에 충만할 것이기 때문이다."(사 11:6-9)

이새의 줄기에서 한 싹, 곧 하나님의 영이 함께하는 다윗의 후손이 세상을 다스리는 그 때에는 이리와 어린 양, 표범과 어린 염소, 송아지와 젊은 사자, 암소와 곰, 어린 아이와 독사 등이 그들의 약육강식의 태생적인 적대감을 버리고 함께 한 동산에서 어울려 사는 평화로운 세상을 만들게 된다는 것이다. 바로 이러한 세상은 "마치 물이 바다를 덮음 같이 여호와의 지식"이 온 땅에 충만하게 된다는 것이다."(9). 하나님께서 그의 신지자, 이사야를 통하여 보여주시는 새 하늘과 새 땅의 모습은 말씀을 통하여 이루어지는 평화로운 세상이다. "주님의 길"과 "주님의 지식"이 온 땅에 넘치는 세상

이다. 이러한 세상은 이사야의 마지막 부분에서 다시 언급되고 있다.

"보아라,
내가 새 하늘과 새 땅(שמים חדשים וארץ חדשה)을 창조할 것이니
이전 것들은 기억되거나 마음에 떠오르지 아니할 것이다.
너희는 내가 창조한 것으로 인해 영원히 기뻐하고 즐거워하여라."(사 65: 17-18)

이어서 같은 이사야서에서는 온갖 하나님의 피조물들의 본성이 새롭게 변화되어 하나님의 거룩한 땅에서 약육강식의 피 흘림이 없는 평화로운 세상에 대한 환상을 보여준다.

"이리와 어린 양이 함께 먹으며,
사자가 소처럼 풀을 먹고,
뱀은 흙으로 음식을 삼을 것이니
나의 거룩한 산에서는 어디서나
상함도 없고, 망함도 없을 것이다." (사 65:25)

후에 베드로는 이 비전이 하나님의 약속이라고 말하고, 이사야가 묘사하는 새 하늘과 새 땅이 "의가 거하는 새 하늘과 새 땅"(καινοὺς δὲ οὐρανοὺς καὶ γῆν καινὴν κατὰ τὸ ἐπάγγελμα αὐτοῦ προσδοκῶμεν ἐν οἷς δικαιοσύνη κατοικεῖ. 벧후 3:13)이라고 지칭하고 있다. 여기에서 말하는 "의"라는 말은 분명 공의와 정의를 의미하는 말이다.

하나님께서는 선지자 예레미야를 통하여는 마지막 날의 모습을 다음과 같이 그리고 있다.

"여호와의 날이다. 보아라, 그 날이 오면 내가 이스라엘 집과 유다 집과 새 언약을 맺을 것이다. 내가 그들의 조상들의 손을 굳게 잡고 이집트 땅에서 그들을 이끌어 내던 때에 그들과 맺은 언약과는 같지 않을 것이다. 그때에 내가 그들의 남편이었으나 그들은 내 언약을 깨트려 버렸다. 여호와의 말이다. 그러나 훗날 내가 이스라엘 집과 맺을 언약은 이러하니, 내가 율법을 그들 속에 두며, 그것을 그 마음에 기록하여 나는 그들의 하나님이 되고, 그들은 내 백성이 될 것이다. 여호와의 말이다. 그들이 다시는 자기 이웃이나 형제에게 말하기를 '너는 여호와를 알아라.' 하지 않을 것이니 이는 작은 자로부터 큰 자까지 모두가 나를 알 것이기 때문이다. 내가 그들의 악함을 용서하여 다시는 그들의 죄를 기억하지 않을 것이다. 여호와의 말이다."(렘 31:31-34)

이 말씀은 예레미야를 통하여 하나님께서 주신 말일에 대한 비전이다. 여기서 우리가 주목할 점은 하나님의 이 비전이 언약적 틀 속에서 이루어질 일이라는 것이다. 남녀의 결혼식으로 은유되는 파괴된 옛 언약을 대신하여 새 언약을 통하여 이루어질 일은 새로운 언약적 관계성이다. "나는 그들의 하나님이 되고, 그들은 내 백성이 될 것이다."라는 것이다. 시내 산에서 옛 언약을 맺을 때에는 하나님께서 돌에 그의 율법을 새겨 주셨지만, 새 언약을 맺을 때에는 그것을 사람들 속에 두시고, 마음에 기록하시겠다는 것이다. 생명이 있는 한 버릴 수도 없고, 변개할 수도 없고, 잊어버릴 수 없게 그의 율법을 그의 백성들의 마음에 기록하시겠다는 것이다 (렘 31:33, נתתי את-תורתי בקרבם ועל-לבם אכתבנה). 그리하여 작은 자로부터 큰 자에 이르기까지 모든 사람이 여호와를 알게 될 것이기 때문에 그 이웃을 향하여 "하나님을 알라"는 말을 할 필요가 없게 된다는 것이다. 여기에서 "안다"는 말은 관계어로 쓰여진 것이 분명하다. 말하자면 세상의 모든 사람들이 하나님과 끊으려 해야 끊을 수 없는 밀접한 유기적 언약관계에 들어가게 된다는 것이다. 물론 이를 위하여 하나님께서는 그들의 모든 죄악을 용서하시고, 기억도 하지 않으시겠다는 것이다. 하나님과의 완전한 평화를 이루는 것이다.

에스겔서는 새 하늘과 새 땅의 모습을 에덴의 회복으로 그리고 있다. 에스겔서 37장은 말씀과 성령을 통하여 죽은 자를 살리시려는 하나님의 모습을 보여준다. 하나님을 배반하고 망해버린 이스라엘 족속을 마른 뼈에 비유하신 하나님은 그의 선지자 에스겔에게 그 뼈들을 향하여 예언하라고 하신다 (겔 37:4). 선지자는 하나님께서 주신 말씀을 그의 백성에게 대언하는 자이다.

> "주 여호와가 이같이 말한다. 보아라, 내가 너희 안에 생기가 들어가게 할 것이다. 너희가 살 것이다. 내가 너희 위에 힘줄을 주고 살이 올라오게 하며 피부로 덮고 너희 안에 생기를 줄 것이다. 너희가 살 것이다. 그러면 너희는 내가 여호와인 것을 알 것이다."(37:"5-6)

여호와께서는 선지자 에스겔을 통하여 말씀을 주시고, 말씀대로 생기가 이 마른 뼈들과 힘줄을 붙이고 피부를 붙여 이들의 육체가 살아나게 하신 것이었다. 이들에게는 아직 생기가 없었다. 그리하여 여호와께서는 생기에게 예언하여 이 육체들에게 들어가 살아나게 하라고 에스겔에게 명하셨다. 에스겔이 명령을 받은 대로 행하자 생기가 그 육체들 안에 들어가, 그들이 온전한 사람으로 살아났다. 그 수가 많아 지극히 큰 군대를 이루었다고 했다.

여기에서 마른 뼈들은 여호와의 말씀대로 "온 이스라엘 족속"을 가리킨다(37:11). 9절을 보면 여호와께서는 이들을 가리켜 "이 죽임을 당한 자들"(הרוגים)라고 했다. 자기의 수명을 다하여 죽고 장사된 자들의 뼈가 아니라 집단적으로 살해된 자들을 가리키는 말이다. 이스라엘 나라가 외적들에게 멸망하여 그들에게 죽임을 당한 백성들의 뼈 무더기이다. 여기서 중요한 점은 에스겔이 하나님의 말씀대로 이 마른 뼈들을 향하여 예언을 했고, 생기가 마른 뼈들에게 들어가자, 예언의 말씀을 들은 뼈들이 생명을 회복하고, 무덤에서 올라오게 되었다는 점이다. 여기에서 사용하고 있는 "생기"라는 말은 "루아흐"(רוח)를 번역한 말이다(37: 10,12). 천지를 창조하신 그 하나님의 영을 일컫는 말이다. 하나님의 회복은 죽은 자들의 뼈들이 다 말라서 도저히 생명이 되살아 날 것 같지 않지만 선지자들의 말씀을 받고, 생기가 그들 안에 들어가 다시 살아난다는 것이다.[3]

에스겔서 47장에는 마지막 날에 성전 문지방에서 물이 흘러 내려와 온 세상을 적시고, 그 물이 닿은 곳마다 온갖 생물들이 살아나는 모습을 보여주는데, 이는 마치 창조시의 에덴동산의 모습을 연상케 한다. 물론 여기서 언급되고 있는 물은 요한복음 6장과 7장의 예수님의 말씀에 근거하여 성령으로 해석하는 사람들이 많다. 에스겔의 종말적인 비전은 아담의 불순종이 초래한 이 세상에 편만했던 죄와 죽음의 세력이 물러가고, 새로운 생명의 역사가 일어난다는 것이다. 살고, 살리는 역사가 바로 종말에 하나님께서 이루실 비전이다.

> "그 강물이 들어가는 곳마다 모든 생물이 번성하며 살게 될 것이다. 물고기가 매우 많을 것이다. 이는 이 물이 들어가면 바닷물이 치유되고, 강물이 들어가는 곳에서는 모든 것들이 살 수 있기 때문이다. 엔게디 에네글라임까지

---

[3] 죽은 자의 부활에 대하여 언급하고 있는 본문에 대한 학자들의 의견은 다양하다. 일부 학자들 가운데는 구약성경에는 신약성경 고전 15에서 다루고 있는 것과 같이 죽은 자의 부활에 대하여 언급하고 있지 않다고 주장하며, 죽은 자의 부활을 부정한다. Zimmerli, Wevers, Cooke 등은 사람이 죽으면 다시 돌아올 수 없는 "쉬올"(sheol)이라고 하는 무덤에 묻히고, 흙이 되어버린다고 주장한다. 물론 에스겔 37장의 마른 뼈가 되살아나는 환상이 부활의 교리를 가르치려고 하는 것은 아니다. 마른 뼈의 환상의 주된 목적은 장차 올 이스라엘의 회복이다. 그러나 D. Block 같은 사람은 고대 근동 세계에서 죽은 자에 대한 부활은 보편적인 신앙이며 구약 성경 곳곳에 죽은 자의 부활에 대하여 언급하고 있다고 말한다. 그는 사람은 영혼과 육체가 결합된 존재이고 죽은 때는 이들이 서로 분리되나 부활은 영혼과 육체가 재결합하는 것이라고 주장한다. L.E. Cooper, *Ezekiel* (Vol. 17), NAC (1994), 319-22.

어부들이 강가에 설 것이다. 그곳이 그물 치는 곳이 될 것이며, 물고기가 큰 바다의 물고기처럼 각각 종류대로 매우 많아질 것이나, 진펄과 개펄은 되살아나지 못하고 소금 땅이 될 것이다. 그 강 이쪽과 저쪽 둑에는 온갖 과일나무가 자랄 것이니, 그 잎사귀는 시들지 않고, 그 열매도 그치지 않을 것이다. 그것이 매달 새 열매를 맺을 것인데, 그 물이 성소에서 나오기 때문이다. 그 열매는 음식이 되고, 그 잎은 치료제가 될 것이다."(겔 47:9-12)

에스겔 37장의 마른 뼈가 살아나는 환상이라면 47장은 성전에서 흘러나오는 물이 땅과 강을 살리며, 온갖 생물들을 살리는 환상이라고 할 수 있다. 말하자면 저주 받은 땅이 이제 성전 문지방에서 흘러나오는 생수로 말미암아 죽은 강이 살아나고, 죽은 나무와 온갖 물고기들이 다시 살아나게 되는 모습을 보여주는 것이다.

하나님께서 마지막 날에 새롭게 이루시려고 하는 세상은 말씀을 통하여 모든 질서가 바로 잡히고, 더 이상 싸우고 분열하고 원수가 되는 세상이 아니라 모든 생물들이 그들의 태생적인 적대감을 버리고, 하나님의 말씀을 중심으로 하나님께서 가시는 길로 따라가며 새롭게 평화의 세계를 이루는 것이다.

이같은 하나님의 뜻은 일찍이 아브라함을 믿음의 조상으로 선택하실 때부터 계시하신 말씀이라는 것을 성경은 밝히고 있다.

"여호와께서 말씀하시기를 '내가 하려는 일을 아브라함에게 숨기느냐? 아브라함은 반드시 크고 강한 민족이 되고, 땅의 모든 민족들이 그 안에서 복을 받을 것이다. 내가 그를 선택한 것은 그가 그의 자식과 그 가족들에게 명령하여 여호와의 도를 지켜 공의와 정의를 행하게 하고 나 여호와가 아브라함에게 대하여 말한 것을 그에게 이루려 하는 것이다.' 하시고"(창 18: 17-18)

여호와께서는 아브라함이 그의 가족들에게 "여호와의 도"를 가르쳐 지키게 하여 땅의 모든 족속이 공의와 정의를 행하여 그 안에서 복을 받게 하겠다는 뜻을 말씀하신다. 여호와께서 궁극적으로 아브라함을 통하여 이루려고 하시는 세상은 모든 사람들이 여호와의 도, 곧 여호와의 말씀을 실행하여 공의와 정의가 있는 세상을 만들겠다는 것이었다. 여호와의 말씀에 불순종하여 멸망하게 된 세상을 여호와의 말씀으로 새 하늘과 새 땅을 이루려고 아브라함이라는 한 사람을 선택하신 것이다.

4.1 새 아담의 모형

아담의 범죄로 모든 만물이 다 아담과 함께 죄의 삯으로 사망하게 된 것은 하나님과 아담 사이의 언약적 연대성 때문이었다. 이제 하나님께서는 똑같은 연대성의 원리를 통하여 모든 사람을 살리는 새로운 창조와 회복의 일을 시작하려고 하신 것이다. 그래서 바울은 "아담은 오실 분의 모형"(Adam, who was a type of the one who was to come, 롬 5:14))이라는 말을 쓴다. 모형(模型)의 반대는 실형(實型)이다. 앞으로 만들어질 실체, 곧 실형(antitype)을 미리서 설명해주고, 보여주고, 나아가서 그 모습을 만들어 보여주는 것을 모형(type)이라고 한다. 모형은 물건이나 사건이나 사람이나 제도, 나아가서 어떤 이론이나 심지어 이스라엘 나라 등이 될 수 있다. 구약성경의 성전, 제사 제도, 제단을 비롯한 제물, 그리고 제사장 등이 앞으로 올 참 제사장이신 새 아담의 모형이라고 할 수 있다. 바울이 말하는 아담을 "오실 분의 모형"이라고 하는 것은 아담의 피조물과의 언약적 연대성으로 말미암아 모든 피조물이 아담과 함께 죄인이 되고, 사망의 지배하에 놓이게 된 원리가 새 아담과의 언약적 연대성으로 말미암아 모든 피조물이 의인이 되고 생명을 누리게 되는 원리에 대한 모형이 된다는 말이다

(롬 5:14-21).[4] 그래서 바울은 이 언약적 연대성의 원리를 통하여 우리가 아담의 하나님의 말씀에 대한 불순종이라는 한 범죄로 말미암아 모든 만물이 아담과 함께 죄인이 된 것과 마찬가지로 우리가 새 아담의 한 의로운 행동으로 말미암아 모든 사람이 새 아담과 함께 의롭다하심을 받아 생명에 이르게 된다고 설명하며, 다음과 같이 선언한다. "한 사람의 불순종으로 말미암아 많은 사람이 죄인이 된 것 같이, 한 사람의 순종으로 말미암아 많은 사람이 의인이 될 것이다"(롬 5:19).

따라서 하나님께서 아담의 한 범죄로 아담과 그의 연대성 안에서 죄와 죽음의 세력 안에 있던 모든 사람들이 이제 새 하늘과 새 땅의 새 아담과 새로운 언약적 연대성을 맺어, 새로운 창조 세계의 조직과 질서를 세우는 새 역사를 시작하신다는 것이다. 여기서 중요한 점은 아담을 대신할 새 아담이 누구냐 하는 것이다. 하나님께서 아담의 역할을 대신할 하나님의 대리 통치자로 누구를 세우느냐 하는 것이다. 하나님께서는 이 점에 대해서 미리 계획하신 바가 있었다. 우리는 이것을 은혜의 언약(Covenant of Grace)과 구별하여 구속 언약 (Covenant of Redemption, *pactum salutis*) 이라고 한다. 하나님과 그의 아들과 성령 사이에 죄와 죽음의 세력에게 얽매인 인

---

[4] 아담을 가리켜 "오실 자의 모형"이라고 하는 말에 대하여 신약학자들은 아담과 그리스도 사이의 모형과 실형의 관계, 특히 바울의 아담과 그리스도의 모형론에 대한 다양한 주장과 논리를 제의하였다. Seyoon Kim, *The Origin of Paul's Gospel* (WUNT 2. Reihe 4; Tübingen: J. C. B. Mohr, 1981), 137-268. R. H. Mounce, *Romans* (NAC. Vol. 27; Nashville: Broadman & Holman Publishers, 1995), 140-143. J. D. G. Dunn, *Romans 1-8* (WBC 38A; Dallas: Word, 1998), 271-280. J. Murray, *The Epistle to the Romans* (Grand Rapids, MI; Cambridge, U. K. : Wm. B. Eerdmans Publishing Co., 1968), 188-194. 등을 참조하라. 그러나 대부분의 신약학자들은 창세기의 창조 기사가 하나님의 존재와 창조를 전제로 고대 근동 세계의 종주와 속주 사이의 계약 문서에서 볼 수 있는 양식을 따라 창조주 하나님과 하나님의 대리 통치자인 사람, 그리고 사람의 통치권 아래서 사람과 언약적 연대성을 맺고 있는 만물 사이의 관계와 질서를 다루는 신학적 구조를 가진 기사라는 것을 간과하고 있다. 아담의 범죄와 인간의 원죄는 하나님과 사람 사이의 언약적 틀 안에서 만이 설명이 가능하다. 새 아담의 구원 논리도 결국 구약 성경의 중심적 맥을 이루는 언약의 틀 안에서 그 뿌리를 찾고 이해해야 할 것이다. 손석태, "여자의 후손,"『개신논집』17(2017), 22, n12.

간들과 세상을 구원하실 언약을 창세전에 맺으셨다는 것이다.[5]

그렇다면 이제 새 아담은 어떤 자가 되어야 하는가? 우리는 여기서 몇 가지 가정을 해볼 수 있을 것이다. 하나님께서 아담을 창조하셨듯이 새 아담을 새롭게 창조할 수 있을 것이다. 만일 하나님께서 그렇게 하신다면 아담은 어떻게 되는 것인가? 그의 죄는? 그럴 바에는 아담과 하와의 죄를 사면해 버리고, 그들을 죄와 죽음으로부터 해방시켜 버리면 더 간단한 해결책이 될 수 있을 것이다. 그러나 그 경우, 하나님은 공의로운 신이 못 될 것이다. 인간들이 죄를 지을 때마다 새로운 아담을 창조해야 할 것이며, 인간들의 죄는 갈수록 포악해질 것이며 그 끝이 없을 것이다. 따라서 하나님께서는 아담의 범죄를 반드시 처벌을 해야 공의로우신 하나님이 될 것이다. 아담의 범죄는 처벌을 받아야 하나님의 공의와 하나님의 정의가 서며, 하나님의 창조 세계에 하나님께서 세우신 질서가 유지될 것이다. 그러나 만일에 하나님께서 창조하신 세상을 아담의 범죄 때문에 진멸해버린다면 하나님은 전지전능한 신이 될 수 없고, 그의 창조물은 결국 불완전하고, 하자가 있는 피조물이 될 것이다. 모든 것이 하나님의 잘못이다. 따라서 하나님께서는 아담과의 언약적 연대성 안에서 모든 사람이 죄인이 된 것과 같은 언약적 연대성의 원리에 따라 새 아담 안에서 모든 사람을 의롭다고 하는 일을 하려고 하신 것이다. 따라서 바울은 하나님께서 새 아담을 통하여 새로운 세상을 만들고자 하는 의도에 대하여 다음과 같이 기술하고 있다.

> "이때에 자신의 의를 나타내신 것은 자신도 의로우실 뿐만 아니라 또한 자신이 예수 믿는 자들을 의롭다고 하는 분이심을 보여주려는 것이다."(롬 3:26)

---

[5] John M. Frame, *Systematic Theology: An Introduction to Christian Belief* (Philipsburg: R&R, 2013), 59. 학자들 가운데는 이를 "평화의 협약"(Counsel of Peace, J. Cocceius), "삼위 사이의 구원의 경륜"(the inter-trinitarian economy of salvation, J. Murray), "구원 계획"(the Plan of salvation, B. Warfield), "하나님의 영원한 작정"(God's eternal decree, WCF title of Ch. 3.) 등으로 명명하고 있다. R. L Reymond, *A New Systematic Theology of Christian Faith*, 502.

하나님께서 나타내시고자 하는 의는 한편으로 죄는 벌하시지만 다른 한편으로는 사람을 살리시는 것을 의미한다. 심판과 구원을 동시에 이룰 수 있는 의, 또한 죄인들이 행함으로가 아니라 믿음으로 의롭게 되는 길을 나타내시고자 한 것이다. 이러한 일을 이룰 수 있는 방법은 몇 가지 전제를 생각해볼 수 있을 것이다.

첫째로 우리가 전제해야 할 점은 창세기 1:1의 말씀대로 태초에 하나님 스스로 계셨고, 그 하나님이 하늘과 땅, 곧 세상의 모든 것을 말씀으로 창조하셨다는 것이다. 하나님께서 유형과 무형, 영과 육의 모든 존재하는 것들의 창조주이시고, 하나님께서 그가 창조하신 모든 것을 섭리하신다는 것이다. 또한 하나님께서 창조하신 세계는 위로 하나님, 하나님께서 그의 대리 통치자로 세운 사람, 그리고 사람 아래에는 창조주 하나님을 대신하여 만물을 통치해야 할 피조물 사이에 일정한 조직과 질서가 있다는 것이다. 우리는 이 조직과 질서를 앞에서 논한 것과 같이 언약(covenant)이라는 틀이라고 생각한다. 말하자면 언약적 틀 안에서 하나님은 대왕이시고, 사람은 대왕을 대신한 분봉왕이고, 만물은 왕과 하나님 앞에서 언약적 연대성(Covenantal Solidarity)을 가질 뿐만 아니라 왕의 통치와 보살핌을 받는다는 것이다. 사람과 만물은 언약적 연대성을 가졌기 때문에 왕의 대왕에 대한 태도 여하에 따라 만물의 운명이 결정이 되는 특별한 관계이다. 아담의 범죄와 형벌이 아담에게만 미친 것이 아니라 아담의 언약적 연대성 아래에 있는 모든 만물에게도 똑같이 미친다는 것이다. 인간의 원죄는 바로 이 언약적 연대성의 원리에 따라 아담의 죄와 벌에 연합된다. 우리는 이 사실을 전제해야 한다. 우리는 여기에서 하나님과 사람과 만물은 대왕과 왕과 만민이라는 틀 안에서 언약적 연대성을 가진 일원(member)이라는 사실을 염두에 두어야 한다.

둘째로 우리가 염두에 두고 전제해야 할 점은 하나님께서 아담과 하와를 심문하고 뱀에게 퍼부은 저주의 말씀이다. 하나님께서는 뱀에게 "내가 너와 그 여자의 후손 사이, 그리고 네 후손과 여자의 후손 사이에 적대 감을 둘 것이다. 그는 네 머리를 상하게 할 것이고 너는 그의 발꿈치를 상하게 할 것이다."(3:15)라고 말씀하신다. 여자를 유혹하여 죄를 짓게 했던 뱀에게 여자의 후손으로 하여금 그의 머리를 상하게 하겠다는 의지를 표명하신 것이다. 이 말씀은 아담을 죄 짓게 한 유혹자를 징벌하고 하나님의 심판을 시행할 자(Agent)로 여자의 후손을 보내시겠다는 것이다. 그러면 여기에서 말하는 여자의 후손은 어떤 자라야 하는 것인가? 뱀의 머리를 짓밟을 수 있는 "그 여자의 후손"은 여자에게 낳은 사람이어야 한다. 사람이 아닌 다른 생물이나 다른 어떤 새로운 발명품이어서도 안 된다. 여기서 뱀의 머리를 상하게 할 자로 하나님께서는 "그 여자" "그 여자의 후손"으로 분명하게 지명하고 있다.[6]

뱀의 머리를 짓밟을 수 있는 자, 그러나 뱀에게 그의 발꿈치를 물려 상처를 받을 자, 그는 어떤 자이어야 하는가? 그렇다면 그 뱀은 오늘날 우리가 알고 있는 뱀인가? 말을 할 줄 알고, 사람과 더불어 하나님의 명령에 대하여 논란을 벌여 결국 여자를 하나님의 명령에 불순종하게 만든 이 이성적이고 간교한 들짐승은 분명 오늘날 우리가 알고 있는 뱀은 아니다. 이 뱀에 대하여 학자들의 논란이 많지만 일반적으로 사단이 사람을 유혹하기 위하여 그의 도구로 사용하는 존재, 곧 뱀은 사단의 대변자 노릇을 하는 자라고 간주하는 데는 동의하고 있다.[7] 그렇다면 뱀의 머리를 짓밟는 자

---

[6] 창세기 3:15에서 언급되고 있는 "여자의 후손"은 사람에게서 나와야 할 것에 대하여 Stephen S. Dempster 는 다음과 같이 말하고 있다. "여자가 옛 창조를 완성시킬 남자로부터 만들어진 것처럼 여자의 후손도 옛 창조의 상실된 지배권을 올바른 상속자에게 회복시킬 임무를 가진 여자로부터 만들어질 것이다." 피터 J. 젠트리 등,『언약과 하나님 나라』(서울: 새물결플러스, 2017), 894. 팔머 로벗슨,『계약신학과 그리스도』, 김의원 역 (서울: 기독교문서선교회, 2015), 97-111.

[7] 주전 3세기의 LXX, Palestine Targum(Ps-J. Neof. Frag. 그리고 Targum Onkelos 등에 나타난 뱀에 대한 해석은 사단을 상징하며, 뱀에 대한 승리는 메시야 왕의 승리로 이해하고 있다. Justin(160AD)이나 Irenaeus(180AD)는 창 3:15을 "원복음" (Proto-evangelium), 곧 "그리스도 복음의 원형"(proptotype for the Christian gospel) 이라고 말했다. Gordon J.

는 단순한 여자의 후손으로서는 가능한 일이 아니다. 사단은 영적인 존재인 만큼, 영적 존재를 대적할 수 있는 자는 본질적으로 인간과 같이 혈과 육이 있는 보통 인간으로서는 불가능하다. 사단보다 더 능력이 있는 영적 존재여야 한다. 그는 여자의 후손으로서의 인성, 그리고 사단을 짓밟을 수 있는 영력을 소유한 신성을 가진 존재라야 한다.

셋째로 아담을 대신할 새 아담은 아담과 아담의 연대성에 있는 모든 사람과 모든 피조물의 죄 문제를 해결해야 한다. 아담과 모든 피조물은 아담의 범죄로 아담과 함께 사망 선고를 받은 자들이다. 이들은 죄와 죽음의 권세 아래서 사형 집행을 기다리는 사람들이다. 하나님께서는 이들에게 그들이 사형수들임을 확인시키기 위하여 무화과나무 잎 대신 가죽 옷을 입히셨다.[8] 이 가죽 옷은 죄인으로서의 자신들의 정체성을 상기시키며, 언젠가 이 가죽옷을 벗고 영원한 생명의 옷을 입게 될 것이다. 죄 값은 죽

Wenham, Genesis 1-15 (WBC 1; Dallas: Word, 1998), 80-81. Chrysostom은 창 3:15을 사단과 인간 사이의 투쟁으로 묘사하고 있다. K. A. Mathew. *Genesis 1-11:26*) (Vol. 1A. Nashville: Broadman & Holman Publishers, 1996, 242-48). 신약성경은 이 구절을 메시야적 의미로 가르치며(롬 16:20; 히 2:14; 계 12). 여자는 마리아로, 여자의 후손은 "인자"(Son of Man)로 불리는 예수님과 동일시한다. 손석태,『창세기 강의』(서울:ESP, 1993), 55.

8   하나님께서 아담부부에게 무화과 잎을 대신한 가죽 옷을 입히신 일에 대한 의견이 많이 제시되고 있다. 첫째는 가죽 옷은 그들의 피부를 보호하는 역할을 할 것이고, 둘째는 그들의 부끄러움을 감추는 역할을 했을 것이다. Gordon J. Wenham, Genesis 1-15 (WBC 1; Dallas: Word, 1988),84-85. 그러나 이것은 하나님과 대면하고 교제를 유지하는 데 있어서 필요한 의식이라고 할 수 있다. Kenneth A. Matthew, *Genesis 1-11:26* (NAC 1A; Nashville: Broadman & Holman, 1996), 255. 하나님께서 만들어 입힌 것을 감안하면 이것은 사형수들에게 입히는 수의라고 해야 맞다. 그러나 그 옷은 그 같은 정죄의 역할만 있는 것은 아니고 앞으로 언젠가 이 옷을 벗겨 새로운 옷으로 입게 될 구원에 대한 소망을 갖게 하는 옷이라고 할 수 있다. 바울은 "누구든지 그리스도와 함하여 세례를 받은 자는 그리스도로 옷 입었다"(갈 3:27; 롬 13:14; 엡 4:24)라는 말을 하고 있다. 그동안에 우리는 누구의 옷을 입었는가? 우리는 아담과 함께 사형수의를 입은 사람들이었다. 그러나 이제 그리스도와 연합한 사람으로 그리스도를 입은 사람이 된 것이다. Cf. Constantine R. Campbell, *Paul and Union with Christ: An Exegetical and Theological Studies* (Grand Rapids: Zondervan 2012), 310-320.

음이다. 하나님께서는 아담에게 이미 "너는 흙이니 흙으로 돌아갈 것이다"라는 죽음의 선고를 내리셨다. 바울은 이 말씀을 근거하여 "죄의 삯은 사망이다"(롬 6:23)라고 말한다.

새 아담은 아담의 범죄로 말미암아 죄와 죽음의 사슬에 묶여 있는 만물을 구출하기 위하여 죄 값을 지불해야 한다. 아담은 범죄자이기 때문에 자기가 죽으면 모두가 함께 죽게 됨으로 살리는 일은 할 수 없다. 다른 사람의 죄를 대신 속죄하려면 그는 근본적으로 죄가 없어야 한다 그러나 아담과 그의 연대성 안에 있는 어떤 사람이나 짐승이나 만물도 남의 죄를 대신 질 수는 없다. 왜냐하면 그들은 이미 죄인이고, 죄 값으로 말미암아 죽음을 선고 받은 자들이기 때문이다(롬 5:12). 이 세상에 존재하는 모든 하나님의 피조물은 대속해 주어야 할 대상이지 그 자신이 대속자가 될 수 없다. 그렇다면 이 세상에 존재하는 자 중에 이 기본적인 조건을 충족시킬 수 있는 자는 창조주 하나님 밖에 없다. 창조시에 이 세상에서 아담의 언약적 연대성 안에 들지 않는 존재는 삼위일체 하나님 밖에 없었다. 따라서 하나님은 창조주이시고, 하나님 한 분만이 죄가 없기 때문에, 그만이 사망의 권세 아래 있지 않으신다. 그러므로 하나님만이 유일하게 죄를 대속할 수 있는 자격자가 될 수 있을 것이다.

여기서 하나님에게는 두 가지 선택이 가능하다. 하나님께서 새로운 아담을 창조하시든지 아니면 하나님이 아담이 되어야 한다. 문제는 하나님은 새 아담이 될 수 없다. 왜냐하면 하나님은 영이시기 때문이다. 살과 뼈가 없는 영이기 때문에 육신을 가진 사람이 아니다. 그렇다고 하나님께서 새롭게 새 아담을 창조할 수도 없다. 왜냐하면 새 아담은 여자의 후손이어야 하기 때문이다.

넷째로 새 아담은 옛 아담과 달리 하나님의 말씀에 절대적인 복종을 해야 한다. 아담은 하나님과 언약 관계를 맺은 상태이다. 하나님께서는 그를 그의 형상대로 만드시고, 그에게 그가 창조하신 만물의 통치권을 위임했다. 대신 그는 그의 종주이신 하나님께서 금하신 선악과를 따먹지 않음으로 그의 종주 하나님께 대한 경외심과 언약적 충성심을 보여야 했다. 하나님께 불순종하는 것은 창조주 하나님의 권위를 짓밟고, 위계질서를 파괴하며, 궁극적으로 하나님께 대한 반역을 저지르는 것이 될 것이다. 그런데 아담은 실패했다. 그리하여 그 자신은 물론 그와 언약적 연대성 안에 있는 모든 피조물이 하나님의 진노의 대상이 되고 결국은 심판을 받게 된 것이다. 그러므로 새 하늘과 새 땅을 회복해야 할 새 아담은 하나님께 철저하게 순종하여 하나님께 대한 경외심과 충성심을 보이고, 하나님-사람-만물 간의 창조 질서를 지킴으로 하나님의 의를 충족시켜야 한다(WCF 8.5). 새 아담은 옛 아담의 범죄와 반역을 순종함으로 만회해야 한다.

다섯째로 새 아담은 옛 아담의 모든 죄 값을 치러야 한다. 이 경우 하나님께서는 새 아담이 옛 아담의 죄 값을 치를 때, 그것을 받아 주신다는 것을 전제해야 하며, 이것은 전적으로 하나님의 주권적인 결정에 의하여 이루어질 일이다. 고대 근동 세계에서 사람들이 언약을 맺을 때 언약 당사자들이 쪼갠 짐승의 사체 사이를 지나가는 것은 언약을 파기하는 자에게 주어지는 파약의 대가가 어떤 것인가를 상징적으로 보여주는 의식이다. 언약을 함께 맺은 당사자 중의 하나가 언약을 파기하는 경우, 그 파기하는 자는 마치 그들이 함께 지나갔던 쪼갠 짐승과 같이 그의 몸이 쪼개져도 좋다는 것을 함께 맹세하는 것이다. 따라서 언약이란 언약을 맺는 당사자들이 자기들의 목숨을 담보하고 맺는 것이다.[9]

---

9   계약을 맺을 때에 짐승을 잡아 그 사체를 쪼개거나 자르는 예는 고대 근동 세계의 문헌에서 많이 발견되고 있다. 이때에 짐승을 반드시 위아래로 몸통을 쪼개는 것은 아니고 마리에서는 당나귀 새끼는 죽였고, 알라락에서는 양의 목을 치는 경우도 있었으며, 새의 경우에는 작기 때문에 몸을 쪼개지 않고 죽였다. 이처럼 짐승을 죽여 목을 짜르거나 몸통을 쪼개는 일은 언약을 맺는 당사자들이 자기들의 목숨을 담보하고, 만일에 약속을 지키지 못했을 때 자기의 생명을 내놓겠다는 것을 맹세하는 것이었다. 따라서 계약서에는 "이 송아지가 쪼개진 것처럼, ... 도 쪼개질 것이다."라는 구절이 포함되어있다. *Sfire* treaty from

언약을 깨트릴 때에는 죽음을 각오해야 한다. 말하자면 언약을 깨트린 죄 값이 죽음이라는 것이다. 그런데 옛 아담이 하나님과의 언약을 깨트렸기 때문에 아담이 죽음으로 그 죄 값을 치러야 하는 것이다. 물론 이때 아담이 죽어야 한다는 것은 아담의 언약적 연대성 안에 있는 모든 피조물도 아담과 함께 죽는 것이다.

바울은 이 언약의 규칙에 의거하여 "죄의 삯은 사망이다"(롬 6:23)라고 말한 것이다. 여기서 "죄의 삯"(ὀψώνια τῆς ἁμαρτίας)이라는 말은 노동의 댓가라는 의미보다는 법적 용어로 다음에 계속되는 "하나님의 선물"(χάρισμα τοῦ θεοῦ)과 대조되는 말로서 반드시 갚아야 할 빚으로 사용되고 있다고 볼 수 있다.[10] 하나님께서는 아담을 모든 피조물의 통치자로 세우시며, 선악을 알게 하는 나무의 실과는 따먹지 말라고 명령하셨다. 그리고 "네가 거기서 나는 것을 먹는 날에는 반드시 죽을 것이다(תומת מות)"(창 2:17)라고 선언하셨다. 히브리어는 죽음을 강조하는 절대형으로 기록되었다. 따라서 이를 번역하며 "반드시" 혹은 "정녕"이라는 어휘를 부가한 것은 하나님의 명령의 엄중함을 잘 나타내는 것이다. 따라서 이 하나님의 명령에는 죽지 않을 수도 있다는 어떤 여지를 남기지 않는 확고부동한 하나님의 뜻이 담겨있다. 언약을 맺을 때, 사람들은 자기의 목숨을 담보하는 의미로 짐승을 잡아 피를 흘리고, 그 짐승의 몸을 쪼갰다. 따라서 파약으로 말미암은 언약적 저주와 심판과 처형은 반드시 시행되어야 할 일이었다. 그리하여 아담과 그의 연대성 안에 있는 모든 피조물이 파약을 했기 때문에 죽어야 하는 것이 창조주시요, 언약적 종주로서 대왕이신 하나님의 정의이고 질서이다. 죄 값이 지불되지 않는 한 아담 안에 있는 모든 피조물은 죄의 권세 곧, 사망으로부터 해방될 수 없다.

Syria, "As this calf is cut up, this Marti'el and his nobles shall be cut up (1:40). *Ashurnani V of Assyria* 나 *Mati'ilu of Arpad* 의 언약에도 같은 구절이 발견된다. Sarna, 114-15. 손석태, 『창세기 강의』, 161.

10 James D. G. Dunn. *Romans 1-8* (WBC 38a; Dallas: Word, 1998), 349.

여기서 문제가 되는 것은 아담과 아담의 연대성 안에 있는 모든 피조물이 파약의 죄를 짊어지고 다 죽어버린다면 남은 자는 누구이며, 하나님은 무엇을 하는 분인가? 사실 창조주의 존재 의미는 그의 피조물의 죽음과 함께 사라져 버리는 것이다. 창조라는 말 자체도 아무 의미가 없는 것이며, 그의 창조를 기뻐하시던 하나님은 이제 그의 기쁨의 대상이 사라져 버린 상태가 되고 만 것이다. 하나님의 의가 없다(롬 3:26). 반역자와 그의 연대성 안에 있는 만물을 다 징벌할 수도 없고, 그렇다고 스스로 만드신 법을 어기며 살려둘 수도 없는 이 진퇴양난의 기로에서 하나님께서는 대속의 원리를 적용하시고자 하는 것이다. 누군가가 아담의 죄 값을 대신 치르게 하는 것이다. 누군가에게 아담의 죄를 짊어지고 아담을 대신하여 죽게 하심으로 죄 값을 치르게 하는 것이다(사 53). 하나님께서는 새 아담에게 이 역할을 맡기려 하는 것이다. 구약성경에서 보여주고 있는 제사제도는 바로 새 아담의 이 대속 사역의 모형이다. 성전과 제사장과 제물 등이 모두 새 아담의 모형으로서 새 아담의 대속 원리를 보여주는 것이다.

여섯째로 하나님께서는 새 아담이 아담과 그와의 언약적 연대성 안에 있는 모든 피조물의 죄 값을 대신 치르기 위하여 자기의 목숨을 대속물로 바쳤을 경우, 그것을 가시적으로 증명할 수 있어야 한다. 아담의 범죄로 모든 만물이 죄인이 되고, 그래서 모든 사람에게 사망이 임했다면, 새 아담이 그들의 죄 값으로 그의 생명을 내놓았을 경우 그들의 죄가 사함을 받고, 이 세상이 더 이상 죽음의 권세 아래 있지 않다는 것이 증명되어야 한다. 따라서 그 증거는 그의 죽음만큼 확실한 것이어야 한다. 새 아담의 죽음이 아담의 범죄를 대속한 것이라면 하나님께서는 새 아담의 죽음이 아담의 불순종으로 말미암은 죄 값이 완전히 지불되었고, 하나님께서는 그것으로 만족하셨으며, 더 이상 죄에 대한 어떤 부채도 남김없이 다 처리되었음을 인정하는 증명을 보여주셔야 한다. 다시 말하면 아담의 죄 값이 다 치러졌기 때문에 아담을 비롯한 모든 만물이 더 이상 죄와 죽음의 권세와 그 굴레 아래 있지 않고 해방되어야 한다. 그러기 위하여 하나님께서는 새 아담을 살려야 한다. 죄인들은 더 이상 죄인이 아니라 의인이 되어야 하고, 죄로 말미암아 죽었던 자들은 더 이상 죽음의 권세 아래 있지 않고, 죽음의 세력을 이기고 살아나야 한다. 죄 값이 온전히 치러졌다는 증거는 죽음이 더 없다는 것을 보여주는 것이다. 그러기 위하여 하나님께서는 새 아담의 대속적 죽음을 받으시고 이제 새 아담을 살리는 것이다.

따라서 새 아담의 부활은 필연적이다. 옛 아담의 죄가 필연적으로 죽음을 불렀다면, 새 아담의 순종의 의는 필연적으로 부활을 가져와야 한다. 하나님께서 죄로 말미암아 그 연대성 안에 있는 모든 피조물에게 죽음의 저주를 퍼부었는데, 이제 새 아담이 옛 아담의 죄 값을 그의 죽음으로 치르게 하고, 그것으로 만족해 하셨다면 새 아담을 반드시 살려야 한다. 이제는 생명을 퍼부어야 한다. 새 아담은 아담을 타락하도록 유혹했던 사단을 짓밟고 그를 묶어 저 무저갱 속으로 가두고, 옛 아담과 그의 언약적 연대성 안에 있던 모든 피조물들을 죽음으로부터 해방시켜 영원한 생명을 주어야 한다. 죽은 자의 부활은 죄 값이 지불되어 사람에게 더 이상 죄에 대한 부채가 없다는 것을 증거하는 것이며, 새 아담의 부활은 그와 연대성 안에 있는 자들에게 더 이상 죽음이 없다는 것을 보여주는 것이다 (고전 15:17, 22). 하나님은 아담의 죄 값을 대신 치른 새 아담을 반드시 살려 내야 아담을 창조하시고, 세상을 창조하신 창조주 하나님이심을 스스로 증명하는 것이며, 뿐만 아니라 하나님께서는 새 아담을 살려내셔야 모든 만물의 죽음이 옛 아담의 범죄로 말미암은 것임도 아울러 증명이 되는 것이다.

일곱째로 새 아담이 옛 아담의 죄 값을 치르고 부활하였다면 새 아담은 옛 아담의 지위를 대신하고, 아담의 역할을 대신해야 한다. 아담을 대신한 만물의 통치자, 곧 왕이 되어야 하고, 그는 새 언약의 우두머리가 되어야 한다. 그런 의미에서 새 아담은 하나님의 형상이 되어야 한다 (창 1:26). 그는 이제 새로운 통치자로서 새로운 창조의 질서를 세우는 작업을 해야 한다. 새 하늘과 새 땅을 만들어야 하는 것이다. 그리고 그곳에 물이 바다를 덮음같이 하나님을 아는 지식이 충만한 새 세상을 통치하는 평화의 왕이 되어야 할 것이다. 새 아담이 왕으로서 옛 아담을 범죄하도록 사주했던 사단을 짓밟고, 새로운 왕이 됨으로 이 세상은 비로소 참다운 평화의 세상이 이루어져야 한다.

이상의 조건들은 아담의 범죄로 말미암아 하나님의 진노와 심판, 죽음과 죽음의 권세 아래 있는 그의 피조물들을 살리기 위한 전제적 가설이며, 실제적인 처방이라고 할 수 있다. 이 처방의 원리는 언약적 연대성이다. 하나님 앞에서 아담과 피조물 사이의 언약적 연대성이 모든 피조물들을 아담과 함께 죄와 사망의 사슬로 묶었듯이, 새 아담과 새 피조물 사이의 새 언약적 연대성이 죄와 사망의 사슬로 묶였던 자들을 다 함께 해방시키고 살리는 원리이다.

이제 우리는 새 언약의 연대성을 통한 하나님의 살리는 역사가 어떻게 진행되어 가며, 지금까지 살펴본 가설들이 어떻게 충족되어 가는지 살펴볼 필요가 있다.

4.2. 새 언약, 새 아담

우리는 하나님께서 자신을 반역한 아담과 그의 언약적 연대성 안에 있는 만물에게 한편으로는 언약적 저주를 퍼부으시지만 다른 한편으로는

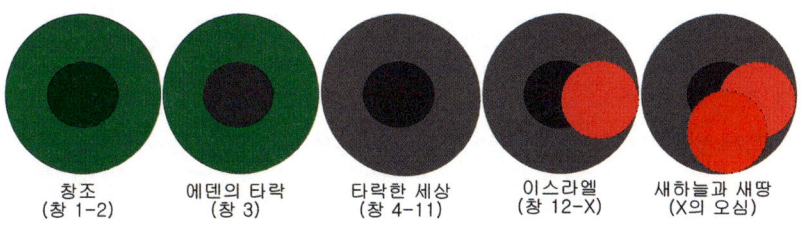

이들을 영원한 저주와 심판으로부터 구원하시고자하는 하나님의 의가 어떠한 것이어야 하는가를 살펴보았다. 그것은 아담을 대신한 새 아담을 세워 새로운 세계를 만드는 것이었다. 이 경우 새 아담이 누가 될 수 있는가? 새 아담의 자격 요건이 어떠해야 하는가를 살펴보았다.

이제 우리는 전능하신 하나님께서 실제적으로 어떻게 그의 의를 이루기 위하여 준비하시며, 실행하시는가를 살펴봐야 한다. 말하자면 이제 우리는 하나님의 구속 역사를 살펴볼 필요가 있다. 성경에서 하나님의 구속 역사는 다음 그림과 같이 진행되고 있다.

여기에서 첫 번째 그림은 창세기 1-2장을 나타낸다. 큰 원은 하나님께서 창조신 세계이다. 그 안에 작은 원은 에덴동산이다. 창조 시에는 에덴을 중심한 온 세상은 점 하나 없이 깨끗하다. 하나님께서 사람들과 함께 동거하시는 세상이다. 하나님-사람-만물 사이에 언약적 질서가 있고, 생명과 평화가 있는 세상이었다.

두 번째 그림은 창세기 3장을 그리고 있다. 아담이 뱀(사단)의 유혹을 받아 하나님께서 명하신 선악을 알게 하는 나무의 실과를 따먹고 하나님을 떠나 숨어버렸다. 하나님-사람-만물의 질서가 와해되고 하나님과의 언약 관계가 깨어졌다. 아담은 결국 하나님의 준엄한 심문과 처벌을 받고 하나님의 동산에서 쫓겨났다. 하나님과의 깨어진 관계성으로 말미암아 아담의 범죄는 에덴동산을 죄로 물들였다. 아담과 더불어 그의 연대성 안에 있는 모든 피조물들이 죄와 죽음을 맞게 되었다.

세 번째 그림은 청세기 4-11장을 그리고 있다. 아담 이후 아담의 범죄가 하나님께서 지으신 세상과 만물 가운데 어떻게 오염되고, 심화되며, 창궐해가는 가를 보여준다. 아담과 언약적 연대성 가운데 있는 모든 만물은 아담과 함께 범죄자가 되고, 하나님의 심판을 받게 되었다. 아담 부부가 지은 범죄의 첫 열매는 자식들 사이의 살인으로 이어져 가고, 그 후손들의 비뚤어진 사고방식과 무질서한 성생활로 가정이 깨어지고, 사회 질서가 허물어진 가운데 심지어 뱀이 유혹한 말대로 바벨탑을 세워 하나님과 같이 되려고 한다. 그러나 그들은 갈수록 하나님으로부터 멀어져만 간다. 결국에는 하나님의 영이 그들과 함께 할 수 없는 지경에 이르러 홍수 심판에 이르게 된다. 이 홍수 심판은 앞으로 다가올 불 심판에 대한 예고이고 모형이 된다(벧후 3:7).

네 번째 그림은 하나님의 이스라엘 선택을 나타낸다. 아담의 타락과 그의 죄로 말미암은 전 세계의 멸망으로부터 하나님께서는 그의 피조물들을 구하기 위하여 계획을 세우신다. 여자의 후손 가운데 새 아담을 세워 뱀(사탄)의 머리를 짓밟게 하시고, 새 하늘과 새 땅을 창조하여 새로운 나라를 세우시는 것이었다. 그리하여 마치 하나님의 피조물들이 아담과의 연대성 때문에 아담과 함께 죄인이 되어 죄의 벌을 받아야 했던 것과 마찬가지로, 하나님께서는 아담을 대신한 새 아담을 세워 새 아담과의 연대성 안에서 옛 아담과의 연대성으로 죽음을 기다리고 있는 자들을 구출해내고, 이들을 통하여 새로운 세상을 만들려고 한 것이다. 그러나 이러한 계획은 무지몽매한 죄인들이 쉽게 이해할 수 있는 일이 아니기 때문에 선행학습이 필요했다. 아브라함의 후손으로 한 나라, 곧 이스라엘을 세워 앞으로 이루실 하나님 나라를 미리 보여 주시며, 새 아담을 준비하시는 것이다. 따라서 이스라엘은 앞으로 새 아담을 통하여 이루실 새 나라의 모형이 될 것이다(롬 5:12-14). 새 아담과 새 나라는 눈 깜짝할 사이에 이루어질 일이 아니다. 하나님의 새 나라 건설 사업에 대한 예고편은 선지자들을 통하여 점진적으로 발표되고, 아울러 그 모형과 실형은 역사 속에서 완성되어 갈 것이다.

다섯 번째 그림은 드디어 하나님께서 계획하신 때가 차서, 하나님께서 보내신 새 아담을 통하여 그의 구속사역을 정하신 시간과 장소 가운데, 말하자면 역사 속에서 시작하신다는 그림이다. 이 구속 사역은 먼저 이스라엘 사람을 통하여 이루어질 것이고, 이어서 그들을 통하여 전 세계로 계속 확장되어 갈 것이다. 우리는 이제 하나님의 구속사 가운데 네 번째 그림의 이스라엘을 중심으로 하나님께서 어떻게 새 아담을 준비하시며, 실현해 나가시는지 새 나라에 대한 모형을 살펴 볼 것이다.

우리가 여기에서 염두에 둘 것은 창세기 1-2장과 요한계시록 21-22장이 서로 연관성이 있다는 것이다. 창세기 1-2장은 하나님의 천지 창조를 전제하고 이 창조에 세계에 어떠한 조직과 질서가 있는가를 보여주고, 특히 하나님께서 지으신 세상은 하나님-사람-만물(군대)이 서로 연관성을 가진 조직체로서 하나님을 그 정점으로 피라미드 구조를 이루고 있는 일종의 군대 조직의 모양임을 보여준다. 따라서 하나님께서 지으신 세상은 총사령관으로서의 하나님, 그리고 그 밑에 군통수권자인 아담(사람), 그 아래에 육해공군이 있고 병사(만물)들이 있다고 볼 수 있다. 군대의 특성은 상명하복과 연대성이다. 바로 이 특성과 원리가 하나님의 창조 세계에 그대로 나타나고 있다.

그러나 군통수권자인 아담은 총사령관인 하나님의 명을 거역하여 선악을 알게 하는 나무의 실과를 따먹음으로 그와 그의 연대성 안에 있는 모든 만물이 다 죄인들이 되고, 진멸의 대상이 된 것이다. 하나님께서는 이들을 다 진멸하고 이제 새 아담을 세워 새 하늘과 새 땅을 만드시려고 계획하신다. 여기에서 성경은 창세기 3장부터 요한계시록 20장까지는 하나님께서 새 하늘과 새 땅을 계획하고 준비하고 실행하는 과정을 기록하고 있다. 그리고 요한계시록 21장부터 새 하늘과 새 땅에 대한 이야기로 진행되고 있다. 따라서 창세기 1-2장의 첫 창조와 요한계시록 21-22장의 새 창조 사이에는 아담을 대신한 새 아담을 통한 새 하늘과 새 땅을 창조하시는 하나님의 구속사역이 일종의 삽입을 형성하고 있다고 볼 수 있다.[11]

하나님께서는 여기에서 처음 하늘과 처음 땅을 완전히 진멸해버리고, 새 하늘과 새 땅을 만들려고 하시는 것 같지는 않다. 아담의 반역으로 말미암아 죄와 벌은 내리시지만 이미 창조하신 세상을 완전히 진멸하고, 전

---

11 Beal, G. *A New Testament Biblical Theology: The Unfolding of the Old Testament in the New* (Grand Rapids: Baker Academic, 2011), 187-224,『신약성경신학』,176-198. Cf. William J. Dumbrell, 『새언약과 새창조』(*The End of The Beginning: Revelation 21-22 and the Old Testament*. Lancer Books Homebush West NSW, Australia. 1985), 207-245.

혀 새로운 세상을 창조하시려는 것이 아니라 죄로 오염되고 파괴된 세상을 새롭게 고치고 만드는 것이다. 그래서 하나님께서 "땅이 너 때문에 저주를 받고, 너는 평생 동안 수고하여야 그 소산을 먹을 것이다. 땅이 네게 가시덤불과 엉겅퀴를 낼 것이며, 너는 들의 음식을 먹을 것이다."(창 3:18-19)라는 말씀은 땅과 땅에서 나는 모든 것을 진멸해버린다는 것은 아니다. 홍수 이후에 하나님께서는 노아에게 보존 계약(Covenant of Reservation)을 주시며 다음과 같이 말씀하신다.

"내가 다시는 사람 때문에 땅을 저주하지 않겠다. 사람이 마음으로 의도하는 것이 어려서부터 악하기 때문에 내가 이번에 했던 것처럼 모든 생물을 다 멸하지는 않겠다. 땅이 있을 동안 심고 거두는 일, 추위와 더위와 여름과 겨울, 그리고 낮과 밤이 그치지 않을 것이다."(창 8:21-22)

따라서 홍수 이후 하나님께서는 땅과 바다와 그 안에 있는 피조물들에 대한 보존계약을 주시고(창 9:1-17), 그의 거처를 셈의 장막으로 언급하셨다 (창 9:27). 그리고 하나님께서는 셈의 후손 가운데 아브라함을 선택하시고, 구체적으로 "여자의 후손"을 세우는 일을 시작하신다. 먼저 선지자들을 세워서 그 "여자의 후손"에 대한 정체와 그의 사역을 점진적으로 알려주신다. 그리고 때가 되면 "새 아담"이 인류 역사의 무대에 등장하게 될 것이다.

4.2.1. 새 아담을 설계하시는 하나님

아담을 대신해야 할 새 아담에 대하여 하나님께서 뱀에게 저주를 퍼부으시며 하신 말씀이 있다.

"네가 이렇게 하였으니 너는 모든 가축과 모든 들짐승보다 더욱 저주를 받아 배로 다니고, 평생토록 흙을 먹게 될 것이다. 내가 너와 그 여자 사이 그리고 네 후손과 여자의 후손 사이에 적대감을 둘 것이다. 그는 네 머리를 상하게 할 것이고, 너는 그의 발꿈치를 상하게 할 것이다."(창 3: 14-15)

이 저주는 하나님께서 뱀에게 내리신 저주라기보다는 뱀을 배후에서 조종하는 사단에게 내리는 저주라고 할 수 있다. 하나님께서는 여자의 후손을 통하여 사단의 머리를 상하게 할 것이라고 말씀하신다. 여자의 후손이라는 말은 우리 보통 사람처럼 영과 육을 가진 존재라는 말이다. 그러나 그 여자의 후손이 보통 우리 인간과 같은 사람이라면 뱀을 사주하는 사단을 이기기는 불가능하다. 왜냐하면 시간과 공간의 제약을 받는 육체를 가진 인간이 살도 없고, 뼈도 없고, 눈에 보이지도 않는 영적 존재인 사탄을 대적할 수는 없기 때문이다. 따라서 그는 여자의 후손이지만 사탄을 대적할 수 있는 영적이고 초인적인 능력을 가진 사람이어야 한다. 말하자면 완전한 인성과 완전한 신성을 동시에 가진 특별한 존재여야 할 것이다. 이제 하나님은 이러한 존재를 계획하고, 준비하고, 사람들에게 계시하기 시작한다. 우리는 하나님의 "새 아담"에 대한 설계도를 먼저 살펴봐야 새 아담을 온전히 알 수 있을 것이다.

4.2.2. 노아와 홍수 심판

하나님께서 이제 아담을 대신할 새 아담, 곧 "여자의 후손"을 세우기 위한 일을 시작하신다. 하나님께서는 먼저 여자의 후손을 보낼 땅을 정하고, 여자의 후손을 기를 집을 마련하고, 여자의 후손에 대한 정보를 홍보할 선지자들을 세우는 일을 계획하신다. 아무런 사전 지식이 없는 사람들에게 갑자기 한 사람을 세워놓고 그가 "여자의 후손"이라고 외쳐도 그것을 듣고 믿을 사람이 없을 것이다. 따라서 하나님은 마치 낡은 아파트를 부수고 새로운 아파트를 건축하여 분양하려고 하는 건설회사 사장에 비유

할 수 있을 것이다. 그는 먼저 그가 확보한 땅에 설계한 설계도를 따라 모델 하우스를 짓고, 그것을 신문이나 방송을 통하여 새로 건축한 아파트에 대한 상세한 자료를 홍보한다. 그러면 사람들은 자기가 원하는 아파트를 택하여 계약을 맺고 그는 공사가 완공되기까지 기다린다. 마찬가지로 하나님께서는 새 하늘과 새 땅과 새 아담에 대한 설계도를 마치고 구체적인 작업에 들어간 것이 바로 하나님의 구원 계획이라고 할 수 있다. "여자의 후손"을 염두에 둔 구체적인 건축 작업이 시작된 것이다. 그동안 아담은 사형 언도를 받은 죄수로서 평생 가죽 옷을 입고, 땀을 흘리며 일해야 할 것이고(창 3:17-19), 아담과의 연대성 안에 있는 피조물들은 자기들의 뜻과는 무관하게 허무한 것에 굴복하며 썩어짐의 종노릇을 해야 하며, 탄식하고 고통을 당하는 가운데서 그들을 해방시켜줄 "새 아담"의 출현을 고대하며 살아야 하는 것이었다(롬 8:18-24).

하나님께서 모델 하우스를 만드는 작업은 홍수를 통한 땅의 정지 작업으로부터 시작된다. 하나님께서는 인간들의 타락한 모습을 보고 "나의 영이 영원히 사람과 함께 하지 않겠다"(창 6:3)고 선언하셨다. 창세기 1-2장의 하나님의 하늘과 땅의 창조는 여자를 만들고 가정을 세우는 일로 끝난다. 가정의 창조가 하나님의 창조 사역의 중심이고, 크라이막스이고, 종결이었다. 하나님께서는 가정을 세우기 위하여 아담의 갈비뼈로 여자를 만들고, 그 여자를 아담과 연합하여 한 몸을 이루게 하셨다. 아담은 이 여자를 향하여 "이는 내 뼈 중의 뼈이고 살 중의 살이다."라고 말했다(창 2:23). 자기 몸이나 다름없이 귀중한 존재임을 고백한 것이다. 하나님께서는 이들이 서로 연합하여 한 몸을 이루고 가정을 이루게 하셨다.

하나님께서 가정을 창조하신 목적은 첫째로 사람이 다른 모든 피조물과 마찬가지로 생육하고 번성하여 땅에 충만하도록 하기 위함이었다 (창 2:26-30). 둘째는 그의 형상을 따라 그의 모양대로 사람을 만들어 그가 창조하신 모든 만물을 하나님을 대신하여 다스리도록 하기 위함이었다. 따라서 사람들은 자녀들을 많이 낳고, 하나님께서 명하신대로 그가 창조한 세상을 잘 가꾸고, 보호하고, 다스리는 일을 해야 했다. 그리하여 하나님-사람-만물의 질서가 잘 유지되는 세상이 되어야 했다. 그러나 아담 부부의 하나님께 대한 불순종 이후, 아담의 후손들은 대를 이어가며 하나님으로부터 멀어져 갔다.

창세기 6장에서는 "하나님의 아들들이 사람의 딸들의 아름다움을 보고 각자 자기들이 선택한 모든 여자를 아내로 삼았다."(창 6:2). 사람들이 각자 자기들이 선택한 모든 여자를 아내로 삼음으로 가정을 세우는 일과 가장의 일에 하나님이 완전히 배제되었다. 하나님께서 더 이상 가정의 주로서 사람들의 가정 일에 간여할 여지가 없어졌을 뿐만 아니라 "자기들이 택한 모든 여자"(ויקחו להם נשים מכל אשר בחרו, and they took their wives from all they chose. ESV, Gen 6:2)를 자기들의 아내들로 삼았다는 것은 일부다처의 폐해가 심해졌다는 것이다. 또한 하나님께서 당대의 사람들에 대해서 그들이 육체가 되었기 때문에 "나의 영이 영원히 그들과 함께 하지 않겠다"고 선언하신다. 여기서 "육체가 되었다"는 말은 후에 예수님의 말씀에 의하면 노아 시대의 사람들이 하나님께서 주신 만물의 영장으로서의 고상한 사명을 저버리고 오로지 짐승들처럼 먹고 마시고, 장가가고, 시집가는 육신의 일만 도모하는 자들이라는 의미이다(마 24:37-39). 인간이 인간으로서 하나님께서 주신 사명을 저버리고 짐승들처럼 살아갈 때에 인간이 존재해야 할 의미가 없는 것이었다. 하나님은 그의 영이 이러한 인간들과 함께 할 수 없다고 선언하신 것이다. 노아 시대의 사람들은 죄가 많고, 그 마음에 생각하는 모든 계획이 항상 악하기만 하였다(6:9). 사람들이 하는 짓마다 하나님을 실망스럽게 하였다. 그래서 하나님께서는 마음으로 슬퍼하셨다(6:8). 하나님께서는 이제 이들을 지상에서 물로 쓸어버릴 작정을 하신다. "보아라, 이제 내가 땅 위에 홍수를 일으켜 하늘 아래 생명의 호흡이 있는 모든 육체를 멸할 것이니, 땅에 있는 모든 것들이 죽을 것이다."(창 6:17)라고 말씀하시고 홍수 재앙을 퍼붓기 시작하신다. 하나님께서는 150일 동안 하늘 문을 여시고 물을 쏟아내어 큰 홍수를 이루게 하여 노아와 그 가족들만 남기고 그 땅을 다 쓸어버렸다.

홍수가 그친 후, 땅이 드러나 노아와 그 가족들, 그리고 함께 방주에 피신했던 짐승들이 땅으로 나오자, 노아는 하나님께 제사를 드렸고, 하나님께서는 노아와 더불어 다시는 물로 세상을 망하게 하지 않겠다는 것을 마음속으로 다짐하신다.

> "내가 다시는 사람 때문에 땅을 저주하지 않겠다. 사람이 마음으로 의도하는 것이 어려서부터 악하기 때문에 내가 이번에 했던 것처럼 모든 생물을 다시는 멸하지 않겠다. 땅이 있을 동안 심고 거두는 일, 추위와 더위, 여름과 겨울, 그리고 낮과 밤이 그치지 않을 것이다."(창 8:21-22)

아담의 범죄로 말미암아 저주 받은 땅이 (창 3:17-19) 이제는 그 마음의 생각과 계획이 항상 악하기만 한 인간들 (6:9) 때문에 땅 위에 있는 살아 있는 모든 것들이 다 홍수에 쓸려 가버리지 않게 하신다는 것이다. 하나님께서는 이제 다시는 홍수로 세상을 멸망시키지 않겠다고 말씀하시며 노아와 하나님께서 창조한 모든 만물과 더불어 언약을 새롭게 맺는다.

> "보아라, 내가 내 언약을 세울 것이니, 너희와 너희 후손과 너희와 함께 한 모든 생명체, 곧 새와 가축과 너희와 함께 한 땅의 모든 생물, 방주에서 나오는 모든 것들, 곧 땅의 모든 생물과 세운다. 내가 너희와 내 언약을 세울 것이니, 모든 육체가 다시는 홍수로 멸절되지 않을 것이며 땅을 멸할 홍수가 다시는 없을 것이다." 하나님께서 말씀하셨다. "이것이 나와 너희 사이, 그리고 너희와 함께 하는 모든 생물 사이에 내가 대대로 주는 언약의 표이다. 내가 내 무지개를 구름 속에 두었으니, 그것이 나와 땅 사이에 언약의 표가 될 것이다."(창 9:11-13)

하나님께서 구름 속에 무지개를 두어 그 구름으로 땅을 덮을 때에 무지개가 구름 속에 나타나면 이 언약을 기억하시고 다시는 물이 모든 육체를 멸하는 홍수가 되지 않게 하시겠다는 것이다. 그리하여 무지개가 하나님과 땅 위에 있는 모든 육체 사이에 세운 언약의 징표라는 것이다. 하나님께서는 사람들의 죄악 때문에 사람은 물론 사람의 통치권 하에 있는 땅 위의 모든 생물들을 홍수로 멸망시키려고 하셨지만 앞으로는 이 생물들은 멸하지 않겠다는 것이다. 모든 육체가 다시는 홍수로 멸절되지 않을 것이며 땅을 멸할 홍수가 다시는 없을 것임을 약속하신 것이다. 우리는 이것을 "보존언약"(the Covenant of Preservation)이라고 한다.[12]

땅 위의 모든 생물을 살리시는 하나님은 노아와 그의 아들들에게 아담에게 주셨던 복을 주신다. 첫째는 생육하고 번성하여 땅에 충만하라고 복 주신다. 둘째는 하나님은 모든 살아 있는 생명체들이 노아와 그 아들들을 두려워하고 무서워하도록 하심으로 사실상 아담에게 주셨던 만물의 통치권을 이들에게 주신다. 셋째는 하나님께서는 노아와 그 자식들에게 땅과 바다와 공중의 모든 생명체들, 살아 움직이는 모든 것과 푸른 채소들을 양식으로 주신다. 다만 고기를 피째 먹지 말라고 명하신다. 또한 사람의 피를 흘려서는 안 된다는 규칙을 주신다.

이상 노아의 생애와 그의 일생을 살펴보면 하나님의 역사 가운데 노아의 역할은 많은 부분에서 아담과 유사할 뿐만 아니라 하나님께서는 아담의 범죄로 말미암은 하나님의 창조의 세계를 앞으로 어떻게 복원해갈 것인가를 예시하고 있다고 볼 수 있다. 베드로는 이 점을 분명하게 가르치고 있다.

> "그때 세상은 물이 넘쳐서 물로 망하였다는 것을 일부러 잊으려 한다. 그러나 지금의 하늘과 땅은 불사르기 위해 동일한 말씀으로 간수되어 경건하지 않은 자들의 심판과 멸망 때까지 보존된 것이다."(벧후 3:7-8)

---

12   팔머 로버트슨. *The Christ of the Covenants*, 『계약신학과 그리스도』, 김의원 옮김 (서울: 개혁주의신학사, 2013), 113-130.

베드로의 이 말씀은 노아 시대의 홍수 심판은 앞으로 다가올 불 심판의 모형이라는 것이다. 하나님의 홍수 심판과 노아를 통한 구원 사역은 하나님의 구원 사역에 있어서 새로운 창조가 아니라, 새로운 창조에 대한 모형이라는 것이다. 말하자면 "여자의 후손"을 통하여 이루실 "새 하늘과 새 땅"에 대한 모형이라는 뜻이다.

4.2.3. 셈의 장막, 여호와의 거처

이 일 후에 노아는 땅을 경작하여 포도나무를 심고, 그 열매로 포도주를 만들어 마시고 취해서 장막에서 벌거벗었는데, 그의 아들 함이 이것을 보고 그의 형제 셈과 야벳에게 알렸다. 여기에서 "알리다"로 번역하고 있는 히브리어 "나가드"(נגד)라는 말은 단순히 이 상황을 그의 형들에게 알려주는 정도 의미 이상의 "발표하다" "방송하다" (announce)라는 뜻도 있다. 따라서 그가 구체적으로 무슨 일을 했으며, 어떻게 알렸든지, 함의 그의 아버지에 대한 행동은 그의 형들의 태도에 비하면 적절한 예의를 갖추지 못한 것이었다. 고대 근동 세계, 특히 우가릿 문헌에서는 아버지가 술에 만취한 상태에서 정신을 잃은 경우, 아들은 그 아비의 손을 잡거나 업어서 모시는 것이 아들의 의무라고 규정하고 있다.[13] 잠을 깬 노아는 함이 한 짓을 알고 그를 저주했으나 셈과 야벳은 축복하였다.

"여호와 셈의 하나님을 송축하여라.
가나안은 셈의 종이 될 것이며,
하나님께서 야벳을 크게 하시고,
셈의 장막에 거하시며,

13　M. Boda, "Ideal Sonship in Ugarit," *Ugarit-Forschungen* 25 (1993): 18-19. quoted in T. Longman III, T. *Genesis: The Story of God Bible Commentary* (Grand Rapids: Zondervan, 2016), 134.

가나안은 그의 종이 될 것이다." (창 9:26-29)

여기에서 하나님과 야벳 중 누가 셈의 장막에 거하느냐 하는 문제는 주석하는 자들의 논란거리이다. 그러나 문맥의 정황을 살펴볼 때에 하나님께서 셈의 장막에 거한다는 해석이 더 적절한 것 같다.[14] 에덴동산에서 아담은 죄를 짓고 나뭇잎으로 그의 몸을 가리고 하나님의 얼굴을 피했으나 하나님은 그를 찾아 그의 죄를 문책하고 사형을 선고한 후, 가죽 수의를 입혀 동산에서 내보냈다(창 3:23). "하나님께서 그 사람을 쫓아내시고, 에덴동산 동쪽에 그룹들과 두루 도는 화염검을 두어 생명나무의 길을 지키게 하였다."(창 3:24)라고 했다. "내보내다," 그리고 "쫓아내다"를 반복적으로 언급하는 것을 보면, 죄지은 아담에 대한 하나님의 징벌은 아주 단호하다. 하나님과 아담의 관계가 다 끊기고, 심지어 하나님은 아담의 후예들에게는 "나의 영이 영원히 사람들과 함께 하지 않을 것이니 이는 그들이 육체가 되었기 때문이다."(창 6:3)라고 선언하신다.

그러나 이제 홍수 심판 이후 하나님께서는 아담과 그의 연대성 안에 있는 백성을 찾아오신다. 노아의 아들, 셈의 장막에 거하려고 하신 것이다(출 25:8; 29:45; 레 16:16; 민 35:34, 등). 일부의 성경에서처럼 하나님께서 "야벳을 창대하게 하시고, 셈의 장막에 거하게 하신다"는 식으로 번역을 하면 셈의 장막에 여호와 하나님이 거하신 것이 아니라 야벳이 거하는 것으로 된다. 하나님의 구속사 가운데 하나님의 거처는 셈의 장막이지, 야벳의 장막이 아니므로 구속사적, 신학적 문맥이 맞지 않다. 아담의 후예들은 결국 셈의 후손 가운데 데라가 나오고, 데라의 후손이 아브라함으로 이어지는 것을 볼 수 있다. 노아는 철저하게 하나님의 명령에 순종함으로 홍수 심판을 면

---

14 Wenham, G. I. *Genesis 1-15,* WBC. (Dallas: Word, 1987), 202. Scott Hahn, *Kinship by Covenant: Canonical Approach to the Fullfilment of God's Saving Promises* (New Haven & London; Yale University Press), 98-99, 391n45. W. Kaiser, *Toward an Old Testament Theology*, 82.

하고, 그와 그의 후손들이 새 아담의 모델 하우스 역할을 맡는다.

4.2.4. 아브라함

노아의 후손인 아브라함은 노아와 같이 하나님의 말씀에 순종하는 자였다. 그는 하나님의 말씀대로 그가 살던 갈대아 우르를 떠나 멀리 가나안으로 갔다. 하나님은 그에게 땅을 주고, 자식들이 번성하여 큰 민족을 이루게 하며, 세상 모든 족속들이 그 안에서 복을 받게 하여 그가 유명한 자가 되게 하겠다는 약속을 주셨다(창 12:1-3). 그래서 아브람이 "복"이 되게 하겠다고 말씀하신 것이다. 개역한글 성경처럼 "복의 근원"이 아니라 아브라함이 "복(הככה)"이 된다는 것이다. 성경에 사람을 가리켜 복이 된다는 표현은 오직 이사야 19:24과 스가랴 8:13, 두 곳에서 더 사용되고 있으며, 이에 대한 해석도 학자들마다 다양하다.[15] 그러나 본문의 다음 절에 하나님께서 아브라함에게 하신 말씀, "너를 축복하는 자에게 내가 복을 주고, 너를 저주하는 자에게 내가 저주하겠다. 땅의 모든 족속이 네 안에서 복을 받을 것이다."(창 12:3)는 말씀이 좋은 해석이 될 것 같다. 여기에서 한글 개역 성경은 땅의 모든 족속이 "너로 말미암아" 복을 받을 것이라고 번역하고 있지만 히브리어 성경은 땅의 모든 족속이 "네 안에서" 복을 받을 것이다"(ונברכו בך, in you ... will be blessed)라고 되어 있다. 말하자면 아브라함 안에서 땅의 모든 족속이 복을 받게 된다는 것이다. 아브라함 안에서 복을 받는다는 이 말은 "아담 안에서" 혹은 "예수 안에서"에서와 같이 아브라함과의 관계성, 곧 연대성을 염두에 둔 표현임에 틀림없다.

아브라함과의 연대성은 언약적 의미를 내포한 말이다. 이 표현은 아브라함에 이어 이삭 (26:4)과 야곱 (28:14)에게도 사용되며, 신약에서는 로마서 4:16에 "아브라함의 믿음에 속한 자" 그리고 "그리스도 예수 안에

---

15 Ibid., 274-78

서"(롬 3:24; 갈 3:22)라는 표현들이 사용되고 있다. 하나님께서 아브라함을 부르신 목적은 땅의 모든 족속이 아브라함 안에서 복을 받게 하려는 것이었다. 이를 위하여 하나님께서는 아브라함과 언약을 맺으신다. 하나님께서는 아브라함에게 "나는 너희 방패이고 너의 지극히 큰 상급이다"라고 말씀하신다(창 15:1). 하나님께서는 아브라함의 대적들로부터 아브라함을 지켜주시고, 아브라함의 후손들을 하늘의 별과 같이 많게 주시고, 그들의 거처가 될 땅을 주실 것을 약속하셨다. 그리고 그 날에 여호와께서 아브라함과 언약을 맺으셨다(창 15:18). 계속하여 17장에서 하나님께서는 아브라함을 많은 민족들의 조상이 되게 하고, 대대로 그들의 하나님이 되실 것을 약속하신다.

> "내가 너를 심히 번성하게 할 것이니 너를 통하여 민족을 이루고 왕들이 너로부터 나올 것이고, 내가 내 언약을 나와 너 및 네 후손 사이에 대대로 세워 영원한 언약이 되게 하고 너와 네 후손의 하나님이 될 것이다. 내가 너와 네 후손에게 네가 살고 있는 땅, 곧 가나안 온 땅을 영원한 소유로 주고, 나는 그들의 하나님이 될 것이다."(창 17:6-8)

하나님께서는 영원토록 아브라함과 그 후손들의 하나님이 되실 것을 약속하시며, 아브라함과 그의 가족들에게 그 언약의 표로 할례를 행할 것을 명하신다.

> "또 하나님께서 아브라함에게 말씀하셨다. '너는 나의 언약을 지키고 너와 네 후손도 대대로 지켜라. 너희 중 남자는 다 할례를 받아라. 이것이 나와 너희와 네 뒤에 올 후손 사이에 맺은 나의 언약이다. 너희는 너희 포피를 베어라. 그것이 나와 너희 사이에 언약의 징표가 될 것이다. 너희 가운데 너희 대대로 모든 남자는 태어난 지 팔일이 되면 집에서 태어난 자나 네 후손이 아니고 돈으로 산 이방인일지라도 모두 할례를 받아야 한다. 너희 집에서

태어났든지 너희가 돈으로 샀든지 반드시 할례를 받아야 한다. 그렇게 하여 야 나의 언약이 너희 몸에 있어서 영원한 언약이 될 것이다.'"(창 17:9-13)

하나님께서는 아브라함과 그 후손들에게 대대로 영원토록 그의 언약을 지키라고 말씀하시고, 그 표로 할례를 받으라고 하신 것이다. 만일에 할례를 받지 않는 남자는 하나님의 언약을 깨뜨렸기 때문에 그의 백성 중에서 끊어질 것이라고 선언하셨다.

하나님과 아브라함이 함께 언약을 맺음에 있어서, 하나님께서는 아브라함이 잡아 쪼개놓은 짐승들 사이로 지나가신 반면, 아브라함은 그의 포피를 베어 할례를 행함으로 언약을 맺은 두 당사자는 서로 목숨을 담보하고 언약을 맺은 것이다. 그리하여 하나님과 아브라함은 언약을 맺음에 있어서 대표자들이 되었고, 아브라함의 온 가속들은 다같이 언약적 연대성 안에 들어오게 된 것이다.

이후 창세기 18:17-19을 보면 하나님께서는 아브라함을 부르시고 언약을 맺은 목적을 밝히신다.[16]

"여호와께서 말씀하시기를 '내가 하려는 일을 아브라함에게 숨기겠느냐? 아브라함은 반드시 크고 강한 민족이 되고 땅의 모든 민족들이 그 안에서 (ואברהם ... ונברכו בו כל גוייה הארץ, all the nations of the earth shall be blessed in him) 복을 받을 것이다. 내가 그를 선택한 것은 그가 그의 자식과 그 가족들에게 명령하여 여호와의 도를 지켜 공의와 정의를 행하게 하여 나 여호와가 아브라함에게 대하여 말한 것을 그에게 이루려 하는 것이다.'"(창 18:17-19)

하나님께서 아브라함을 선택한 목적은 아브라함과 그의 자식들과 가족들에게 여호와의 도를 지켜 공의와 정의를 행하게 하려는 것이었다. 그리하여 일찍이 아브라함에게 말씀하신 대로 아브라함은 크고 강한 민족

---

16   손석태, 『창세기 강의』(CLC: 2021. 제 3판), 176-78 참조.

이 되고, 모든 민족이 아브라함 안에서 복을 받게 하려는 것이었다. "여호와의 도"란 여호와의 법, 여호와께서 세상을 통치하시는 근본 원리나 가르침, 여호와의 백성으로서 사는 도리, 여호와의 언약 백성으로 가져야 할 생활철학 등을 의미하는 말이다. 여기에서는 하나님께서 아브라함과 맺은 언약(창 15:1-11; 17:1-27)을 염두에 두신 말씀이라고 할 수 있다. 여호와의 언약 백성으로서 마땅히 지키고 살아야 할 도리를 가르쳐 공의와 정의가 있는 평화로운 세상이 되게 하려는 것이 여호와 하나님께서 아브라함을 선택한 목적이라는 것이다.

이사야 9장에서는 하나님께서 한 아기, 한 아들을 우리를 위해 주셨는데, 그는 장차 전능하신 하나님, 영존하시는 아버지, 평강의 왕이라 불릴 것이고, 그의 통치력은 확대되고, 평화는 끝이 없을 것이며, 다윗의 보좌에 앉아서 그 나라를 굳게 세우고, 지금부터 영원까지 정의와 공의로 그것을 보존할 것인데, 만군의 여호와의 열심히 이 일을 반드시 이루실 것이라고 했다(사 9:5-8). 전능하신 하나님께서 아브라함에게 주신 "하나님의 도" 곧 공의와 정의를 통하여 이루시고자 하시는 새 하늘과 새 땅은 결국 끝이 없는 평화의 세상이다. 아담의 범죄로 말미암아 하나님의 진노 아래 놓인 이 세상은 말씀이신 하나님의 도를 통한 공의와 정의가 서고, 새 하늘과 새 땅에 하나님의 평화가 임하는 세상이다(계 21:1-4). 아브라함의 후손들을 통하여 공의와 정의를 통한 평화의 세상을 이루실 것을 말씀하신 하나님께서는 이사야 선지자를 통하여서도 전쟁이 없는 평화로운 새 하늘과 새 땅을 이루실 것을 말씀하시며 역시 "정의와 공의"가 있는 세상을 지금부터 영원까지 보존하실 것을 말씀하신다(사 9:6-9, 10:22).

> "한 아기가 우리를 위하여 태어났고,
> 한 아들을 우리에게 주셨는데
> 그 어깨 위에 통치권이 있으며,

그 이름은 기묘한 전략가이요,[17]

전능하신 하나님이라,

영존하시는 아버지라,

평강의 왕이라 불릴 것이다.

그의 통치력은 확대되고,

평화는 끝이 없을 것이며,

다윗의 보좌에서 앉아서

그 나라를 굳게 세우고

지금부터 영원까지

정의와 공의로 그것을 보존할 것이니,

만군의 여호와의 열심히 이 일을 이룰 것이다." (사 9:6-9)

여기에서 공의와 정의는 성경에서 관계어로 사용되는 어휘들이다. "체대카"(צדקה, righteousness, 공의)는 하나님과의 바른 관계를 의미하고, "미쉬팟"(משפט, justice, 정의)은 사람들 사이에 바른 관계를 표현하는 어휘로 사용되는 경우가 많다.[18] 이 두 어휘가 짝으로 붙어 다니는 것은 하나님과 사람, 사람과 사람들의 관계를 분리해서 생각할 수 없다는 것을 말해주는 것이다. 따라서 하나님과 바른 관계가 이루어지고, 사람들 사이에 바른 관계가 이루어지는 세상이 바로 공의와 정의가 있는 평화로운 세상이 되는 것이다. 하나님께서 궁극적으로 이루시고자 하는 세상은 공의와 정의가 있는 세상이다. 하나님께서 궁극적으로 이루시려는 새 세상은 한 아기로 태어난 한 아들이 평강의 왕이 되고, 그가 공의와 정의를 행하여, 아브

---

17 히브리어 "요에츠"(יועץ)라는 말은 "상담자"라는 의미보다는 "페래 요에츠"(יועץ פלא)를 "기묘한 전략가"(woderful strategist)라고 번역해야 본문의 맥락에 어울리는 의미가 될 것이다. cf. NET.

18 Harris, Laird. Gleason L. Archer, Jr. Bruce K. Waltke, "453 Derek" (דרך) *Theological Wordbook of the Old Testament*. Chicago: Moody Bible Institute, 1980.

라함에게 말씀하신 것과 같이 여호와의 도를 통한 평화로운 세상을 만드는 것이었다. 하나님께서는 아브라함에게 말씀하신 새 세상에 대한 비전을 선지자, 이사야를 통하여 상기시켜 주시는 것이다.

아담의 타락 이후, 하나님께서 계획하신 새 하늘과 새 땅은 여호와의 도를 통하여 이루어지는 공의와 정의가 있는 평화로운 세상이었다. 아담을 대신한 한 아기, 곧 평화의 왕으로 오시는 새 아담을 통하여 이루어질 새 세상이었다. 하나님께서는 공의와 정의가 있는 평화로운 새 세상을 만들기 위하여 아브라함을 선택하신 것이다. 그리고 아브라함 안에서, 곧 아브라함의 믿음 안에서 세상 모든 민족을 그의 백성으로 삼으려는 것이었다. 바울은 후에 이 점에 대하여 다음과 같이 설명하고 있다.

> "아브라함이나 그의 후손에게 세상의 상속자가 되리라고 하신 약속은 율법으로 말미암아 된 것이 아니라, 오직 믿음의 의로 말미암아 된 것이다. ... 이러므로 상속자가 되는 것은 은혜에 속하기 위하여 믿음으로 되는 것이니. 이는 그 약속이 모든 후손, 곧 율법에 속한 자 뿐만 아니라 아브라함의 믿음에 속한 자에게도 견고히 되게 하려는 것이다. 아브라함은 우리 모든 사람의 조상이다. 기록된 바와 같이 '내가 너를 많은 민족의 조상으로 세웠다.'라고 하였으니, 아브라함은 그가 믿은 하나님, 곧 죽은 자를 살리시며 없는 것을 있는 것처럼 부르시는 하나님 앞에서 우리의 조상이다."(롬 4:13-17)

하나님께서는 세상의 모든 사람을 "믿음의 의"로 말미암아 세상의 상속자로 삼으시려고 하시는데 "아브라함의 믿음에 속한 자"를 선택하시겠 다는 것이다. 그런 의미에서 아브라함은 많은 민족의 조상, 곧 믿음의 조상이 되는 것이다. 하나님께서는 아브라함의 믿음, 곧 바릴 수 없는 가운데 바라고 믿을 수 없는 가운데 믿는 믿음, 곧 죽은 자를 살리시며, 없는 것을 있는 것처럼 부르시는 하나님을 믿는 아브라함의 믿음 안에서 세상 모든 사람을 그의 후손, 그의 백성으로 삼으시려는 분이라는 것이다. 말하자면 아브라함이 가졌던 그 믿음의 연대성 안에서, 그와 같은 믿음을 가진 모든 자들을 통하여 공의와 정의가 있는 세상을 만들겠다는 것이 하나님의 새 하늘과 새 땅의 비전이었다. 여기에서 "아브라함의 믿음에 속한 자" (τῶ ἐκ πίστευς Ἀβραάμ)란 말은 "아브라함의 믿음을 나눈자"(the one who share the faith of Abraham, ESV), "아브라함과 같은 믿음을 가진 자"(those who are of the faith of Abrahm, NASB), "아브라함의 믿음을 통한 의를 가진 자" 등으로 번역하고 있는데 이는 모두 "아브라함 안에서"(창 18:18)와 같은 의미로 쓰인 말이다. 아브라함과 같은 믿음의 연대성 안에서 모든 민족들이 복을 받는다는 것이다. 하나님께서는 그의 아들, 이삭에게도 "땅의 모든 족속이 네 자손 안에서 복을 받을 것이다"(והתברכו בזרעך כל גויי הארץ, 창 26:4)라고 아브라함에게 주신 똑같은 복을 주시고, 그의 손자 야곱에게도 "너의 후손이 땅의 티끌같이 되어 동서남북으로 퍼질 것이며, 땅의 모든 족속들이 너와 (네 안에서와) 네 후손들 안에서 복을 받을 것이다 (משפחת־האדמה ובזרעך ונברכו בך כל, 창 28:14)라고 똑같은 복을 주신다는 것이다. 말하자면 하나님은 아브라함과 이삭과 야곱의 믿음 안에 있는 세상 만민들에게 복을 주시겠다는 것이다. 이 약속을 견고하게 하기 위하여 하나님께서는 아브라함과 언약을 맺었다.

> "보아라, 내가 너와 언약을 맺으니 너는 많은 민족의 조상이 될 것이고 더 이상 네 이름을 아브람이라고 부르지 않고 아브라함이라고 부를 것이니, 내가 너를 많은 민족들의 조상이 되게 하기 때문이다. 내가 너를 심히 번성하게 할 것이니 너를 통하여 민족들을 이루고 왕들이 너로부터 나올 것이다. 내가 내 언약을 나와 너 및 네 후손 사이에 대대로 세워 영원한 언약이 되게 하고 너와 네 후손의 하나님이 될 것이다."(창 17:4-7)

하나님께서 아브라함을 선택한 목적은 아브라함의 후손들뿐만 아니라 많은 민족들의 소상이 되고, 왕이 되며, 그들의 하나님이 되고자 하신 것이었다. 하나님은 이 같은 뜻을 확고히 하기 위하여 목숨을 담보하는 징표로 피를 흘려 아브라함과 언약을 맺었다. 하나님은 짐승을 쪼갠 고기 사이로 지나가고, 아브라함은 포피를 잘라 피를 흘리게 했다. 이제 아브라함의 후손들은 아브라함과 같은 믿음으로 하나님과의 언약적 연대성 안으로 들어가게 되었다. 그리하여 앞으로 오실 "새 아담"의 그릇이 되고 그릇을 준비하는 하나님의 종들이 될 것이다. 창세기 11:27-25:18은 하나님과 아브라함이 언약을 맺는 장엄한 역사를 기록하고 있다.[19]

   가. 아브라함의 가정배경과 계보 (11:27-32)
    나. 약속 (12:1-9)
     다. 사라에게 닥친 위험 (12:10-20)
      라. 아브라함과 롯 (13:1-14:24)
       마. 언약 (15:1-21)
        [마1. 하갈과 이스마엘 (16:1-16)]
       마´. 언약 (17:1-27)
        [마1. 사라와 이삭 (18:1-15)]
      라'. 아브라함과 롯 (18:16-19:38)
     다' 사라에게 닥친 위험 (20:1-18)
    나' 약속의 성취 (21:1-22:20)
   가' 아브라함과 사라의 죽음과 그들의 계보 (23:1-20, 25:1-18)

아브라함의 이야기는 15장과 17장이 하나님과 아브라함 사이의 언약을 맺는 사건을 중심으로 서로 대칭을 이루고 있으며, 아브라함을 중심으로 두 아내와 두 아들의 이야기(마-마')도 서로 대칭을 이루고 있어서 아브라함의 이야기는 "언약"이라는 하나의 주제를 중심으로 이야기가 전개되고 있는 것을 알 수 있다.

---

19   손석태, 『창세기 강의』, 131-32.

야곱은 죽기 전에 그의 아들들을 축복하는 기도를 하는데, 유다를 위한 기도가 특별하다. 이 기도는 하나님께서 세상의 모든 민족들을 구원하시려는 그의 계획과 관계가 있음이 분명하다.

"너 유다야, 네 형제들이 너를 찬양할 것이다. 네 손이 네 원수의 목덜미를 잡을 것이며 네 아버지의 아들들이 네게 절할 것이다. 유다는 사자의 새끼이다. 내 아들아, 네가 먹이를 두고 올라갔구나. 그가 엎드리고 웅크린 것이 수사자와 같고 암사자 같으니, 누가 그를 일어나게 하겠는가? 왕의 홀이 유다에게서 떠나지 않을 것이며 실로가 올 때까지 통치자의 지팡이가 그의 발 사이에서 떠나지 않을 것이니, 그에게 백성들이 순종할 것이다. 그가 그의 어린 나귀를 포도나무에 매고 그의 암나귀 새끼를 극상품 포도나무에 맬 것이다. 그가 포도주로 옷을 빨며 포도즙으로 그 의복을 빨 것이다. 눈은 포도주로 말미암아 붉겠고, 이는 우유로 말미암아 흴 것이다."(창 49:8-12)

유다는 야곱의 아들 중에 가장 뛰어난 아들이 될 것이다. 원수의 목덜미를 잡을 만큼 뛰어난 전사가 될 것이며, 사자 새끼들처럼 용맹스럽고 힘센 용사가 자가 될 것이다. 왕의 지휘봉(홀)이 유다에게서 떠나지 않고, 메시야(실로)가 올 때 까지 통치자의 지팡이가 그 발 사이에서 떠나지 않을 것이다. 다시 말하면 메시야가 올 때까지 유다의 후손이 왕좌를 지키리라는 것이다.[20] 나귀를 포도나무에 매고, 포도즙으로 옷 빨래를 한다는 것은 유다 후손들의 부요함을 은유하는 말이라 할 수 있을 것이다. 여기에서 중요한 것은 아브라함을 이은 야곱의 후손 가운데 "새 아담"을 암시하는 메시야가 나올 것을 언급한 점이다.

---

20 손석태, 『창세기 강의』(CLC: 2021 제 3판), 295-97.

4.2.5 모세

하나님께서는 아담을 에덴동산에서 내 보내시고, 홍수를 내려 그가 창조하신 세상에 언약적 저주를 내렸다. 그리고 새 아담을 통하여 새 하늘과 새 땅을 만들 계획을 세웠다. 이를 위하여 새 아담을 통한 새로운 백성을 모으고, 이 새 백성들이 거할 거처를 마련하는 일을 시작하신다. 그러나 이러한 계획이 당장 실현되어야 할 일이 아니고, 먼저 설계도와 그 모형이 필요했다. 노아의 후손 아브라함을 통하여 대 가족을 이루시고, 이들이 거할 땅을 확보하고 그 땅에서 이들이 민족을 이루게 하는 것이다. 이스라엘 백성과 동거동행 함을 성소를 통하여 그의 백성에게 알게 하였다. 하나님은 이 일을 위하여 이집트 땅 고센을 선택하셨다.

여호와 하나님께서는 상속자가 없어 자기 집 식구 중에 하나를 그의 상속자로 삼고자 하는 아브라함에게 아주 중요한 약속을 하신다. "그는 너의 상속자가 되지 못할 것이다. 오직 네 몸에서 나올 자, 그가 너의 상속자가 될 것이다."(창 15:4)라고 말씀하셨다. 그리고 여호와께서는 그를 밖으로 이끌어 내어 말씀하시기를 "하늘을 향하여 보아라. 네가 별들을 셀 수 있거든 그것들을 세어 보아라." 하시고, 그에게 또 말씀하시기를 "네 후손이 이와 같이 될 것이다." (창 15:5) 라고 약속하신다. 말하자면 아브라함은 그의 몸에서 낳게 될 후손이 그의 상속자가 될 것이고 그의 후손들이 하늘의 별처럼 많게 될 것을 약속하신 것이다. 아브라함은 여호와를 믿었고, 여호와께서는 이것을 그에게 의로 여기셨다고 했다. 여호와께서는 이어서 그의 후손들이 대대로 이곳에 발붙이고 살 땅을 그에게 주어서 유업으로 삼게 하시겠다고 말씀하시고, 이것을 확실하게 하기 위하여 고대 근동의 풍습을 따라 짐승을 잡아 그 몸을 쪼개놓고, 횃불이 그 가운데로 지나가게 함으로 그의 생명을 담보하는 언약을 아브라함과 맺었다(창 15:8-21). 그리고 하나님께서는 계속하여 이스라엘이 이집트에 가서 400년 동안 종살이를 하며 민족을 이루어 다시 가나안 땅으로 돌아오게 될 것을 말씀하셨다.

하나님의 약속대로 이스라엘은 400년 동안 이집트에서 노예생활을 하며, 자식을 낳아 큰 민족을 이루었고, 하나님께서는 약속대로 아브라함의 후손을 이집트 땅에서 구출해 내어 가나안 땅으로 데려와 400년 전에 아브라함과 언약을 맺을 때와 마찬가지로 이스라엘을 시내 산으로 데려와, 그와 함께 언약을 맺고, 소를 잡아 생명을 담보하는 피 뿌리는 의식을 행하였다(출 24:8). 그리하여 여호와는 이스라엘의 하나님이 되시고, 이스라엘은 여호와의 백성이 되는 언약을 맺었고, 여호와께서는 아브라함에게 약속하신 대로 가나안 땅을 그의 후손들에게 그들의 거처로 주셨다.

요셉의 초청을 받아 이집트의 고센 땅에 정착하게 된 이스라엘 족속들은 요셉이 살아있는 동안은 대우를 받았지만 요셉이 죽은 후, 거의 400년 동안은 이집트 왕, 바로의 노예로 전락하였고, 이스라엘의 인구가 폭증하기 시작하자, 바로 왕은 이스라엘의 남자 아이는 죽이라는 명령을 내려 민족 말살 정책을 시행하게 되었다. 이 가운데 하나님께서는 바로의 딸을 통해 모세라는 아브라함의 후손을 나일 강에서 건져내어 이집트 왕 바로의 왕손으로 입양되어 학문과 무예가 특출한 지도자로서 성장하게 하셨다.

모세는 장성하여 자신이 바로의 왕자가 아니라 히브리 노예의 아들이라는 것을 알게 되자, 동족 이스라엘을 불쌍히 여기고, 동족을 살리기 위한 작업을 시작한다. 이러한 배경 속에서 모세는 하나님의 부르심을 받아 새 하늘과 새 땅을 세우시는 역사의 한 페이지를 담당하게 된다. 하나님은 모세를 통하여 이스라엘 백성을 그의 백성으로 삼게 되었다. 그리고 모세를 앞세워 그가 아브라함에게 약속하신 대로 아브라함의 후손들에게 가나안 땅을 주시겠다는 약속을 실행하기 시작하신다. 에덴동산에서 풍성한 삶을 누리다가 추방되어 가시덤불과 엉겅퀴가 우거진 황무지에서 피땀 흘리며 노예 생활하던 이들이 젖과 꿀이 흐르는 가나안 땅으로 옮겨와 여호와의 백성으로서 새로운 출발을 하게 되었다. 모세는 이 모든 일의 총 책임자로 하나님의 부르심을 받았다. 모세는 바로의 왕자가 아니라 하나님의 송으로서 새 나라를 세우는 일을 맡게 될 것이다. 그가 해야 했던 일을 살펴보면 다음 몇 가지를 추려 볼 수 있다.

첫째로 여호와께서는 모세를 통하여 열 가지 재앙을 내려 그 자신이 모든 신들 위에 뛰어난 천지를 창조하신 신이며, 세상 만물을 다스리시고, 세상 역사를 주관하시는 하나님이실 뿐만 아니라 이스라엘의 하나님이라는 것을 알고 믿도록 하는 일을 하신다.

둘째로 하나님께서는 모세를 지도자로 세워 이집트 사람들의 종살이를 하는 이스라엘을 구출하고 해방시키는 일을 하신다. 모세는 동족 이스라엘을 이끌고 홍해를 건넜다. 여호와의 지시로 모세가 홍해를 가르는 기적을 행하여 이스라엘이 홍해를 건너는 동안, 이스라엘을 추격해오던 이집트 군대는 홍해에 빠져 수장되어 버렸고, 이스라엘은 다시 이집트로 되돌아갈 수 없게 되었다. 이스라엘은 이집트와 영원한 결별을 한 것이다. 그러나 중요한 것은 아브라함의 자손 70명이 흉년을 피하여 이집트에 피난을 왔으나 그간 60만 대군(여인과 아이들을 합하면 약 200만명)이라는 민족을 이루었고, 하나님은 이들을 그의 백성으로 삼았다는 것이다. 여호와는 이스라엘을 시내 산으로 데리고 와서, 자신은 이스라엘의 하나님이 되시고, 이스라엘은 여호와의 백성이 되는 언약을 맺는다. 이때 모세는 시내 산에서 여호와 하나님과 이스라엘의 언약을 맺는 중재자 노릇을 한다.

셋째로 하나님께서는 일찍이 후손이 없어 불평하는 아브라함에게 후손을 주어 크고 강한 민족이 되게 하고, 땅의 모든 족속이 그로 말미암아 복을 받게 될 것이라고 약속하셨다. 아울러 "내가 그를 선택한 것은 그가 그의 자식과 가족들에게 명령하여 여호와의 도를 지켜 공의와 정의를 행하게 하고 나 여호와가 아브라함에 대하여 말한 것을 그에게 이루려 하는 것이다."(창 18:18-19)라고 말씀하셨는데, 이 말씀은 세상의 모든 백성들이 여호와의 도를 지켜 공의와 정의를 행하는 세상이 되게 하기 위하여 여호와께서 아브라함을 선택했다는 것이다.[21] 이제 모세는 하나님께서 아브라함을 선택하신 이유에서 밝히신 대로 아브라함의 후손들, 곧 아브라함과 언약적 연대성 안에 있는 모든 사람들이 공의와 정의를 행하고 살도록 "여호와의 도"를 가르치는 일을 해야 했다. 그리하여 모세는 이스라엘 가운데 천부장, 백부장, 오십부장, 십부장 등의 지도자를 세우고, 백성들을 조직하여, 백성들을 통솔하고 교육하는 제도를 만들었다. 또한 이스라엘 열두 지파에 각각 우두머리를 세워 제사를 하거나 행진할 때는 이들을 통솔하여 모두가 일사분란하게 움직이도록 조직을 정비했다(출 18:13-27; 민 2:1-334; 민 11:16-30).

넷째로 모세는 하나님께서 명하신 대로 그들 가운데 거하실 성소를 만든다. 하나님께서는 본래 사람을 창조하시고, 사람과 교제하시는 분이었으나 아담의 범죄로 말미암아 아담을 그의 동산에서 추방하셨다. 그러나 이제 새 아담과 교제하시기 위하여 노아의 아들 셈의 장막을 택하신다(창 9:27). 이후 하나님께서는 이스라엘이 이집트에서 민족을 이루고, 거주할 땅을 주시고, 하나님 자신은 이스라엘과 함께 거하시기 위하여 성소를 만들도록 지시하신다(출 24:8-9). 그리하여 모세는 하나님의 거처를 마련해야 했다(출 40:34-36). 여호와 하나님께서는 그가 그의 언약 백성과 동거 동행 함을 성소를 통하여 그의 백성에게 알게 하셨다.

다섯째로 하나님께서는 모세의 영도 하에 이스라엘을 젖과 꿀이 흐르는 가나안 땅을 향하여 가게 하신다. 하나님께서는 이스라엘에게 젖과 꿀이 흐르는 가나안 땅을 그의 백성들의 거처로 주셨다. 여호와 하나님께서는 하나님을 거역하는 아담을 에덴에서 쫓아내어 그의 후손들은 지금까지 황무지와 사막 같은 땅에서 노예로 살게 하였다. 그러나 이제는 그와의 관계를 새롭게 하고, 그의 백성들에게 젖과 꿀이 흐르는 비옥한 땅을 주시려고 하는 것이다. 이 젖과 꿀이 흐르는 새 땅은 하나님께서 에덴동산에서

---

21   손석태, 『창세기강의』, 176-177.

추방된 아담의 후예들에게나 하나님을 배역하여 땅을 빼앗기고 이방에 끌려가 포로생활을 하다가 다시 이스라엘로 귀향한 종말의 백성들에게 주시고자하는 새 하늘과 새 땅에 대한 모형이 될 것이다(겔 36:33-36).

모세는 아담을 대신한 새 아담을 세우고, 새 아담과 그의 백성이 거할 새 하늘과 새 땅을 예비하시는 하나님의 일꾼이다. 그래서 히브리서는 모세에 대하여 다음과 같이 말하고 있다.

> "그러므로 하늘의 부르심을 함께 받은 거룩한 형제들아, 우리 신앙 고백의 사도이시며 대제사장이신 예수님을 깊이 생각하여라. 그분께서 자신을 세우신 분께 신실하시기를 마치 모세가 하나님의 온 집에서 한 것과 같이 하셨다. 이는 그분께서 모세보다 더욱 영광을 받으실 만한 것은 마치 집을 지은 자가 그 집보다 더 존귀한 것과 같으니, 모든 집이 누군가에 의하여 지어졌듯이 만물을 지으신 분은 하나님이시기 때문이다. 또한 모세는 장차 하나님께서 말씀하실 것을 증언하기 위하여 하나님의 온 집에서 종으로 신실하였지만 그리스도께서는 하나님의 집에서 아들로서 신실하셨다. 우리가 확신과 소망의 자랑을 굳게 잡는다면 우리가 곧 그의 집이다."(히 3:1-6)

여기에서 히브리서 저자는 모세가 하나님의 온 집에서 종으로서 장차 하나님께서 말씀하실 것을 증언할 신실한 종, 곧 선지자라는 것을 분명히 말하고 있다.

4.2.6. 다윗의 후손: 임마누엘

죄와 죽음의 심판을 기다리는 인간들을 살리기 위하여 하나님께서는 아담을 대신한 새 아담을 세울 계획을 세우시고, 하나님을 반역한 아담과 그의 아내 하와, 그리고 아담을 유혹하여 하나님을 대항하는 원수 노릇을 하도록 뱀을 사주했던 사탄에게 진노의 심판을 선고하시는 가운데 "여자의 후손"에 대하여 언급하셨다. 하나님께서는 선악과를 따먹으면 "정녕 죽으리라"고 그의 법을 선포하셨지만 여자에게 사형을 선고하는 일은 유보하신 것 같다. 그리고 "여자의 후손"이 사탄의 머리를 짓밟아 상하게 하실 것을 말씀하신다. 여기서 여자의 후손은 분명, 사람을 두고 하시는 말씀일 것이다. 하나님께서는 아브라함과 모세를 이어, 이사야 시대에 와서 여자의 후손에 대한 말씀을 암시하신다.

하나님께서는 이사야를 통하여 처녀가 잉태하여 낳게 될 아기, "임마누엘"(사 7:14)을 약속하신다. 주전 8세기 중엽에 북 왕국의 왕 베가와 아람 왕 르신이 동맹을 맺고 아시리아의 디글랏 빌레셀에 대항하는 군사 작전에 유다 왕 아하스의 동참을 권했지만 거절당하자 이들은 아하스를 폐위시키고 다부엘의 아들을 아하스를 대신하여 왕으로 세울 계획을 세운다. 이 소식을 듣고 떨고 있는 아하스에게 하나님께서는 선지자 이사야를 보내어 이 모의가 성공하지 못할 것이기 때문에 두려워하지 말라고 격려하신다. 아하스를 폐위하고 대신 다브엘의 아들을 왕으로 세우면 하나님께서 다윗에게 그의 왕위를 영원토록 보존하겠다고 하신 약속은 빈 약속이 되어버릴 것이다. 따라서 하나님께서는 그를 믿지 못하는 아하스에게 그의 약속의 신실성을 보장하는 징조를 구하라고 말씀하시지만 아하스는 이마저도 거절하기 때문에 하나님께서는 그가 친히 징조를 보여주시겠다고 말씀하시며 "보아라 처녀가 잉태하여 아들을 낳을 것이며 그의 이름을 임마누엘이라 부를 것이다."(사 7:14)라고 말씀하신다. 처녀가 아들을 낳는다는 것은 인간 세상에서는 불가능한 일이다. 그가 낳은 아이는 비범한 아이임에 틀림없다. "임마누엘"이라는 말은 "하나님이 우리와 함께 하신다"는 의미이다. 여기서 "임마누엘"이라는 말은 처녀가 낳는 아이가 우리와 함께 하시는 "하나님"을 상징한다는 의미도 되겠지만, 그보다는 그 아이가 바로 우리와 함께 하시는 하나님이라는 점을 간과할 수 없을 것이다. 하나님이 아닌데 이름을 하나님이라고 부를 수는 없기 때문이다.

따라서 이사야서는 그 한 아이의 비범성에 대해서 말하고 있는데 이

는 분명 "임마누엘"을 두고 언급한 것임에 틀림없다.[22]

> "한 아기가 우리를 위해 태어났고,
>   한 아들을 우리에게 주셨는데
>   그 어깨 위에 통치권이 있으며,
>   그 이름은 위대한 섭리자라,[23]
>   전능하신 하나님이라,
>   영존하시는 아버지라,
>   평강의 왕이라 불릴 것이다.
>   그의 통치력은 확대되고
>   평화는 끝이 없을 것이며,
>   다윗의 보좌에 앉아서
>   그 나라를 굳게 세우고
>   지금부터 영원까지
>   정의와 공의로 그것을 보존할 것이니
>   만군의 여호와의 열심이
>   이 일을 이루실 것이다."(사 9:6-7)

여기에 소개되는 한 아들, 한 아기는 그 이름들이 보통 사람의 아들이라고 말하기는 어렵다. 그의 어깨에는 통치권이 있고, 창조주로서 위대한 섭리자, 전지전능하신 하나님, 영존하시는 아버지, 평강의 왕이라고 그에게 붙여진 이름은 보통의 인간이나 왕에게 붙여지는 이름이 아니다. 그의 어깨에 정부가 있다는 말은 그 아이가 나라의 통치자로서의 책임을 맡

---

22 E. J. Young. John N. Oswalt, John D.W. Watt etc.
23 "위대한 상담자"라는 번역은 하나님께서 나라들 간의 전쟁의 승패를 좌지우지하시며, 한 나라의 흥망성쇠를 주관하시는 분이시기 때문에 본문 문맥에 부합하는 의미로 "위대한 전략가" 혹은 "위대한 섭리자"라는 번역이 더 적절하다. cf. NET.

은 자라는 의미이다. 특히 전능하신 하나님, 영존하시는 아버지라는 칭호는 인간들에게 붙여질 이름이 아니다. 임마누엘은 처녀의 몸을 통해서 주어질 아들인데 이 아이가 이사야 9장에 언급된 "한 아기"와 같은 존재라면 한 아기는 분명 보통 인간들과는 다른 존재라는 것을 알 수 있다. 그가 통치자로서 위대한 섭리자이며, 전능하신 하나님이자 영존하시는 아버지이며, 온 세상의 통치자이시며 평강의 왕으로 불리는 것을 보면, 그는 단순한 인간이 아니라 신적 존재이다. 또한 그는 만유의 통치권을 가진 왕적 존재이다. 한편으로는 사람이면서 다른 한편으로는 하나님이시라는 것이다. 그 아이가 신인적인 존재라면 그는 무엇보다 새 아담의 조건을 충족시킬 수 있는 자이다.

이사야는 여기서 한 아이가 태어나게 될 것이고, 그가 한편으로는 하나님이지만 다른 한편으로는 사람이라고 소개하고 있다. 그리고 그는 처녀에게서 낳을 것이라는 하나님의 말씀을 전하고 있다. 그러나 구체적으로 그 처녀가 누구인지, 어느 집안에서 낳게 될지 등, 그의 신성과 인성의 배경에 대하여는 언급하지 않았는데, 11장에서 의미 있는 예언의 말씀을 전하고 있다.

> "이새의 줄기에서 한 싹이 나며,
> 그 뿌리들로부터 한 가지가 나와서 열매를 맺을 것이고,
> 여호와의 영, 곧 지혜와 분별의 영이시고,
> 권면과 능력의 영시고
> 지식과 여호와를 경외하는 영이 그 위에 머무를 것이니,
> 그가 여호와를 경외함을 즐거움으로 삼고,
> 그의 눈에 보이는 대로만 재판하지 않을 것이며,
> 그의 귀로 듣는 대로만 판결하지도 않을 것이다.
> 그는 공의로 가난한 자들을 재판하며
> 세상에서 고통받는 자들을 공정하게 판결할 것이고,

> 그의 입의 막대기로 세상을 치며,
> 그의 입술의 기운으로 악인을 죽일 것이고,
> 공의가 그의 허리띠가 되며
> 성실이 그의 옆구리의 띠가 될 것이다." (사 11:1-5)

여기서 이사야가 소개하는 인물은 다윗의 후손이다. 그는 여호와의 영이 그에게 임하여 머무르는 재판장이다. 그는 모든 사람을 공정하게 재판할 자이다. 공의와 성실이 그의 허리띠와 옆구리 띠가 될 것이다. 허리띠는 왕이나 힘과 기를 겨루는 운동의 챔피언들이 그의 권위와 능력을 과시하는 도구이다. 다윗의 가계에서 나오게 될 후손의 특징은 지혜와 분별의 영, 전략과 능력의 영, 지식과 여호와를 경외하는 영을 가지고 재판을 한다는 것이다. 하나님의 영이 함께 하는 자로서 하나님의 권위와 하나님의 지혜와 지식으로 재판을 하는 것이다. 그리하여 겉으로 보이고, 듣는 대로 판단하지 않고 사람의 심중을 살펴 판단하며, 그의 선고를 내리는 입술은 세상의 악인들을 제압하고 무력하게 만들 것이다. 그리하여 그의 명예는 시합에서 승리한 용사처럼 높아질 것이다. 결국 여기서도 이사야는 다윗의 후손을 평범한 인간이 아니라 하나님의 영이 함께 하는 자, 곧 신적 존재로 소개하고 있다. 아담이 하나님을 대신한 만물의 통치자요 왕이었듯이, 이 아이도 왕이 될 것이다. "Divine King, Human Ruler"가 될 것이다.

그렇다면 이러한 신인적인 왕은 어떻게 이 세상에 올 수 있는가? 하나님께서 새 아담을 이 세상에 보내야 하는 이유는 아담의 죄 값을 대신 치르고 새로운 언약적 연대성의 대표로 세우기 위한 것이었다. 문제는 아담의 죄 값을 누가 대신 치를 수 있는가 하는 점이다. 여기에서 우리가 고려해야 할 점은 죄인이 죄인의 죄를 대속할 수 없다는 것이다. 아담의 언약적 연대성 안에 있는 모든 피조물은 아담의 죄 값을 치를 수 있는 기본적인 조건에 맞지 않는 존재들이다. 그들은 다 아담과 함께 하나님을 반역한 반역자이기 때문이다. 그러면 결국 이 세상에 존재하는 모든 피조물은 어느 누구도 사람이든, 동물이든, 식물이든, 어떤 무생물이든 아담과 그의 언약적 연대성 안에 있는 자들의 죄 값을 대신 치를 수 없다. 그렇다면 이 세상에 남아 있는 존재는 하나님뿐이다. 새 아담으로서 자격 요건을 갖춘 자는 피조물의 세계에는 없고, 오로지 창조주 하나님과 신적 존재들 밖에 없다. 여기에서 하나님께서 하실 수 있는 일이란 극히 제한적이다.

첫째는 하나님께서 새로운 아담을 창조하실 수 있을 것이다. 그러나 하나님께서는 이미 3:15에서 "여자의 후손"이 사탄의 머리를 짓밟을 것을 말씀하셨다. 말하자면 새 아담은 여자의 몸에서 낳은 "사람"이어야 하는 것이다.

둘째로 하나님께서 직접 오셔서 스스로 아담이 되는 것이다. 새 아담은 신성과 인성을 겸한 존재로서 마귀를 대적하여 승리할 수 있는 존재여야 한다. 따라서 하나님께서 직접 아담이 되신다면 그는 인성을 가진 존재는 아닐 것이다.

셋째로 하나님께서는 결국 여자의 몸을 통하여 인간의 모습으로 오셔야 만이 "여자의 후손"으로서 새 아담이 될 수 있을 것이다. 하나님의 성육신의 필요가 여기에 있는 것이다(요한 3:16). 여기에서 성부, 성자, 성령의 삼위일체성과 성자의 선재성에 대한 설명이 가능할 것이다. 하나님의 성부, 성자, 성령의 삼위일체성과 이들의 창조 전 선재성은 새 아담의 창조에 대한 가능성을 보여주는 면이다. 결국 하나님께서 여자의 몸을 빌어 육신을 입고 사람이 되시는 것이다. 그리고 새 아담으로서의 새로운 창조를 시작하는 것이다.[24]

---

24 J. G. Vos. *The Westminster Larger Catechism: A Commentary* (Phillipsburg: R&R, 2002). 88-96.

이상을 살펴볼 때, 새 아담은 다윗의 후손으로 여자의 몸에서 태어나지만 그 아이는 하나님의 영이 함께 하시는 신적 존재라는 것을 선지자는 말하고 있다. 그는 전능하신 하나님, 위대한 섭리자, 영존하시는 아버지, 평강의 왕이라고 불리울 것이며, 세상의 선과 악을 심판하시는 재판장으로 오실 것이다. 다윗의 후손으로서 하나님의 영이 함께 하시는 신적 존재가 어떻게 이 세상에 오셔서 아담을 대신한 새 아담이 될 수 있을 것인지 이스라엘의 하나님의 백성들은 그가 오심을 기다려야 한다.

4.2.7. 임마누엘: 새 아담

새 아담은 아담을 대신한 만물의 새로운 통치권자가 되기 위해서 먼저 하나님과 바른 관계를 가져야 했다. 아담의 불순종을 만회하기 위한 새 아담은 하나님의 말씀을 순종하는 자여야 했다. 하나님께서 아담을 그를 대신한 모든 피조물의 언약적 연대성의 머리로 세우실 때, 선악을 알게 하는 나무의 실과는 따먹지 말라고 명하셨다. 하나님께서 이 명령을 통하여 그가 창조주이시며, 아담을 만물의 왕으로 삼으신 대왕이심을 선언하시고, 하나님과 아담 사이, 곧 대왕과 왕(분봉왕) 사이의 관계를 정립하고 질서를 세우셨다. 그러므로 아담은 반드시 그 명령을 지켜야 했다. 하나님께서는 선악을 알게 하는 나무의 실과를 따먹을 때는 반드시 죽는다고 선언하셨다. 그러나 아담은 사단의 유혹에 넘어가 하나님의 명령을 무시하고 불순종했다. 창조주 하나님의 명령을 불순종함으로 하나님의 권위에 도전하고, 창조의 질서를 깨버렸다. 언약적 관계로 말하자면 이것은 종주에 대한 속주의 반역 행위이다. 그리하여 아담과 그의 언약적 연대성 안에 있는 모든 피조물은 아담과 함께 하나님께 대한 반역자가 된 것이다. 하나님께서는 이 반역자에게 사형을 선고하셨다. 이제 아담은 죽어야 하는 것이다. 아담뿐만 아니라 아담과의 언약적 연대성 안에 있는 모든 피조물이 아담과 함께 죄인이 되고, 함께 죽어야 하는 것이다.

따라서 새 아담이 첫 아담의 역할을 대신하려면 새 아담은 먼저 하나님께 순종해야 할 것이다. 아담의 불순종이 하나님께 대한 반역이고, 그 반역이 모든 피조물의 죽음을 초래했다면, 새 아담은 하나님께 먼저 순종하는 모습을 보여야 할 것이다. 하나님께 대한 순종을 통하여 먼저 하나님과 바른 관계를 맺어야 한다. 하나님께서 새 아담에게 요구하시는 것은 아담의 죄 값을 대신 치르는 것이었다. 아담의 죄 값은 죽음이었다(롬 6:23). 하나님께서는 새 아담에게 죽음을 요구하셨다. 말하자면 아담을 대신하여 새 아담이 매를 맞고, 죽음으로 죄 값을 치르라는 것이다. 하나님께서는 대속적인 고난과 죽음을 새 아담에게 요구하신 것이다. 따라서 구약성경은 새 아담이 대속적인 고난을 당하고, 대속적인 죽음을 맞는 모습을 미리 생생하게 묘사하고 보여주고 있다.

이사야 53장에서 이사야 선지자는 새 아담의 모습이 마치 마른 땅에서 자란 연한 순이나 뿌리처럼 고운 모양이나 풍채도 없어서 우리 인간들이 흠모할만한 아름다운 것이 없었다고 기록한다(사 53:2). 그래서 사람들은 그를 외면하고 멸시하고, 귀하게 여기지도 않았다는 것이다. 따라서 그는 슬픔을 많이 맛보고 고난 당하는 자의 아픔을 깊이 아는 사람이었다는 것이다(3).

> "참으로 그는 우리의 병고를 지고,
> 우리의 슬픔을 당하였으나
> 우리는 그가 징벌을 받고
> 하나님께 맞으며 고난을 당하였다고 생각하였다.
> 그가 찔린 것은 우리의 허물 때문이며
> 그가 상처를 받은 것은 우리의 죄악 때문이다.
> 그가 징벌을 받음으로 우리가 평화를 누리고
> 그가 채찍에 맞음으로 우리가 고침을 받았다.
> 우리가 모두 양같이 방황하여 각기 제 길을 갔으나

여호와께서는 우리 모두의 죄를 그에게 넘겨씌우셨다.
그는 짓밟히고 괴롭힘을 당하여도 그 입을 열지 않았으며
도수장으로 끌려가는 어린 양 같고,
털 깎는 사람 앞의 양같이 잠잠하여 그 입을 열지 아니하였다.
그가 잡혀가 감금 당하고, 판결 받았으니
그 세대 중에 누가 생각하기를
'그가 산 자의 땅에서 끊어짐은
마땅히 형벌 받을 내 백성의 죄악 때문이다' 하였겠느냐?"(사 53:4-8)

하나님께서는 그의 선지자 이사야를 통하여 새 아담의 고난과 죽음이 그의 백성들의 허물과 죄를 대신한 것임을 분명히 말씀하신다. 또한 고난을 당하고 죽음을 맞지만 그의 입을 열지 않고(7), 오히려 여호와 하나님의 기쁜 뜻을 이룬 것을 만족하게 여기고, 여호와께서도 그의 고난과 죽음을 기뻐하셨다는 것이다(10-11). 결론적으로 "그가 자기 영혼[25]을 버려 사망에 이르게 하며, 범죄자들 같이 취급되었으나 실상은 그가 많은 자들의 죄를 지고 범죄자들을 중보하였다"(12)라고 그의 고난과 죽음의 의미를 말하고 있다.

새 아담의 임무는 아담을 대신한 속죄이다. 그 속죄는 아담과 그의 연대성 안에 있는 모든 죄인들을 대신한 죽음이다. 사람이 사람의 죄를 대신하는 속죄의 개념은 이스라엘 사람들에게 익숙하지 않다(대하 28:3; 33:6; 신 18:10). 하나님께서는 그의 백성에게 일찍부터 양과 같은 순결하며, 순종적인 동물을 대속 제물로 사용하여 아담의 죄를 대신한 속죄적 제사를 하나님 앞에 드리게 하셨다. 말하자면 새 아담이 자기 자신을 드려야 할

25　히브리어 "נפשׁ"는 "영혼(ESV)", "생명"(life, ESV), 혹은 "그 자신"(he himself, NET) 등으로 번역하고 있다. 창세기에는 하나님께서 흙으로 사람을 지으시고 "생명의 호흡"(נשׁמת חיים)을 그 코에 불어 넣으시니 "생명체"(נפשׁ היה)가 되었다고 했다(창 2:7).

속죄제사에 대한 모형으로 양을 제사로 드리게 한 것이다. 구약성경에서 하나님께 제사를 드리기 위해서는 제단과 제물과 제사장이 필요했다.

4.2.7.1. 제단

제단은 제사가 드려지는 성막이나 성전 안에 있었다. 따라서 성막이나 성전이 있기 전에는 단순히 제단을 세웠다. 아담의 두 아들 가인과 아벨도 하나님 앞에 제사를 드렸으며, 아벨을 대신한 셋의 아들, 에노스도 "여호와의 이름을 부르기 시작했다."(창 4:25-28). 여호와의 이름을 불렀다는 의미는 여호와 앞에 제사를 드렸다는 의미이다.[26] 노아는 하나님의 홍수 심판 후에 방주에서 나와 제일 먼저 한 일이 여호와께 제단을 세우고 모든 정결한 짐승과 모든 정결한 새 가운데 제물을 택하여 그 단 위에서 번제로 드렸다고 했으며, 여호와께서는 그 향기를 맡으시고 다시는 사람 때문에 생물들을 멸하지 않겠다고 스스로 다짐하신다. 이후 아브라함은 하나님 앞에 제단을 세우고 그곳에서 하나님의 이름을 불렀다고 했다 (12:7; 13:4).

그러나 하나님께서는 출애굽 이후에 이스라엘에게 성막을 만들고 제사드리는 법을 알려 주신다. 성막의 목적은 하나님께서 그의 백성들 가운데 거하시며(출 25:8), 그의 백성과 교제하기 하기 위함이었다(출 25:22). 그러나 하나님을 떠난 죄악된 인간이 거룩하신 하나님과 더불어 교제를 하는 데는 일정한 장소와 규칙이 필요했다. 성막은 이스라엘이 광야 생활을 하며 약속의 땅, 가나안을 향한 여정 가운데 있었기 때문에 고정된 성막이 아니라 쉽게 접고 펼 수 있는 일종의 천막이었다. 그 성막의 구조는 먼저 울타리를 만들고 그 안에 뜰이 있고, 뜰 안에 길이 150 규빗, 세로 75규빗의 장방형으로 번제단과 물두멍과 천막이 있었는데, 그 천막은 성소와 지성소를 휘장으로

---

26 손석태, 『창세기 강의』, 96.

나누는 두 개의 방이 있었다. 첫 번째 방은 성소(The Holy Place)라고 부르는데, 상과 촛대와 향단이 있고, 두 번째 방은 지성소(The Holy of Holies)라고 부르며, 그곳에는 하나님께서 주신 계명을 새긴 돌 판과 그들이 먹었던 만나를 담은 항아리, 그리고 아론의 싹이 난 지팡이가 들어 있는 법궤라고도 부르는 언약궤가 있었고, 언약궤 위에는 속죄소가 있었다.[27] 뜰 안의 천막을 휘장으로 성소와 지성소로 나눈 것은 죄악된 인간이 거룩하신 하나님께 나아갈 수 없음을 나타낸 것이다. 이방인들은 성막의 뜰 안의 성소에 들어갈 수 없었으며, 성소에는 제사장이나 레위인만이 들어갈 수 있었다. 또한 지성소에는 백성을 대표하는 대제사장만이 대속적인 죽음을 상징하는 짐승의 피를 가지고 일 년에 한 번 들어갈 수 있었다.[28]

이스라엘이 가나안에 정착한 다음에는 운반이 가능한 이 성막을 대신하여 견고한 터 위에 성전을 지었다. 성전은 성막의 모양을 그대로 옮긴 것이었다. 이스라엘은 이 성전에 와서 하나님을 만나고, 예배하고, 교제하였다. 그러나 그들은 자신들의 죄를 대속하기 위한 대속제물을 가지고 하나님께 나아갔다. 이사야 8:14은 "주께서 성소가 되실 것이다."고 말하고 있다.

4.2.7.2. 제물

제물은 신에게 드리는 공양물이 아니다. 성경에서 의미하는 제물은 죽을 죄인이 자기의 죄를 짐승에게 전가하여 죽임으로 주인의 죄를 지고 대신 죽임을 당하는 짐승을 말한다. 따라서 짐승의 피는 엄밀하게 말하면 제물을 드리는 자의 피를 의미하는 것이고, 짐승의 죽음은 주인의 죽음을 의미하는 것이다. 따라서 제물은 대속적인 의미가 있다.

---

27 손석태, 『출애굽기 강의』, 308-209.
28 손석태, 『출애굽기 강의』, 195-213.

레위기 16장에는 속죄 제물과 속죄 제사에 대한 규정을 적고 있다. 제사장 아론은 먼저 수송아지를 드려 자기와 자기 집안을 속죄하고, 다음으로 숫염소 두 마리로 여호와께 드리는 속죄 제사를 드려야 한다. 염소 한 마리는 여호와를 위하여, 다른 한 마리는 아사셀을 위하여 드려야 했다.[29] 제사장은 먼저 일정한 절차를 따라 자신과 자신의 온 가족을 위한 속죄제를 수송아지로 드리고, 다음에는 제사를 위하여 따로 준비해 놓은 숫염소를 잡아 그 피를 수송아지의 피와 함께 휘장 안의 지성소에 들어가 속죄소 위와 속죄소 앞에 뿌려서 자신과 자신의 집안과 이스라엘의 온 회중의 부정과 그들이 범한 죄를 속죄하고, 이스라엘 자손의 부정을 정결케 하고 거룩하게 해야 했다(레 16:14-19).

제사장은 지성소에서의 속죄 행위를 마친 후에는 남은 숫염소를 가져오게 하고 "아론은 그의 두 손으로 살아 있는 숫염소의 머리에 안수하여, 이스라엘 자손의 모든 불의와 그들의 범죄로 인한 모든 반역과 모든 죄과를 숫염소 위에 고백하고, 그것들을 숫염소의 머리에 올려놓아, 미리 정한 사람의 손에 맡겨 광야로 보내야 했다."(레16:21). 제사장은 그의 백성을 대표하여 하나님 앞에 나아가 그 숫염소의 머리에 안수하고 이스라엘 백성의 죄를 고백함으로 그들의 죄를 그 숫염소에게 전가하여 광야로 내보내는 것이었다. 여호와 하나님께서 그 백성들의 죄를 멀리멀리 옮기시는 것을 표현하는 의식이라고 할 수 있다. 이 같은 속죄는 일 년에 한 번, 곧 대속죄일에 대제사장에 의해서 행하라고 명하고 있다(레 16:20-34). 이것은 하나님의 죄에 대한 전가와 속죄에 대한 원리와 방법을 보여주는 일

---

29 아사셀의 의미는 첫째, "에즈"(עז, 염소) 와 "아잘"(אזל, 멀리 가다)의 합성어로 "떠나는 염소"("the goat that departs" or "scapegoat", cf. LXX and KJV, NASB, NIV, NLT). 이는 죄를 제거하다, 옮기다는 의미이다. 둘째는 아사셀이라는 광야의 이름, 곧 숫양을 내보는 곳, 셋째는 여호와를 위한 염소라는 말처럼 아사셀을 위한 염소라는 말을 쓰는 점이나 (레16:8), 레 21:7에보면 숫염소들에게 제사를 해서는 안 된다는 구절을 보면, 이는 고유명사로 특별히 광야를 지배하는 염소 귀신을 일컫는다는 설이 있다. Cf. B. A. Levine, *Leviticus: The JPS Torah Commentary* (The Jewish Publication Society, 1989), p.106-107, 250-253.

종의 모형적 의식이라고 볼 수 있다.

4,2,7.3. 제사장

제사 의식에 있어서 제사장의 역할은 크다. 아담, 노아, 아브라함 등이 모두 가족의 제사장 노릇을 한 사람들이다. 제사장의 역할은 하나님 앞에서 이스라엘을 대표하여 제사를 드리는 대표성에 있다. 구약성경에서는 아담과 그의 언약적 연대성 안에 있는 자들을 위한 새 아담의 대속 사역을 상징하는 모형으로 대속적 사역을 수행하도록 대제사장을 세우고 있다. 대제사장은 아론과 그의 후손들 가운데 하나님의 부르심을 받은 자들로서, 하나님의 백성들이 속죄물과 예물을 가져왔을 때, 그들을 대신하여 하나님께 바치는 자이었다. 민수기 25:1-15에 보면 모압의 신, 바알브올의 제사에 참여하고, 이방인들과 음행을 자행하여 여호와의 진노를 유발시킨 자들을 "여호와의 질투심"으로 쓸어버린 아론의 아들 비느하스에게 하나님께서 평화의 언약으로 영원한 제사장의 직분을 주셨다. 따라서 아론은 제사장 가문으로 자신과 백성을 위하여 대대로 하나님께 백성을 위한 대표자로서 제사를 드리는 일을 하게 되었다. 여기서 중요한 점은 하나님께서 백성들의 죄를 용서하실 때 대제사장이라는 한 대표자를 통하여 속죄 제사를 받으셨다는 점이다. 대제사장은 하나님 앞에서 백성을 대표하여 제사를 드리는 자이다. 앞으로 하나님께서 세우시는 새 아담은 속죄 제사에 있어서 대제사장 역할을 해야 할 것이다.

4.3. 새 아담의 죽음과 부활

새 아담은 아담의 죄 값을 대신 치르기 위하여 자신의 목숨을 내 놓아야 하는 것이 하나님의 뜻이었다. 새 아담에게 이것은 큰 부담이고 순종하기 어려운 명령이었을 것이다. 그러나 그는 아담처럼 하나님의 말씀을 불순종할 수는 없었다. 새 아담은 자기의 목숨을 대속 제물로 바침으로 아담의 죄 값을 치르며, 이로 말미암아 그는 새 하늘과 새 땅을 통치하게 될 새 아담이 되는 것이다. 하나님은 이러한 속죄의 원리와 방법을 사람들이 알게 하기 위하여 미리 제사 제도를 주시고 속죄 제사의 법을 모형으로 시행하도록 하셨다. 이것이 구약의 제사제도이다. 그렇다면 새 아담이 아담의 죄 값을 온전히 치렀다는 것을 어떻게 알 수 있는 것인가?

아담의 불순종은 그와 언약적 연대성 안에 있는 모든 피조물에게 죄와 죽음을 초래했다. 만일에 아담의 범죄에 대한 값이 다 치러진다면 더 이상 죄와 죽음이 온 세상의 왕 노릇을 해서는 안 된다. 죄와 죽음이 아담의 불순종으로 말미암아 이 세상에 들어왔다면, 그리고 아담의 불순종에 대한 죄 값이 치러졌다면, 이 세상, 곧 아담과의 연대성 아래 있는 이 세상에는 더 이상 죄와 죽음이 있어서는 안 된다. 이 세상은 죽음으로부터 해방되어 영원한 생명을 누리며, 하나님과 새로운 관계성을 회복해야 한다. 하나님께서는 새 아담의 대속적 죽음을 아담의 속죄의 값으로 인정하신다면 그 증거를 보여 주셔야 한다. 그것은 바로 속죄 제물로 자기 목숨을 바친 새 아담의 생명을 다시 살리시는 것이다. 그래서 새 아담을 비롯하여 모든 피조물들이 더 이상 죄와 죽음의 형벌 아래 있지 않다는 것을 보여 주셔야 하는 것이다. 따라서 새 아담의 부활은 새 아담의 대속적 사역이 완벽하게 하나님의 언약적 저주를 풀기에 충분하고, 아담의 불순종에 대한 하나님의 진노를 거두기에 흡족한 것이었음을 증명하는 것이 되어야 하는 것이다. 따라서 하나님께서는 새 아담의 속죄에 대하여 다음과 같이 말씀하신다.

"여호와께서 그가 상처 입은 것을 기뻐하시고
고난을 당하게 하셨으니,
그의 영혼을 속건제로 드릴 때에
그가 자손을 볼 것이며, 그의 날들이 길 것이고

또 그의 손으로 여호와의 기쁜 뜻을 이룰 것이다.

그가 자기의 영혼의 수고한 것을 보고 만족할 것이니

내 의로운 종이 그의 지식으로 많은 사람을 의롭게 하며

또 그들의 죄를 친히 짊어질 것이다

그러므로 나는 많은 사람과 함께 분깃을 그에게 나눠주고

그는 강한 자와 함께 탈취한 것을 나눌 것이다.

그가 자기 영혼을 버려 사망에 이르게 하며,

범죄자들로 취급되었으나 실상은

그가 많은 자들의 죄를 지고, 범죄자들을 위해 중보하였다."(사 53:10-12)

여기에서 여호와께서 이사야를 통하여 주신 말씀은 새 아담의 대속적인 죽음에 대하여 여호와 하나님께서 만족해하시는 속마음을 그리고 있다. 이사야 53:1-9는 새 아담, 그의 종의 대속적인 고난과 죽음이 우리 모두의 죄를 위하여 하나님께서 계획하신 것임을 말하고, 10-12절은 새 아담의 대속적인 고난과 죽음을 하나님께서 만족해하시고, 기뻐하시며, 그의 죽음이 많은 사람을 살리실 것을 말하고 있다. 특히 10절에 "그의 영혼을 속건제(אשם, guilt offering)로 드릴 때에 그가 자손을 볼 것이며, 그의 날들이 길 것이고, 또 그 손으로 여호와의 기쁜 뜻을 이룰 것이다."라는 말씀은 분명 그의 죽음과 부활을 의미하는 말이다. Young 은 새 아담의 부활에 대하여 Hangstenberg 와 더불어 다음과 같이 해석하고 있다.

"그 종 자신이 그 씨를 볼 것이다는 것이 또한 주목해야 할 중요한 점이다. 만일에 그가 죽고 죽음으로 남아 있다면, 이것은 불가능하다. 따라서 이 동사는 죽음이 그 종을 붙들고 있을 수 없을 것이라는 것을 말하고 있으나, 오히려 그의 죽음 후에 그는 다시 살아나 살아 있는 자로서 그의

씨를 볼 것이라는 것을 확실시 하고 있다"³⁰

> "너는 네 땅, 네 친족, 네 아버지의 집에서 떠나 내가 네게 보여 줄 땅으로 가거라. 내가 너를 큰 민족이 되게 하고 네게 복을 주어 네 이름을 크게 할 것이다. 너는 복(ברכה, blessing)이 될 지어다. 너를 축복하는 자에게 내가 복을 주고 너를 저주하는 자에게 내가 저주하겠다. 땅의 모든 족속이 네 안에서 복을 받을 것이다(ונברכו בך, in you will be blessed)." (창 12:1-3)

하나님의 말씀은 아브라함이 복이 될 것이며 땅의 모든 족속이 아브라함 안에서 복을 받게 된다는 것이다. 이 말씀은 하나님께서 앞으로 이루실 구속 역사를 아브라함을 통하여 이루실 의지를 나타내는 말씀이다. 하나님께서는 땅의 모든 족속들이 아브라함 안에서 복을 받게 하시겠다는 것이다.

여기에서 "족속"이라는 말보다 더 친근하고 유대감이 있는 "미스페홋"(משפחת), 곧 가족(family)라는 말을 쓰고 있다. 영역본은 NIV가 "사람들"(people)로 번역하고 있는 것을 제외하면 ESV, NET, KJV, NAS 등의 주요 역본들을 다 "가족"으로 번역하고 있다. 하나님께서 복을 주고자 하시는 대상이 아브라함의 가족만이 아니다. "땅의 모든 가족"이라는 것이다. 따라서 하나님의 구원은 단순히 아브라함의 후손이나 이스라엘 민족만을 위한 것이 아니라 하나님께서 지으신 모든 만물을 위한 것임을 밝히고 있는 것이다.

또한 하나님께서는 땅의 모든 가족에게 복을 주시되 "아브라함 안에서" 주신다는 것이다. 히브리어 원문은 "땅의 모든 가족들이 네 안에서 복을 받을 것이다."(ונברכו בך כל משפחת האדמה)라고 읽고 있다. 여기서 히브리어 원본은 "브카"(בך)라는 말을 쓰고 있는데 이는 비분리 전치사 "벳"(ב)과 2인칭대명사 "카"(ך)가 결합하여 히브리어에서 정상적으로 평범하게

---

30 Young, E. *The Book of Isaiah, Chapters 40–66* (Vol. 3) (Grand Rapids: Eerdmans, 1972), 355.

쓰이고 있는 "네 안에"(in you)라는 뜻이다. 그러나 영역본들은 "in you" (ESV, KJV, NAS), "through you"(NIV), 혹은 "by your name"(NET) 등으로 그 번역이 엇갈린다. 대부분의 한글 번역도 "너로 말미암아" 혹은 "너를 통하여"라고 번역하고 있는데 얼핏 어법상 자연스러운 것 같다. 그러나 히브리어 전치사 "벳"(ב)이 한글처럼 "말미암아" 혹은 "통하여"라는 의미로 번역되는 경우는 거의 없다. 창세기나 오경에서 하나님께서 아브라함을 통하여 만민들에게 복을 주신다는 의미로 번역된 히브리어 본문은 거의 "벳"()을 써서 "아브라함 안에서"라고 쓰고 있다.

"아브라함 안에서"라는 표현은 신학적인 의미가 크다. 하나님께서는 세상 만물을 창조하시고 특히 다섯째 날과 여섯째 날 그가 만드신 모든 생물들에게 복을 주셨다. 그러나 아담의 불순종과 타락으로 하나님께서는 아담과 그의 언약적 연대성 안에 있는 모든 만물을 다 저주하고, 사망을 선고하셨다. 아담 안에서 모든 사람이 죄인이 되고, 아담 안에서 모든 사람이 다 죽음을 맞게 된 것이다(롬 5:12). 그런데 하나님께서는 이제 아브라함을 복으로 세우시고, 아브라함 안에서 땅의 모든 가족들에게 복을 주시겠다는 것이다. 한 사람 아담의 범죄가 온 세상 만물에게 미친다는 것은 언약적 연대성이라는 원리에서만 가능한 개념이다. 마찬가지로 세상 만민에게 미친 이 언약적 저주는 아담을 대신한 새 아담 안에서만이 풀릴 수가 있는 것이다. 따라서 바울은 "아담은 오실 분의 모형"(ὅς ἐστιν τύπος τοῦ μέλλοντος. a type of the one who was to come)이라는 말을 쓴다(롬 5:14). 하나님께서 아브라함을 많은 민족의 조상으로 세워 그와의 연대성 안에서 복을 주시겠다는 약속은 아담의 범죄로 모든 사람이 죄인이 되는 언약적 연대성 원리에 대한 실형이 되는 말씀이라고 할 수 있다. 따라서 본문의 "브카"(送)라는 말은 "네 안에서"라고 번역해야 옳다. 그렇다면 앞으로 새 아담은 아브라함이나 이삭, 더 나아가 야곱의 후손들 가운데 보내질 사람이 될 것이다.

창세기 18:18-19에서 하나님께서는 아브라함을 선택하신 이유를 말쏨하신다. 아브라함과 그의 후손을 통하여 세상 만민에게 복을 주시겠다는 것이다. 그 복은 그의 후손들이 하나님의 도를 익혀 이 땅에서 공의와 정의를 이루는 주인공들이 되는 것이었다.

> "아브라함은 반드시 크고 강한 민족이 되고, 땅의 모든 민족들이 그로 말미암아 복을 받을 것이다. 내가 그를 선택한 것은 그가 그의 자식과 그 가족들에게 명령하여 여호와의 도를 지켜 공의와 정의를 행하게 하고, 나 여호와가 말한 것을 그에게 이루려 하는 것이다."(창 18:18)

하나님께서는 아브라함이 크고 강한 민족이 될 것이며, 땅의 모든 민족들이 그 안에서 복을 받을 것이라고 말씀하신다. 여기서 주목되는 점은 강한 민족이 되고, 땅의 모든 족속에게 복을 베풀게 될 인물이 아브라함이라는 개인, 단수로 말하고 있다. 그리고 12:3에서와 같이 "그로 말미암아 복을 받을 것이다"라고 말씀하신 것이 아니라 "모든 백성이 그 안에서 복을 받을 것이다"(ונברכו בו כל גויי הארץ, and all the nations of the earth shall be blessed in him, ESV)라고 말씀하신다. "말미암아"가 아니라 "안에서"(ב, in) 복을 받는다는 의미로 분명 아브라함을 머리로 하는 연대성을 염두에 두고 그 안에 있는 땅의 모든 백성들(peoples), 모든 나라들(nations)에게 복을 주시겠다는 것이다. 우리는 이러한 예를 아브라함이 그의 아들, 이삭을 번제로 바친 후에 하나님께서 아브라함의 순종을 인정하며 복 주시는 말씀 가운데에서도 볼 수 있다.

> "여호와의 말씀이다. 내가 내 스스로 맹세한다. 네가 이 일을 행하여 네 아들, 곧 네 외아들을 아끼지 않으니, 내가 반드시 네게 복을 주어서 네 씨가 하늘의 별과 같고 바닷가의 모래와 같이 매우 번성하게 하겠고, 네 씨가 그의 원수들의 문을 차지할 것이며 또 네 씨를 통하여 땅의 모든 민족들이 복을 얻을 것이니, 이는 네가 내 말을 순종하였기 때문이다."(창 22:16-18)

여기서도 "네 씨를 통하여 땅의 모든 민족들이 복을 얻을 것이니"라고 번역하고 있는데 원문은 "네 씨 안에서 땅의 모든 족속이 복을 받을 것이다." (והתברכו בזרעך כל גויי הארץ, and in your offspring shall all the nations of the earth be blessed. ESV) 라고 읽고 있다. 하나님께서 아브라함의 씨를 하늘의 별과 같고 바닷가의 모래와 같이 번성하게 하고, 그 씨 안에서 모든 민족들이 복을 받게 한다면 여기서 "씨"라는 말은 단수보다는 "씨들"이라는 복수로 써야 맞을 것 같다. 그러나 하나님께서는 여전히 "씨"라는 단수를 쓰고 있다. 아브라함은 하나님께서 주신 약속의 아들, 이삭을 하나님의 명령대로 번제로 바쳤다. 하나님께서 이 아브라함의 행동을 보시고 "네가 이 일을 행하여 네 아들, 곧 네 외아들을 아끼지 않으니 … 네 씨 안에서 땅의 모든 민족들이 복을 얻을 것이니, 이는 네가 내 말을 순종하였기 때문이다"(창 22:16,18)라고 칭찬하셨다.

아담의 하나님께 대한 불순종으로 땅의 모든 족속들이 저주를 받고 죽게 되었다. 그러나 아브라함은 그가 사랑하는 아들을 바치라는 하나님의 명령을 지체 없이 순종했다. 그래서 하나님께서는 아브라함 안에서, 더 나아가서 "그의 씨 안에서" 땅의 모든 백성을 복주시겠다고 말씀하신다. 이는 곧 아담을 대신할 새 아담을 염두에 두신 말씀임에 분명하다. 그렇다고 하나님께서 약속하신 아브라함의 씨가 "이삭" 자신이 아닌 것은 분명하다. 왜냐하면 하나님께서 직접 이삭에게 "땅의 모든 민족이 네 자손 안에서 복을 받을 것이다"(26:4)라고 말씀하셨기 때문이다. 물론 여기서도 "네 자손"(בזרעך, in your offspring)은 단수를 쓰고 있다. 따라서 아브라함이나 그의 아들, 이삭이 아닌 아브라함의 후손 가운데 나올 자손을 가리키는 말이다. 비록 아브라함의 아들, 이삭은 그 자신이 하나님께서 염두에 두신 "새 아담"은 아닐지라도, 그가 하나님의 초자연적인 기적을 통하여 출생하였고, 그가 아버지, 아브라함의 유일한 약속의 아들로서 하나님의 제물로 바쳤다가, 되돌려 받았다는 점에서 새 아담의 모형적인 면이 있다는 것은 사실이다. 그러나 그는 신성을 가진 사람은 아니며, 그도 역시 아담의 연대성 안에 있는 사람이어서 새 아담은 될 수 없다.

이상을 종합해보면 아담이 하나님께 불순종하여 모든 사람이 아담 안에서 저주를 받아 죄인이 되고, 그 죄 값으로 모든 사람이 아담과 함께 죽어야 한다는 언약적 연대성의 원리가 아브라함의 순종으로 아브라함과 함께 아브라함 안에서 모든 사람이 복을 받게 하시겠다는 하나님의 구원의 원리와 서로 반의적 병행을 이루고 있어서 모든 족속을 구원하시는 하나님의 구원의 원리도 아브라함과의 언약적 연대성 안에서 이루어 질 일이라는 것이다. 그렇다면 새 아담과 아브라함의 씨는 분명 모형과 실형 이상의 관계, 곧 "새 아담"은 결국 아브라함의 씨로부터 주어질 것을 예고하는 말씀이라고 할 수 있다.

하나님께서는 그의 새 아담을 이 땅에 보내는 데 있어서 아브라함과 그 후손들을 택하여 쓰시고자 하는 것을 볼 수 있다. 하나님은 아브라함을 택하실 때 아브라함의 후손 가운데 새 아담을 보내시고 그 안에서 구속 역사를 이루시려는 것이다. 하나님께서는 쪼갠 고기 사이로 지나가시고, 아브라함은 할례를 행함으로 살을 베고, 피를 흘려, 목숨을 담보하는 언약을 맺었다(창15, 17). 하나님께서는 아브라함에게 큰 땅을 주시고, 많은 자식을 주어 민족의 조상이 되며 그들이 아브라함 안에서 하나님의 복을 받게 될 것임을 맹세하였다. 특히 하나님께서는 아브라함에게 다음과 같이 맹세하신다.

"보아라, 내가 너와 언약을 맺으니, 너는 많은 민족의 조상이 될 것이고, 더 이상 네 이름을 아브람이라고 부르지 않고 아브라함이라고 부를 것이니, 내가 너를 많은 민족들의 조상이 되게 하기 때문이다. 내가 너를 심히 번성하게 할 것이니, 너를 통하여 민족들을 이루고 왕들이 너로부터 나올 것이고, 내가 내 언약을 나와 너의 후손 사이에 대대로 세워 영원한 언약이 되게 하고, 너의 네 후손의 하나님이 될 것이다. 내가 너와 네 후손에게 네가 살고 있는 땅, 곧 가나안 온 땅을 영원한 소유로 주고, 나는 그들의

하나님이 될 것이다. … 너는 내 언약을 지키고 너와 네 후손도 대대로 지켜라."(창 17:4-9)

그리고 아브라함의 아내 사래의 이름을 "사라"로 고치고 그에 대해서도 말씀하신다.

"내가 그 여자에게 복을 주어 그 여자를 통하여 네게 아들을 주고, 내가 그 여자에게 복을 주어, 그 여자가 여러 민족들을 이루며 그 여자에게서 백성들의 왕들이 나올 것이다." (창 17:16)

이 언약의 말씀은 하나님께서 아브라함을 처음 부르실 때 주신 약속의 말씀과 같은 맥락에서 하나님께서는 아브라함에게 땅과 자식과 복을 그 자손 대대로 주시며, 민족들의 왕들을 그의 부부를 통하여 주신다고 약속하신다(17:8,16). 그리고 하나님께서는 자신이 아브라함과 그의 후손의 하나님이 될 것이며, 하나님 자신은 그들의 하나님이 될 것이라고 맹세하신다(17:7-8). 여기서 하나님께서 아브라함의 후손들에게 왕을 주시며, 그로부터 세상 만민을 복 주시겠다는 약속을 아브라함의 아들, 이삭에게(26:4), 그리고 그의 손자 야곱에게(28:3,4; 35:10-15) 내리 주신다.

야곱은 그의 죽음을 앞두고 그의 아들들을 불러 모아 개별적으로 예언적 축복을 하는데, 유다에게 특별하게 의미 있는 말을 한다.

"너 유다야, 네 형제들이 너를 찬양할 것이다. 네 손이 네 원수의 목덜미를 잡을 것이며, 네 아버지의 아들들이 네게 절할 것이다. 유다는 사자의 새끼이다. 내 아들아, 네가 먹이를 주고 올라갔구나. 그가 엎드리고 웅크린 것이 수사자 같고 암사자 같으니, 누가 그를 일어나게 하겠는가? 왕의 홀이 유다에게서 떠나지 않을 것이며 실로가 올 때까지 통치자의 지팡이가 그의 발 사이에서 떠나지 않을 것이니, 그에게 백성들이 순종할 것이다." (창 49:8-10)

여기서 유다의 형제들이 유다에게 절하게 되며, 왕의 홀이 유다에게서 떠나지 않고, 통치자의 지팡이가 그의 발 사이에서 실로가 올 때까지 떠나지 않을 것이라는 말은 유다의 후손 가운데서 왕이 나올 것임을 예언하는 말이다.[31]

시편 89:26은 여호와께서 다윗과 언약을 맺으며 그의 후손에 대하여 직접 언급하신 말씀이다.

> "내가 내 종 다윗을 찾아 나의 거룩한 기름을 그에게 부었다.
> 내 손이 그를 굳게 붙잡고 내 팔이 그를 강하게 할 것이다.
> ………
> 그가 나를 일컬어
> '주께서는 내 아버지, 내 하나님,
> 내 구원의 반석이시다.' 할 것이다.
> 내가 또 그를 내 맏아들로 삼고
> 세상의 왕들 가운데 가장 높은 자가 되게 할 것이니
> 내가 그를 위하여 내 인애를 영원히 간직하고,
> 그를 위해 내 언약을 굳게 세울 것이다.
> 내가 그의 후손을 영구히 잇게 하고,
> 그의 보좌를 하늘의 날들 같게 할 것이다." (시 89:20, 26-29)

여호와와 다윗의 언약으로 알려지고 있는 이 시(삼하 23:5)에서 여호와께서는 다윗을 그의 맏아들로 삼고, 세상의 왕들 가운데 가장 높은 자로 세워, 그의 보좌를 영구히 잇게 하시겠다는 약속을 주신다.

---

31 손석태, 『창세기 강의』, 295-96 참조.

다윗 이후의 선지자들은 새 아담을 한결같이 왕으로 묘사하고 있다. 이 경우 왕은 신적인 왕 (Divine King)으로서 만유를 통치할 뿐만 아니라 재판장으로 묘사하고 있다. 이사야 9:6-7는 다음과 같이 예언되고 있다.

"한 아기가 우리를 위해 태어났고,
한 아들을 우리를 위해 주셨는데
그 어깨 위에 통치권이 있으며
그 이름은 위대한 섭리자라, 전능하신 하나님이라
영존하시는 아버지라, 평강의 왕이라 불릴 것이다.
그의 통치력은 확대되고, 평화는 끝이 없을 것이며,
다윗의 보좌에 앉아서 그 나라를 굳게 세우고
지금부터 영원까지 정의와 공의로 그것을 보존할 것이니,
만군의 여호와의 열심이 이 일을 이루실 것이다."(사 9:6-7)

여기서 말하는 한 아기는 이사야 7:14에서 언급되고 있는 처녀의 몸에서 낳을 아들, "임마누엘"을 지칭하는 것일 것이고, 그는 한편으로는 다윗의 왕위를 이어 그의 나라를 견고하게 세워 통치하는 왕이며 다른 한편으로는 위대한 섭리자,[32] 전능하신 하나님, 영존하시는 아버지, 그리고 평강의 왕이라는 것이다. 그는 그의 신적 권위와 능력으로 공의와 정의를 세우며, 이 세상을 다스리어 영원한 평화를 정착시킬 분이라는 것이다. 또한 같은 내용이지만 이사야 11장에는 이새의 줄기에서 한 싹이 나온다고 했는데, 말하자면 이새는 다윗의 아버지이므로 다윗의 후손 가운데 한 사람이 나올 것인데 그에게

---

32 히브리어 본문에는 "패래"(פלא, wonderful)와 "요에츠"(יועץ, counselor)이다. 그러나 대부분의 역본은 "위대한 상담자"(wonderful counselor)라고 번역하고 있다. 여기에서 "요에츠"라는 번역은 이 시에 적절하지 않다. 오히려 전지전능하신 하나님으로서 "위대한 섭리자"라는 표현이 문맥에 어울리는 표현이라고 할 수 있다.

"여호와의 영,

곧 지혜와 분별의 영이시고 권면과 능력의 영이시고,

지식과 여호와를 경외하는 영이 그 위에 머무를 것이니,

그가 여호와 경외함을 즐거움으로 삼고,

그의 눈에 보이는 대로만 재판하지 않을 것이며,

그의 귀로 듣는 대로만 판결하지도 않을 것이다.

그는 공의로 가난한 자를 재판하며,

세상에서 고통 받는 자를 공정하게 판결할 것이고

그 입의 막대기로 세상을 치며,

그 입술의 기운으로 악인들을 죽일 것이고,

공의가 그의 허리띠가 되며,

성실이 그의 옆구리의 띠가 될 것이다." (11:2-5)

라고 말한다. 그 때에는 모든 피조물 사이의 태생적인 약육강식의 적대감이 사라지고 물이 바다를 덮음 같이 여호와의 지식이 온 땅에 충만하게 되리라는 것이다. 여기서 다윗의 후손으로 언급되고 있는 새 아담은 신적인 존재일 뿐만 아니라 이 세상을 재판하는 재판장으로 예언되고 있다. 새 아담은 아담이 하나님의 대리 통치자로서 만물을 그의 발아래 두고 다스렸던 것과 같이 새 하늘과 새 땅에서 하나님의 새로운 대리 통치자로서 만물을 다스리며 재판하여 공의와 정의가 서는 세계를 만들 것이다. 여기서 "그의 입의 막대기"나 "그 입의 기운"에서 "기운"이라는 말은 "루아흐"(רוח)를 번역한 말인데, 일반적으로 "영"이라는 의미이겠지만 문맥을 살펴볼 때 "말씀" 혹은 그의 입에서 나오는 말씀으로 권위와 능력을 동반하는 "법령"이나 "율법"을 지칭하는 말이라고 할 것이다. 허리띠나 옆구리의 띠는 사람의 옷을 몸에 떠받치고 매다는 장신구를 말한다. 허리띠나 옆구리 띠가 튼튼해야 사람이 안정감이 있고, 품위가 있을 것이다. 공의와 성실을 허리띠와 옆구리 띠에 비유하는 것은 공의와 성실이 아담을 떠받

치는 지지대라는 것을 말하는 것이라고 할 수 있다. 새 아담은 아브라함과 다윗의 후손으로 오시되 세상의 모든 만물을 다스리고 재판하며 돌보는 왕으로 오시는 분으로 예언되고 그려지고 있다.

새 아담이 하나님을 대신한 새 하늘과 새 땅의 통치자가 되려면 그는 아담과 마찬가지로 하나님의 형상과 모양을 닮은 자가 되어야 한다. 하나님께서는 아담을 그를 대신한 모든 피조물의 통치자로 세우기 위하여 그의 형상과 모양을 따라 지으셨다(창 1:26-28). 마찬가지로 새 아담도 하나님의 형상을 가진 자라야 만유의 새로운 통치자가 되는 것이다(골 1:15). 그리하여 그는 모든 통치와 권세의 머리가 되는 것이다. 새 아담으로 오실 "임마누엘"은 아담을 대신한 하나님의 형상으로 오실 것이다. 하나님께서 세상 만물을 하나님을 대신하여 다스리는 자로 아담을 왕으로 세운 것과 마찬가지로 새 아담은 왕으로 오시는 신적 존재로 예언되고 있다.

4.4. 새 아담의 나라

새 아담은 아담과 그의 언약적 연대성 안에 있는 모든 사람을 대신하여 그의 죽음으로 죄 값을 치를 것이다. 만일 하나님께서 그의 속죄를 만족하게 받으신다면 새 아담을 다시 살리실 것이다. 아담과 그의 연대성 아래 있던 모든 피조물에게 내리셨던 죄와 죽음의 굴레를 벗기실 것이기 때문이다. 그리고 새 아담은 그가 목숨을 바쳐 생명을 건진 모든 피조물들과의 새로운 언약적 연대성을 맺고 그의 머리가 되어야 한다. 그리고 그는 새 하늘과 새 땅에서 그의 백성을 모아 새로운 나라를 세울 것이다. 새 하늘과 새 땅이다.

4.4.1. 새 하늘과 새 땅

이사야 65:17-18에는 하나님께서 이루실 새 하늘과 새 땅에 대하여 다음과 같이 소개하고 있다.

> "보아라, 내가 새 하늘과
> 새 땅을 창조할 것이니
> 이전 것들은 기억되거나
> 마음에 떠오르지 아니할 것이다.
> 너희는 내가 창조한 것으로 인해
> 영원히 기뻐하고 즐거워하여라.
> 보아라,
> 예루살렘을 기쁨으로,
> 그 백성을 즐거움으로 창조할 것이기 때문이다." (사 65:17-18)

그리고 25절에서는 전 우주적인 회복에 대한 그림을 보여준다.

> 이리와 어린 양이 함께 먹으며
> 사자가 소처럼 짚을 먹고,
> 뱀은 흙으로 음식을 삼을 것이니,
> 나의 거룩한 산에는 어디에서나
> 상함도 없고 망함도 없을 것이다." (사 65:24, cf. 11:6-9)

하나님께서는 마지막 날에 온 세상에 흩어진 자기 백성을 이새의 뿌리, 곧 다윗의 후손 앞으로 불러 모아들인다는 것이다. 이 말은 여호와께서 사방 각 곳으로부터 백성들을 불러 이새의 뿌리를 중심으로 새로운 나라를 이루시겠다는 뜻이다. 이새의 뿌리에서 나온 한 싹은 물론 새 아담을 가리키는 말이다. 그를 이새의 뿌리를 중심한 새로운 언약적 연대성을 이루는 새 아담의 이미지를 담은 깃발을 들고 있는 지도자로 묘사하고 있는 것이다. 여기서 중요한 점은 하나님께서는 세상의 사방 각 곳으로부터 그의 백성을 모으고, 세계 각 곳으로부터 그의 백성들이 몰려 올 것이며, 그때에 새 아담을 머리로 하는 새 하늘과 새 땅을 새롭게 창조하는 역사가 이루어지게 된다는 것이다.

하나님께서 이루시는 새 하늘과 새 땅에 사는 사람들은 그 마음속에 하나님의 율법이 새겨진 사람들이다. 하나님께서 이루시는 그날이 오면 하나님께서는 이스라엘 집과 유다 집과 새 언약을 세우시고, 여호와 하나님께서 마지막 날에 창조하실 새 하늘과 새 땅에 사는 모든 생물들은 약육강식의 적대감을 버리고 모두가, 심지어 이리와 양과 사자와 뱀이 서로 잡아먹지 않고 함께 어울려 사는 세상이 될 것이다. 평화의 세상을 이루는 것이다. 그날에 이새의 뿌리에서 한 싹이 나서 만민들의 깃발로 설 것이라고 했다. 그때에 열방이 그를 찾을 것이며, 그의 거하는 안식처가 영화롭게 빛나리라는 것이다(사 11:10).

> "그 날에 이새의 뿌리에서 한 싹이 나서 만민들의 깃발로 설 것이고, 열방들이 그를 찾을 것이며, 그의 안식처가 영화로울 것이다. 그 날에 주께서 그분의 손을 두 번째로 펴서서 그 남은 백성, 곧 아시리아와 이집트와 바드로스와 에티오피아와 엘람과 시날과 하맛과 바다의 모든 섬들에서 남은 자를 회복하실 것이다. 주께서 열방을 향하여 깃발을 높이시고 이스라엘의 쫓겨난 사람들을 모으실 것이며 유다의 흩어진 백성을 땅의 사방에서부터 모으실 것이다. … 주님의 백성 중에서 살아남은 자를 위해 아시리아로부터 큰 길이 생기게 하시니 이스라엘이 이집트 땅에서 올라오던 날과 같을 것이다."(사 11:10-12, 16)

여기에서 깃발이라는 것은 마치 전장에서 앞장 선 기수가 자기 부대의 깃발을 들고 앞서 가면 부대원들이 그 깃발을 보고 뒤따라 진군을 하듯이, 이새의 뿌리에서 나온 한 싹이 깃발로 높이 세워지고, 세상 만민이 그 앞으로 몰려갈 때, 그가 거하는 안식처의 영광스러운 모습을 보고 감탄하고 있는 것이다. 여호와의 깃발은 계속해서 올라가는 데 11절에는 남는 백성들, 곧 아시리아, 이집트, 바드로스[33], 에티오피아, 엘림, 시날, 하맛, 그리고 바다의 섬에서 남은 자들을 위하여 (11), 그리고 다음은 열방을 향하여 깃발을 드시는데, 이것은 이스라엘의 쫓겨간 사람들과 유다의 흩어진 백성들을 사방 땅에서 모으는 신호가 될 것이다(12).

하나님께서는 이 날에 이스라엘 백성들과 언약을 맺겠다고 약속하셨다. 그런데 그 언약은 시내 산 언약과는 다르다는 것이다.

> "보아라, 그 날이 오면 내가 이스라엘 집과 유다 집과 새 언약을 맺을 것이니, 내가 그들의 조상들의 손을 굳게 잡고 이집트 땅에서 그들을 이끌어 내던 때에 그들과 맺은 언약과는 같지 않을 것이다. 그때에 내가 그들의 남편이었으나 그들은 내 언약을 깨뜨려 버렸다. 그러나 훗날 내가 이스라엘 집과 맺을 언약은 이러하니 내가 내 율법을 그들 속에 두며 그것을 그 마음에 기록하여, 나는 그들의 하나님이 되고 그들은 내 백성이 될 것이다. 여호와 말이다. 그들이 다시는 자기 이웃이나 형제에게 말하기를 '너는 여호와를 알아라.' 하지 않을 것이니, 이는 작은 자로부터 큰 자까지 모두가 나를 알 것이기 때문이다. 내가 그들의 악함을 용서하여 다시는 그들의 죄를 기억하지 않을 것이다. 여호와의 말이다." (렘 31:34)

예레미야에게 주신 이 "새 언약"에 대한 말씀의 핵심은 관계 문제이다. 관계에 대한 회복을 말한다. 여호와 하나님께서는 옛 언약인 시내 산 언약을 그와 그의 백성 이스라엘 사이의 결혼 관계로 비유하여 말씀하신다. 여호와

---

33 "바드로스"(פתרוס, Pathros)는 상부 이집트를 일컫는 말이다.

께서는 이집트의 장자들을 치시고, 이스라엘을 해방시켜, 이집트로부터 시내 산으로 데려와 그들과 언약을 맺을 때에 여호와 하나님은 신랑이었고, 이스라엘은 그의 아내였다는 것이다. 따라서 시내 산에서 여호와와 이스라엘이 맺은 언약식은 여호와와 이스라엘의 혼인예식이었다는 것이다. 그러나 이스라엘은 아내의 도리를 저버리고 이방신을 섬김으로 결혼관계, 곧 그 언약관계가 깨져버렸다. 그래서 여호와와 이스라엘은 이혼한 상태이다. 그러나 여기에서 하나님께서는 예레미야 선지자의 입을 통하여 이들과 새로운 언약을 맺어 "나는 그들의 하나님이 되고, 그들은 내 백성이 될 것이다."라고 말씀하신다. 이 언약공식 (Covenant Formula)은 고대 근동세계에서 널리 사용하던 결혼선언공식, "나는 너의 남편이 되고, 너는 내 아내가 될 것이다."를 차용한 것이다.[34] 따라서 하나님의 말씀은 이스라엘을 다시 그의 신부로 맞이하시겠다는 것이다. 이때 하나님께서는 그의 율법을 이스라엘 백성들의 마음에 새겨 그 이웃에게 여호와를 알라고 말할 필요가 없게 하신다는 것이다. 왜냐하면 세상 모든 사람들이 다 이미 여호와를 알기 때문이라는 것이다. 전도할 필요가 없는 세상, 곧 물이 바다를 덮음같이 여호와를 아는 지식이 온 땅에 충만한 새로운 세상이 되는 것이다. 이때 하나님께서는 그 백성들의 모든 죄를 용서하시고, 기억도 하시지 않겠다는 것이다.

새 하늘과 새 땅은 결국 말씀을 통하여 이루어지는 세상이며, 죄 사함을 통하여 하나님과 그의 백성, 그리고 그의 백성과 백성이 서로 "아는" 관계를 갖는 것이다. 서로의 적대감을 버리고 하나님과 더불어 영원한 평화를 누리는 세상을 말한다. 새 하늘과 새 땅은 세상의 만물이 다 새로워지는 세상이다.

---

34 Seock-Tae Sohn, "'I will be your God, you will be my people': The Origin and Background of the Covenant Formula" *KI BARUCH HU: Ancient Near Eastern, Biblical, and Judaic Studies In Honor of Baruch Levine*, eds. R Chazan, W. W. Hallo, L. H. Shiffman (Winona Lake: Eerdmans, 1999), 355-372. 『목회자를 위한 구약신학』, 『여호와, 이스라엘의 남편』, 참조.

에스겔서 37 장은 특별히 하나님께서 이루실 회복의 날, 세상의 모습을 보여주는 말씀이다. 선지자 에스겔이 여호와 하나님께서 명하신 대로 마른 뼈들에게 예언을 하니 생기가 그들 안에 들어가므로 그들이 자기 발로 서는 데 지극히 큰 군대였다고 했다. 이때에 여호와께서 이들에게 말씀하신다.

> "그분이 내게 말씀하셨다. '인자야 이 뼈들은 온 이스라엘 족속이다. 보아라. 우리 뼈들은 말랐고, 우리 소망도 사라졌으니, 우리가 멸망하였다'라고 말한다. 그러므로 너는 예언하여 그들에게 말하여라. 주 여호와가 이같이 말한다. 보아라. 내 백성아. 내가 너희 무덤들을 열어 너희를 무덤에서 올라오게 하여 이스라엘 땅으로 데려갈 것이다. 내 백성아, 내가 너희 무덤을 열고 너희를 무덤에서 올라오게 할 때, 내가 여호와인 것을 너희가 알 것이다. 내가 내 영을 너희 속에 두어 너희로 살아나게 하고, 내가 또 너희를 너희 땅에서 살게 할 것이니, 너희는 내가 여호와인 것을 알 것이다. 내가 말했으니 실행할 것이다. 여호와의 말이다." (겔 37:11-14)

이곳에서 언급되고 있는 마른 뼈들은 여호와 하나님의 말씀을 거역한 죄인들이 죽어 버려진 모습을 그리고 있다. 이 뼈들에게 선지자의 말씀이 임하니 하나님의 생기가 이 죽임 당한 뼈들에게 들어가 이들이 살아나고, 무덤이 열려 이들이 무덤에서 나왔다는 것이다.[35] 여호와 하나님께서는 무덤에서 올라온 이들에게 자기 땅에서 살며, 여호와 하나님과의 새로운 관계 속에서 살게 하신다는 것이다.

이때에 여로보암의 범죄로 남과 북으로 나뉘어진 이스라엘이 통일이 되며, 다윗이 이 통일된 왕국의 영원한 왕이 될 것이다. 하나님께서는 이때에 그의 백성들과 영원한 화평의 언약을 맺어 그의 성소를 영원히 그들 가운데 두시겠다는 것이다.

---

35 참고. 마태복음 27:51-53.

"내가 그들에게 평화의 언약을 맺어서 그들에게 영원한 언약이 되게 하며 그들을 세우고 번성케 하고, 내 성소를 영원히 그들 가운데 둘 것이다. 내 처소가 그들에게 있을 것이며, 내가 그들의 하나님이 되고 그들을 내 백성이 될 것이다. 내 성소가 영원히 그들 가운데 있을 것이니 내가 이스라엘을 거룩하게 하시는 여호와인 것을 열국이 알 것이다."(겔 37:26-28)

민수기 25:13에서 여호와께서는 아론의 후손들에게 영원한 제사장 직분을 주시며 이를 "평화의 언약"이라고 부르시는데, 에스겔서에서 언급되고 있는 "평화의 언약"과 혼동하기 쉽다. 따라서 본문은 "평화의 언약, 영원한 언약 (영원한 평화의 언약)이 그들과 함께 할 것이며"라고 번역해야 옳다. 그리하여 여호와 하나님의 거주하시는 거처가 여호와 하나님의 거처가 되시고, 하나님께서는 영원히 그의 백성들 가운데 거하신다는 것이다. 이것은 예수께서 부활하신 후 그의 백성들의 마음속에 성령으로 성전을 세우고, 그 가운데 하나님의 말씀을 새겨 놓아 마치 지성소의 언약궤 속에 계명을 새긴 돌판을 넣어 두셨듯이, 이제 그 말씀을 그의 백성들의 마음속에 새겨 넣으시고, 성령으로 우리 안에 거하시는 것을 염두에 둔 말씀이다 (고전 3:16).

물론 이것은 예수께서 제자들에게 반복하여 명하신 말씀, "너희는 내 안에 거하라. 나도 너희 안에 거하겠다."는 말씀대로 예수님과 제자들의 신비로운 연합과 동거를 의미하는 말씀일 뿐만 아니라 (요 15:45), 예수께서 "나와 아버지는 하나이다"(요 10:30)라고 말씀하시고 "아버지 아버지께서 내 안에, 내가 아버지 안에 있는 것처럼 모두가 하나가 되어 그들도 우리 안에 있게 하소서."(요 17:21)라고 기도하신 것처럼 모두가 하나님 안에서 서로 동거하고 하나가 되게 하는 완전한 연합을 이루는 교제를 염두에 둔 예언의 말씀이라고 할 수 있다.

결과적으로 하나님께서 원하시는 마지막의 회복이란 하나님과 예수님과 성도들이 서로 안에 거하는 완전한 연합, 완전한 상호내주

(περιχορησις, Perichoresis), 완전한 교제이다. 하나님의 구원의 역사는 이것을 향하여 진행하게 되는 것이다.

4.4.2. 새 아담의 나라 새 사람들

우리 인간들은 아담과의 연대성 안에 있어서 아담과 함께 하나님을 반역한 죄인들이었지만 하나님께서는 새 하늘과 새 땅을 만들고, 아담을 대신하여 새 아담을 세우고, 그에게 모든 새로운 피조물들의 통치권을 맡기실 것이다. 그때에 아담과의 연대성 안에 있던 자들은 새 아담과의 연대성 안에 있으므로 새 왕국의 백성이 될 것이다. 또한 하나님과 사람들 사이에는 왕과 백성이라는 법적인 관계 이상의 연합관계를 이루고, 하나님의 백성으로서의 신분의 변화 이상의 속사람의 변화가 있을 것이다.

예레미야 31:33에서 그때에 하나님께서는 그의 백성들과 새 언약을 맺으시겠다고 말씀하신다. "내가 내 율법을 그들 속에 두며 그것을 그 마음에 기록하여 나는 그들의 하나님이 되며, 그들은 내 백성이 될 것이다. 여호와의 말이다."고 말씀하신다. 첫 번째 맺은 옛 언약, 곧 시내 산에서 맺은 언약은 하나님께서 돌 판에 새기어 모세에게 주셨다. 그러나 이제 두 번째 언약, 곧 새 언약은 하나님께서 그것을 그의 백성들의 가운데 두고 그들의 마음에 새기시겠다(נתתי את־תורתי בקרבם ועל־לבם אכתבנה)는 것이다. 사람들의 심장(ועל־לבם, on their hearts)에 새겨 주시기 때문에, 그 언약은 잊을 수도 없고, 지울 수도 없는 하나님의 법이 될 것이다. 그리하여 여호와는 이스라엘의 하나님이 되고, 이스라엘은 여호와의 백성이 되는 언약, 곧 깨려야 깰 수도 없고, 깨지지도 않는 언약을 맺으시겠다는 것이다. 그리하여 "그들이 다시는 자기 이웃이나 형제에게 말하기를 '너는 여호와를 알아라' 하지 않을 것이니, 이는 작은 자로부터 큰 자에 이르기까지 모두가 하나님을 알기 때문이라는 것이다. 말하자면 그때는 전도가 필요 없는 세상이 된다는 것이다. 지금까지의 사람과는 전혀 다른 사람이 되는 것이다. 그때는 하나님께서 그의 백성의 악함을 용서하시고, 그 죄를 기억하지 않겠다는 것이다(34).

에스겔 36장에서도 여호와께서는 에스겔을 통하여 그의 백성들의 내적 거룩함과 성장에 대한 말씀을 주시고 있다. 물론 이 말씀은 1차적으로 포로로 잡혀간 그의 백성, 이스라엘의 회복에 대한 말씀이지만 궁극적으로는 아담과의 연대성 안에서 죄와 죽음의 포로가 된 자들에게 앞으로 새 아담의 백성이 되었을 때 하나님께서 그의 새 백성들을 어떻게 새롭게 하실 것인지를 알려주고 있다.

> "내가 너희들을 여러 민족들 중에서 데려오고, 너희를 모든 나라들에서 모아 너희 땅으로 데려 올 것이며, 너희 위에 정결한 물을 뿌릴 것이니, 너희가 깨끗하게 될 것이다. 내가 너희를 너희 모든 부정함과 너희 모든 우상들에게서 정결케 할 것이다. 내가 너희에게 새 마음을 주고 너희 가운데 새 영을 줄 것이니, 내가 너희 육신으로부터 돌 같은 마음을 없애고 너희에게 살 같은 마음을 줄 것이며, 내 영을 너희 가운데 주어 너희가 내 율례 안에서 행하고 내 법규를 지켜 행하게 할 것이다. 너희는 내가 너희 조상들에게 준 땅에서 살면서 내 백성이 되고, 나는 너희 하나님이 될 것이다."
> (겔 36:28)

여기에서 중요한 점은 하나님께서 아담과 연합한 자들을 이제 새 아담과 연합한 자에게로 받아들임에 있어서 먼저 그들의 부정함을 씻어 정결케 하겠다는 것이다. 하나님께서는 이스라엘이 더럽혀져 결국은 하나님의 이름이 더럽혀졌다고 말씀하신다. "너희가 더럽혔으므로, 민족들 중에서 더럽혀진 내 큰 이름을 내가 거룩하게 할 것이다."(겔 36:23). 하나님의 거룩하신 이름은 이스라엘의 범죄로 말미암아 더럽혀졌다. 따라서 하나님께서 이스라엘의 죄를 씻어 주고 깨끗케 하고, 거룩하게 함으로 하나님 자신이 거룩하게 되신다는 것이다.

하나님께서는 더럽혀진 그의 백성을 깨끗하게 하심에 있어서 먼저 이들을 물로 씻고, 다음에는 새 마음과 새 영을 주셔서 그들을 새롭게 하여, 하나님의 말씀을 거역하는 돌 같은 마음을 없애고, 살 같은 마음을 주셔서 하나님의 율례와 법도를 온전히 지키는 새로운 백성이 되게 하시겠다는 것이다. 말하자면 변화된 새 사람이 되게 하신다는 것이다. 죄인들에게 마음의 변화를 일으키고, 성령의 역사를 통한 영적인 변화를 주신다는 것이다.

하나님께서는 일찍이 노아 시대 사람들을 보시고, 그의 영이 영원히 사람과 함께 하시지 않겠다고 선언하셨다(창 6:3). 그 이유는 그들이 육체가 되었기 때문이라는 것이었다. 예수께서는 노아 시대에 육체가 된 이들을 가리켜 "먹고 마시고 장가가고 시집가는 자"들이라고 말씀하셨다. 하나님의 형상대로 창조되어 하나님께서 지으신 모든 만물을 대왕(Great King)이신 하나님을 대신하여 돌보고 가꾸며, 다스려야 할 왕(king)이 그에게 부여된 사명을 저버리고, 마치 짐승처럼 먹고 마시고 장가가고 시집가는 일에 묻혀버린 인간들을 하나님께서는 "육체"가 되었다고 규정하고, 그의 영이 이들과 영원히 함께 하지 않겠다고 선언하신 것이다.

그런데 에스겔을 통하여 주신 말씀은 하나님께서 그의 영을 이스라엘에게 주어 이들을 새롭고 거룩하게 하시겠다는 것이다. 새 언약을 통한 새 나라, 새 백성들에게 하나님께서는 그의 속사람을 새롭게 할 영을 주시겠다는 것이다. 새 하늘과 새 땅에서는 새 아담, 그리스도를 왕으로 모시고, 죄 사함을 받고, 새로운 영으로 태어난 새 사람들이 사는 세상이 될 것이다,

지금까지 우리는 하나님께서 아담과 그의 연대성 안에 있는 반역자들을 구원하기 위하여 계획을 세우시고, 그 모형(type)을 역사 가운데 제작하고, 그 과정을 이스라엘에게 계시하신 점을 추적해 보았다. 이제 하나님께서 그의 모형을 따라 실형(antitype)인 새 아담을 세우고, 그와 연대성을 가진 새 백성으로 새롭게 하시고, 새 하늘과 새 땅을 어떻게 건설하시는가를 살펴볼 것이다.

5. 새 아담, 임마누엘

우리는 지금까지 하나님께서 그가 창조하신 사람과 만물을 죄와 죽음으로부터 구출하시기 위한 구원 계획에 대하여 살펴보았다. 특히 하나님께서 창조하시고 기뻐하신 이 세상을 죄와 죽음으로 몰아넣은 아담을 대신할 새 아담에 대한 계획을 세우셨는데, 그 새 아담이 어떠한 존재이며, 어떻게 아담을 대신하여 새 아담으로서 세상을 구원할 것인가에 대해 살펴보았다. 우리가 여기에서 염두에 두어야 할 점은 옛 아담이 새 아담의 모형이라는 것이다. 따라서 우리는 옛 아담이라는 거울을 통하여 실재의 새 아담을 찾아가는 것이다. 이제는 이 하나님의 계획이 어떻게 실행되며, 우리는 하나님께서 계획하신 대로 새 아담과의 언약적 연대성 안에서 어떻게 새 사람이 되는가를 살펴보아야 할 차례이다.

5.1. 성육신하신 하나님의 아들

하나님의 구속 역사를 위한 준비가 다 이루어졌다. 앞에서 우리가 추론한 대로 아담을 대신할 새 아담은 첫째로 여자에게서 낳은 사람이어야 하고, 둘째로는 아담을 죄와 죽음에 이르게 유혹한 뱀을 그의 배후에서 조종한 마귀의 머리를 짓밟을 수 있는 지혜와 능력을 가진 영적 존재여야 한다는 것이었다. 따라서 그는 완전한 사람이어야 하는 동시에 또한 완전한 영적 존재여야 하는 것이었다. 그는 신성과 인성을 겸한 존재여야 한다고 했다. 그는 분명 하나님과 같은 신적 존재여야 하는 것이며, 다른 한편으로 그는 여자에게서 낳은 사람이어야 했다. 말하자면 그는 사람이지만 그는 보통 사람이 아니라 아담과의 연대성 안에는 들지 않으면서도 신적 성품과 능력을 가진 사람이어야 한다.

그렇다면 인성과 신성을 동시에 가진 사람은 어떤 사람이어야 하며, 그러한 존재는 어떻게 가능한가? 그는 어떤 외계인이나 아담과의 연대성 밖에 있는 전혀 새로운 생물이어도 안 된다. 그렇다면 어떻게 그러한 존재가 가능한가? 우리는 여기서 전능하신 하나님의 구속 계획을 살펴볼 필요가 있다.

하나님께서는 아브라함의 씨 안에서 땅의 모든 민족에게 복을 주시겠다고 약속하셨다. 그래서 하나님께서는 그 씨에 대하여 선지자들을 통하여 좀 더 구체적으로 그리고 점진적으로 계시하셨다. 무엇보다 그는 처녀에게서 낳아야 한다는 것이었다(사 7:14). 그리고 그는 아브라함의 씨인 다윗의 후손이 될 것이며, 다윗의 후손으로 우리 인간들과 같이 아기로 태어나서 인간들의 손에서 자라며 양육될 것이며, 그는 다윗과 같은 왕이 될 것이다(사 9:6-7).

누가복음에는 하나님의 천사가 유대의 나사렛 동네에 요셉과 정혼한 마리아에게 찾아와서 새 아담의 탄생을 예고한다. 천사 가브리엘은 마리아에게 하나님께서 그와 함께 하시며, 그에게 은혜를 베푸셨다는 것을 알려준다.

"보아라. 네가 잉태하여 아들을 낳을 터이니,
그의 이름을 예수라고 하여라.
그가 위대하게 되어 지극히 높으신 분의 아들이라고 불릴 것이다.
주 하나님께서 그에게 그의 조상 다윗의 왕위를 주실 것이다.
그가 영원히 야곱의 집을 다스릴 것이며
그의 나라가 무궁할 것이다." (눅 1:31-34)

마리아가 아들을 낳게 될 것이며, 그 아들은 지극히 높으신 분의 아들이며, 그의 조상 다윗의 왕위를 이어받는 이스라엘의 왕이 될 것이며, 그의 나라가 영원하리라는 것이다. 그의 이름을 "예수"라고 명명하신 것을 보면 이 아이는 "구원"과 관계된 인물임을 시사하고 있다. 마리아에게서 낳게 될 아들은 하나님께서 계획하신 새 아담의 요건을 만족시키는 존재라고 할 수 있다. 그러나 문제는 마리아는 처녀이다. 요셉과 정혼은 하였지만 아직 동거하는 사이는 아니다. 그래서 "나는 남자를 알지 못하는데 어떻게 이런 일이 있겠습니까?"라고 묻는다. 남자를 "안다"는 말은 히브리식 표현으로 부부간에 성적관계를 갖는다는 의미이다(창 3:1).[1] 이때 가브리엘 천사는 다음과 같이 대답한다.

"성령께서 네게 임하시고 지극히 높으신 분의 능력이 너를 덮으실 것이다. 그러므로 태어날 거룩한 아기는 하나님의 아들이라고 불릴 것이다."(눅 1:35)

남자를 알지 못하는 처녀가 아이를 잉태한다는 것은 상상할 수 없는 불가능한 일이다. 마리아가 "어떻게 이런 일이 있을 수 있겠습니까?" 하고 묻는 것은 마리아가 이성적이고 상식적인 여자라는 것을 보여주는 것이다. 처녀는 아이를 잉태할 수 없다. 그래서 처녀가 잉태한다는 것은 천지창조의 하나님만이 할 수 있는 특별한 기적일 수밖에 없다. 성령이 임하시고, 하나님의 능력이 그를 덮으실 때 가능한 일이다. 삼위일체의 성령께서 마리아에게 임하셔서 처녀의 몸에서 아이를 낳게 하신다는 것이다. 따라서 처녀 마리아가 낳은 아이는 인성과 신성을 공유한 사람이 될 수 있는 것이다. 새 아담의 자격 요건인 인성과 신성을 공유한 "여자의 후손"을 처녀의 몸에서 낳게 하신 것은 하나님의 절묘한 지혜와 능력이다.

---

1 S. Sohn, *The Divine Election of Israel* (Grand Rapids: Eerdmans, 1991), 24-26.

하나님께서는 범죄한 아담을 향하여 "여자의 후손"이 아담을 타락하게 유혹한 사단의 머리를 짓밟게 하겠다고 저주하였는데, 하나님은 바로 이 여자의 후손으로 이 세상에 오시려고 한 것이다. 앞에서 논의한 대로 아담을 죄에 빠지게 했던 사단을 대적할 여자의 후손은 본질적으로 신성과 인성을 겸한 특별한 존재여야 한다. 그는 이사야서의 말씀대로 처녀의 몸에서 한 아기로 태어나지만 영존하시는 아버지요, 전능하신 창조주요, 기이한 섭리자시요, 정사를 메신 왕으로서의 하나님이 오셔야 한다(사 9:6). 그의 신성은 인성과 결합하지만 변함이나 혼합이나 혼동이 없이 유지되어야 한다. 뿐만 아니라 그는 이새의 줄기와 뿌리에서 나와서 영이 함께 하여 공의와 정의로 심판하는 자가 될 것이다. 여기에 새 아담, 곧 그리스도의 잉태와 탄생의 신비가 있는 것이다. 새 아담, 그리스도의 잉태와 탄생은 남녀가 결혼하여 자식을 낳는 보통 생육법으로는 위의 조건을 충족시킬 수 없다. 따라서 삼위일체의 성령 하나님께서 처녀 마리아의 몸을 빌려 사람의 모습으로 이 세상으로 오시는 것이다. 이는 오직 전능하신 삼위일체의 하나님만이 가능한 일이다.

요한 1:14은 하나님의 성육신에 대한 기록이다. 하나님께서 육신을 입어 그의 아들로 이 땅에 오신 것이다.[2] 신약성경의 마태복음은 예수님의 탄생에 대해서 주님의 천사가 요셉에게 나타나 그의 약혼녀 마리아가 성령으로 잉태되어 아들을 낳을 것을 예고하고(1:20), 그의 이름을 예수라고 할 것을 명하며, 나아가서 "이 모든 일의 일어난 것은 주께서 선지자를 통하여 하신 말씀을 성취하려는 것이라는 것을 밝히고, 한 아기, 임마누엘이 바로 마리아에게서 태어난 예수이심을 밝히고 있다(마1:18-25). 뿐만 아니라 누가복음도 예수님의 성령 잉태에 대한 천사의 고지를 기록하고 있다(눅 1:35-36). 예수 그리스도가 하나님이시고, 태초에 하나님과 함께 계셨

---

2 J. M. Frame, The Person of Christ: *Systematic Theology: An Introduction to Christian Belief* (Phillipsburg: R&R, 2013), 877-98.

으며, 성육신하신 하나님이시며, 성령으로 잉태된 하나님의 아들이라는 사실은 복음서 곳곳에서 증거하고 강조하는 점이다.

예수께서는 그 자신이 위에서부터 났으며, 이 세상에 속하지 않았다는 것을 분명히 밝히신다.

> "너희는 아래서 났으나 나는 위에서 났고, 너희는 이 세상에 속하였으나 나는 이 세상에 속하지 않았다. 그러므로 너희는 너희 죄 가운데서 죽을 것이라고 내가 너희에게 말하였다. 내가 그임을 너희가 믿지 않으면 너희가 죄 가운데서 죽을 것이다."(요한 8:23-24)

이 말은 예수께서 아담의 언약적 연대성에 들지 않는 자, 곧 땅에서 난 자가 아니라 위로부터 난 자, 곧 자신이 신적 존재임을 그의 입으로 분명하게 밝히신 말씀이다. 그리고 예수께서는 겟세마네 동산에서 "아버지, 세상이 있기 전에 내가 아버지와 함께 누리던 그 영광으로 이제 나를 아버지와 함께 영광스럽게 하소서!"(요 17:5)라고 하나님께 기도하신다. 예수께서는 그 자신이 창조 전에 존재하였고, 하나님과 교제하고 계셨음을 말씀하고 계신다.

여기서 주목되는 점은 마리아의 몸을 빌려 성육신하신 분께서 하나님을 가리켜 아버지라고 부르는 점이다. 요한복음 1:1, 1:14에 비춰볼 때 말씀이신 하나님이 육신이 되셨고, 그 육신이 되신 하나님이 "하나님의 유일하신 아들"이라는 것이다. 말하자면 삼위일체의 하나님께서 성자의 몸으로 이 땅에 오신 것이다. 성자 예수께서는 창세 때부터 성부 하나님과 함께 계신 삼위일체의 하나님이셨다(pre-existence of Christ).[3] 그래서 바울은 다음과 같이 가르친다.

---

3   F. F. Bruce, *The New International Greek New Testament Com- mentary: The Epistle to the Galatians* (Grand Rapids: Eerdmans, 1982), 195-96. Cf. J. G. Machen, *The Virgin Birth of Christ* (London2 1932), 259f.

"그러나 때가 찼을 때에 하나님께서 자기 아들을 보내셔서 여자에게서 나게 하시고 율법 아래 나게 하셨으니 이는 율법 아래 있는 자들을 속량하시고, 우리로 아들의 신분을 얻게 하시려는 것이다." (갈 4:4-5)

여기에서 "율법"이란 모세 율법이라는 의미보다 "아담의 언약적 연대성"이라는 의미로 해석해야 옳다. 하나님의 아들이 여자에게서 난 목적이 다만 유대인만을 위한 것도 아니고, 죄 때문에 죽는 자가 이스라엘 사람만이 아니기 때문이다. 하나님의 아들이 육신의 몸을 입고 이 땅에 오신 목적이 무엇인가? 율법 아래 있는 자들, 곧 아담과의 언약적 연대성 안에 있는 모든 자들을 속량하고, 우리들로 아들의 신분을 얻게 함이라는 것이다. 말하자면 대속과 입양이다. 새 아담은 한편으로는 하나님, 다른 한편으로는 사람이신, 신성과 인성을 동시에 가진 존재가 되어야 하는 것이었다. 히브리서 기자는 새 아담이 참 하나님이시면서, 또한 참 사람이 되어야 하는 필연성에 대하여 다음과 같이 가르치고 있다.

"그러므로 그분은 모든 일에 형제들과 똑같이 되셔야 했으니, 이는 하나님의 일에 인애하시고 신실한 대제사장이 되어 형제의 죄를 속죄하려는 것이다. 그분께서 시험을 받아 고난을 당하셨으므로, 시험 받는 자들을 능히 도와주실 수 있다." (히 2:17-18)

새 아담은 단순히 아담의 죄를 속죄할 뿐만 아니라 시험도 함께 받아, 시험 받는 인생들의 고난도 체험하도록 하기 위하여 형제들과 같이, 말하자면 인간의 모습으로 태어나야 했다는 것이다.[4] 그리스도에게는 신성의

---

4 AD 451년 The Council of Chalcedon에서는 그리스도의 양성에 대하여 다음과 같이 정의하고 채택하였다. "In the person of Christ are united a true human nature without confusion, mixture, division, or separation. In other words, the Son of God who from all eternity possessed the divine nature, added to Himself a human nature, each nature retained its own

모든 충만이 육체로 거하신다고 했다(골 2:9). 그리고 우리들도 그리스도 안에서 충만하게 되었는데 바로 그 "그리스도는 모든 통치와 권위의 머리이시다."(in him, who is the head of all rule and authority. 골 2:10)라고 가르치고 있다. 따라서 우리의 충만함은 우리의 머리이신 그리스도 안에 있음으로 말미암는 충만이다. 여기서 바울은 예수님을 우리의 "머리이신 그리스도"라고 부르고 있다. 물론 그리스도를 머리라고 칭하는 것은 교회를 그리스도의 몸이라고 칭하기 때문일 것이다. 그러나 우리 성도들이 그리스도 안에 있음으로 충만하게 되었다고 말하고 있는 것은 우리 성도들의 그리스도와의 연대성 안에서의 관계를 염두에 둔 표현이라고 해야 더 맞을 것이다. 그리스도는 모든 통치와 권위의 우두머리, 곧 왕이시기 때문에 그의 지체된 우리는 그리스도와 함께 충만함을 누리는 것이다.

빌립보서 2:6-8은 그분께서 본래 하나님의 형상이시면서도 하나님과 동등하심을 취하려하지 않으시고 도리어 자신을 비워 종의 형상을 취하여 사람의 모양으로 나타나셨다고 가르친다. 히브리서 기자는 하나님의 아들, 예수님의 선재성과 그를 통한 계시와 창조, 그리고 그의 창조물의 상속자로서의 아들에 대해서 말하고(히 1:1-2), "그분은 하나님의 영광의 광채이고, 본체의 형상이시라."(빌 1:3)라고 선언한다. 그리고 계속하여 그리스도의 하나님의 아들 되심(히 1:5)과 그의 천사보다 우월하심(히 1:5-9)과 창조주 되심(히 1:10-12), 그리고 그의 원수들을 짓밟아 승리하시고 모든 만물의 통치자가 되실 분(히 1:13)으로 설명하고 있다.

5.2. 예수님의 순종

아담의 문제는 하나님의 말씀을 불순종한 것이었다. "선악을 알게 하는 나무"는 나무 그 자체로서는 의미가 없다. 뱀의 말대로 아담의 눈을 열

---

attributes."

어 사람들이 볼 수 없는 미세한 것도 볼 수 있는 현미경이나, 사람의 시력이 미치지 못한 먼 곳을 볼 수 있는 능력을 공급해줄 수 있는 망원경이나, 아예 사람의 눈에는 보이지 않는 어떤 영적 존재를 볼 수 있는 특별한 마력을 가진 약품이나 식품을 의미하는 것이 아니다. 하나님께서는 이 명령을 통하여 자신이 창조주이시며, 만유의 소유주이시요, 통치자이시며, 나아가서 언약의 주이심을 선포하시는 것이었다. 이 선악과에 대한 명령을 통하여 하나님과 사람과 만물 사이에 질서를 세우시려는 것이다. 앞의 창조 세계의 구조를 그린 도표에서 보았듯이 하나님께서 창조하신 세상은 엄격한 상명하복의 위계질서가 뚜렷한 조직체이며, 고대 근동 세계의 봉건체제에서 볼 수 있는 종주와 속주 사이의 계약적 연대성이 하나님의 창조 세계 안에 질서를 유지하는 원리로 작용하고 있었다. 따라서 아담의 하나님께 대한 불순종은 아담 한 사람의 불순종이 아니라 아담과의 언약적 연대성 안에 있는 모든 사람이 다 같이 연대하여 불순종하는 것이 된 것이다. 따라서 아담에게 내린 하나님의 언약적 저주는 모든 만물에게 다 같이 미치는 것이다.

불행하게도 아담은 하나님의 말씀을 불순종함으로 하나님과의 언약적 저주를 자초하였기 때문에 그는 반드시 그 죄 값으로 죽어야 했다. 그러나 하나님께서는 그가 만든 피조물을 다 진멸하기 보다는 아담과 그에게 속한 세상을 살리기 위하여 새 아담을 세우고 그로 하여금 아담의 죄 값을 대신 치르게 한 것이다. 말하자면 새 아담은 그의 대속적인 죽음을 통하여 아담과 그의 연대성 안에 있는 만물을 살리는 일을 하고자 하신 하나님의 뜻에 순종한 것이다. 따라서 새 아담 예수께서는 먼저 하늘 영광을 버리고 육신을 입고 이 죄악의 땅에 오신 것이다. 바울은 이러한 예수님의 순종에 대하여 다음과 같이 가르친다.

"그분께서는 본래 하나님의 형상이면서도 하나님과 동등이심을 취하려 하지 않으시고, 도리어 자신을 비워 종의 형상을 취하여 사람들과 같이 되셨으며 사람의 모양으로 나타나셔서 자신을 낮추시고 죽기까지 순종하셨으니 곧 십자가에서 죽으셨다." (빌 2:6-8)

하나님의 형상과 모양으로 창조된 아담은 에덴동산에 있는 모든 실과를 다 따먹어도 좋지만 단 하나, 선악을 알게 하는 나무의 실과는 따먹지 말라고 하신 하나님의 말씀을 순종하지 않았다. 하나님의 말씀을 거역한 아담이야말로 교만의 극치라고 할 수 있다. 하나님과 아담이 언약 관계라는 것을 염두에 둔다면 아담의 하나님께 대한 불순종은 단순한 불순종이 아니고 "하나님과 같이 되고자"(창 3:5)하는 야심에서 나온 고의적인 반역이었다. 대왕이신 하나님께서 그의 모든 창조 만물 위에 그의 대리 통치자, 곧 왕으로 세워주셨는데, 아담은 이 언약적 관계성을 끊고, 스스로 대왕의 자리에 앉고자 하는 대역죄를 범한 것이다.

새 아담은 이 아담의 실패와 범죄를 만회해야 하는 존재였다. 본래 하나님이시자, 하나님의 형상으로 태어난 새 아담은 자기 자신을 하나님과 동등하다고 주장하거나 스스로 하나님 노릇을 하려고 한 것이 아니라, 오히려 자기 자신을 비워 종의 형상을 입고 사람의 모양으로 나타나셔서 아담의 죄 값을 치르기 위하여 십자가에 죽으셨다는 것이다. 하나님의 아들이 하나님 나라의 영광과 그 보좌를 버리고 추악하고 죄악된 인간의 몸을 입고, 더구나 종의 모습으로 이 땅에 오신 것이 바로 하나님께 대한 순종이고 그의 겸손(humiliation)이라는 것이다.

그래서 예수님은 자신이 이 세상에 오신 목적이 섬김을 받으러 오신 것이 아니고 섬기러 왔고, 심지어 자기 목숨을 많은 이들을 위한 대속물(代贖物)로 주기 위해서 왔다고 말씀하셨다(막 10:45). 섬김을 받기 위한 왕으로 오신 것이 아니고 섬기기 위한 종으로 오셨다는 것이다. 그래서 그는 오갈 곳 없는 처지 가운데 베들레헴의 한 축사(畜舍)에서 태어나셨고, 그가 죄인으로 체포되기 전 예루살렘에 입성할 때에는 당대의 왕들처럼 말을 타지 않으시고 나귀 새끼를 타셨다. 왕 같지 않은 왕의 모습으로 오신 것이다(마 21:1-11). 사람들은 예수님을 향하여 "복되시다, 주님의 이름으로 오시는 왕이시여, 하늘에는 평화, 가장 높은 곳에는 영광"이라고 외쳤다(눅 19:38). 군중들이 예수님을 왕이라고 연호하는 이 상황에서 예수께서는 왕답게 말을 타고 수많은 경호대의 호위를 받으며 성문을 들어오셨어도 좋았을 터인데 그는 초라하고 힘없는 나귀 새끼를 타셨다. 선지자 스가랴는 나귀를 타신 이스라엘의 왕의 모습을 미리 보고, 예루살렘의 주민들을 향하여 외친다.

> "시온의 딸아, 크게 기뻐하여라.
> 예루살렘의 딸아, 크게 외쳐라.[5]
> 보아라, 네 왕이 네게로 오시니,
> 그분은 공의로우시고
> 구원을 베푸시며,
> 그분은 겸손하셔서
> 나귀를 타실 것이니,
> 나귀 새끼인 어린 나귀이다." (슥 9:9)

그들의 왕으로 오시는 이가 나귀를 타고 오셨는데, 그것도 새끼인 어린 나귀를 타고 오신 것은, 그 이유가 바로 그가 겸손하시기 때문이라는 것이다. 아담은 만물이 그의 손 안에 있는 왕이었다. 하나님께서 대왕이시니 아담은 왕일 수밖에 없다. 그러므로 이제 아담을 대신한 새 아담이 왕이 되는 것은 당연한 일이다. 따라서 그리스도는 왕으로 오신 것이다. 그러나 그는 종으로 살으셨다. 섬기는 종으로 사시다가 세상의 권세 잡은 자들에게 온갖 모욕과 핍박을 받고 결국에는 그의 백성을 살리기 위하

---

[5] 여기서 시온의 딸, 혹은 예루살렘의 딸이라는 표현은 시온과 예루살렘 성읍 자체를 비유로 쓰이는 곳이 많이 있지만 이곳에서는 예루살렘 성읍의 주민들, 나아가서는 이스라엘 백성을 가리키는 말이라고 이해해야 할 것 같다.

여 십자가에서 죽음을 당하셨다. 그것이 하나님의 그를 향한 뜻이었기 때문이다.

세상의 왕들은 자기의 왕권을 지키기 위하여 자기의 백성들을 희생시키고 죽이지만 새 아담, 그리스도는 핍박 받고 고난 당하는 백성들에게 자유를 주고, 살리기 위하여 자신이 희생하고, 자신이 죽은 것이다. 하나님의 뜻에 순종하신 것이다. 물론 이것은 쉬운 일도 아니고 선뜻 순종할 수 있는 일도 아니었다. 새 아담, 그리스도도 우리와 같은 성정을 가진 인간이시기에 십자가에 처형 당하실 것을 앞에 두고, 고민하고, 괴로워하셨으며, 베드로와 야고보 그리고 요한에게 "내 마음이 매우 괴로워 죽을 지경이다."(막 14:34) 라고 말씀하셨다. 예수께서는 할 수만 있다면 이 죽음을 피하고 싶었을 것이다. 그래서 그는 겟세마네 동산에 가서 땀방울이 핏방울이 되기까지 기도하셨다.

"아버지시여, 원하신다면 이 잔을 내게서 옮기시옵소서. 그러나 내 뜻이 아니라 아버지의 뜻이 이루어지소서."(마 26:39; 막 14:35-36; 눅 22:42).

새 아담, 예수께서는 이렇게까지 힘들고 어려웠지만 자기 뜻대로가 아닌 하나님의 뜻대로 하시라고 자신을 하나님께 맡기는 기도를 하신 것이다. 예수께서 고뇌 가운데 간절히 기도하시니 그분의 땀이 핏방울처럼 되어 땅에 떨어졌다고 했다(44). 이후 예수께서 붙잡혀 십자가에 매달려 큰소리로 "엘리, 엘리. 라마 사박다니"(אלי אלי למה שבקתני, 나의 하나님, 나의 하나님 어찌하여 나를 버리셨습니까?.46) 라고 부르짖고 마지막 숨을 쉬셨다는 것이다. 히브리서는 그의 순종에 대하여 다음과 같이 기록하고 있다.

"그분은 육체에 계실 때 자신을 죽음에서 구원하실 수 있는 분께 심한 통곡과 눈물로 기도와 소원을 올리셨고, 그 경외심 때문에 응답을 받으셨다. 그분은 아들이시나 고난으로 순종을 배워서 온전하게 되셨고 자기에게 순

종하는 모든 이에게 영원한 구원의 근원이 되셨다."(히 5: 7-9)

그리스도께서 죽음을 앞두고 심한 통곡과 눈물로 기도하셨다는 것이다. 또한 그는 하나님의 아들이시지만 고난으로 순종을 배웠다고 했다. 결국 그리스도께서는 이 감내하기 힘든 순종을 통하여 영원한 속죄를 이루신 것이다. 바울은 아담의 불순종과 그리스도의 순종을 대비하며 그리스도의 순종으로 많은 사람이 생명을 얻게 되고 의인이 되게 했다고 가르친다.

"그러므로 한 범죄로 모든 사람이 정죄에 이른 것 같이, 한 의로운 행동으로 말미암아 모든 사람이 의롭다 하심을 받아 생명에 이르렀다. 한 사람의 불순종으로 말미암아 많은 사람이 죄인이 된 것같이, 한 사람의 순종으로 말미암아 많은 사람이 의인이 될 것이다."(롬 5:18-19).

웨스트민스터 신앙고백 8.5에서는 예수님의 이 순종에 대하여 "주 예수는 완전하게 순종하시고 영원하신 성령을 통하여 하나님께 자신을 제물로 드림으로 그의 아버지의 공의를 충분하게 만족시키셨다."라고 가르치고 있다. 예수께서는 죽기까지 순종하심으로 죄를 벌하시는 아버지 하나님의 공의를 충족시키고, 율법의 요구를 만족시키신 것이다. 아담이 하지 못한 순종을 함으로서 아담의 불순종의 죄 값을 결국 그의 죽음으로 치르신 것이다. 이것이 바로 새 아담, 그리스도의 겸손이다. 순종이란 순종할 수 있는 것을 순종하는 것은 진정한 의미의 순종이 아니다. 순종할 수 없는 하나님의 말씀을 순종하는 것이 참 순종이다. 그리스도의 이러한 순종은 아브라함과 이삭을 통해서 볼 수 있다.

5.3. 예수님의 죽음

세례 요한은 예수님을 처음 보고 그의 제자들에게 예수님을 가리켜 "세상 죄를 지고 가는 하나님의 어린 양"(요 1:29)이라고 소개했다. 구약시대에 이스라엘 사람들이 자기들의 죄를 대속하기 위하여 어린 양을 제물로 바쳤는데, 세례 요한은 예수님을 가리켜 세상 죄를 대신 지고 하나님께 바쳐질 양과 같은 제물로 소개한 것이다. 예수님 자신도 그의 생전에 제자들에게 자신이 세상 죄를 지고 죽을 것을 가르치셨다. 특히 마가복음에서는 베드로가 예수님을 가리켜 "주는 그리스도시오, 살아계신 하나님의 아들"이라고 말했을 때, 예수께서는 그것을 인정하시고, 그때부터 그가 많은 고난을 받고, 장로들과 대제사장들과 서기관들에게 배척을 받아 죽임을 당해야 할 것과 삼일 후에 부활해야 할 것을 가르치기 시작했다고 기록하고 있다 (막 8:29-31). 이후에 예수께서는 이것을 제자들에게 계속 반복적으로 가르치신다(막 9:30-31; 10:32-34). 그리고 마가복음 10:45에는 "인자는 섬김을 받으러 온 것이 아니라 섬기러 왔고, 자기 목숨을 많은 이들을 위한 대속물로 주기 위하여 왔다."고 말씀하신다. 그의 죽음의 의미를 가르치신 것이다. 세례 요한이 말했던 것과 같이 예수께서는 자기의 목숨을 많은 사람들의 죄 값을 대신 치르기 위한 속죄물로 주시기 위하여 이 세상에 오셨다는 것을 분명하게 밝히신 것이다.

요한복음 11장의 예수께서 죽은 나사로를 살린 사건은 예수께서 자신의 죽음을 어떻게 준비하고 있는가를 보여준다. 많은 무리가 예수님을 따르자 유대의 종교 지도자들은 이것이 혹시 대대적인 반 로마 항쟁으로 비화하여 로마의 대대적인 유대 민족 말살의 빌미를 주지 않을까 두려워하여 대제사장들과 바리새인들이 이 문제를 토론하기 위하여 공회를 소집하였다. 여기서 그 해의 대제사장인 가야바가 낸 안은 한 사람 예수를 민족을 위한 속죄 양으로 삼아 민족을 구원하자는 것이었다(요 11:50). 그런데 요한은 이 제안을 다음과 같이 해석하고 있다.

"이것은 그가 스스로 말한 것이 아니라, 그가 그 해의 대제사장이므로 예수께서 그 민족을 위하여 죽으시고. 그 민족뿐만 아니라 흩어진 하나님의 자녀들을 하나로 모으기 위하여 죽을 것을 예언한 것이다." (요11:51-52)

그리하여 공회는 이 제안을 받아들이고 예수님을 죽이려고 모의하고 예수님을 잡을 체포령을 내렸다 (57). 공회는 자기들이 살기 위하여 예수님을 죽일 결의를 하였지만 실상은 예수님의 죽음이 민족을 살리기 위하여 자기 몸을 바친 희생적인 죽음임을 공회가 인정하고 선포한 것이라고 할 수 있다. 다시 말해 예수님은 도적질하고 사람을 죽인 형사범이 아니라 민족을 위하여 살신성인한 의인임을 공인한 것이다.

요한복음 12장, 예수께서 그가 살렸던 나사로의 집에 초대를 받았을 때 나사로의 누이 마리아가 값비싼 향유를 예수님의 발에 붓고, 그의 머리털로 씻기 시작했다. 이를 본 가룟 유다는 그것을 팔아 가난한 자들을 구제하는 것이 옳았을 것이라고 문제를 제기한다. 이때 예수께서는 "그 여자를 가만 두어라. 그 여자가 내 장례 날을 위하여 이것을 간직한 것이다." (요 12:8)라고 대답하신다. 예수께서는 자신의 고난과 죽음만을 말씀하신 것이 아니라 더 구체적으로 그의 장례도 언급하신 것이다.

예수께서 그의 생전에 제자들에게 그의 죽음의 의미를 가르쳐 주시지 않았다면 아마도 그의 죽음은 보통 사람들의 죽음과 다를 바 없는 것으로 간주 되었을 것이다. 그러나 그는 구약 성경에 예언된 자신의 죽음에 대하여 반복하여 예고하고 그 죽음의 의미를 가르치신다. 예수님 자신이 십자가에 매달려 고난 당하시고 죽게 될 것과 그 죽음이 도적질하고 사람을 죽인 흉악범으로서 받는 벌이 아니라 그의 백성의 죄 값을 치루기 위한 속죄적인 죽음이라는 것을 가르치신 것이다.

예수께서는 유월절이 되어 제자들을 모아 유월절 식사를 하며 자기의 죽음과 관련된 뜻깊은 의식을 치루셨다. 예수께서는 "내가 고난을 당하기 전에 이 유월절 음식을 너희와 함께 먹기를 원하고 또 원하였다."(눅 22:15)라고 말씀하신다. 여기서 헬라어 원본은 "원하고 또 원하였다"라고 했는데, 이 "에피두미아 에페두매사"(ἐπιθυμία ἐπεθύμησα)를 KJV은 "with desire I have desired"라고 번역하고 있다. 열망을 가지고 열망했다는 것이다. 대개의 영역본에서는 "I have earnestly (or eagerly) desired" (내가 간절하게 원했다) 라고 번역하고 있다. 예수께서 얼마나 고대하고 간절하게 열망했는가를 기술하는 표현들이다. 이처럼 간절하게 원하셨던 이 만찬을 통하여 예수께서는 무엇을 하셨는가?

첫째, 예수께서는 제자들에게 그의 몸을 주셨다. 그는 떡과 포도주를 주시며 "이것이 너희를 위하여 주는 내 몸이다"(눅 22:19)라고 말씀하셨다. 예수님은 그의 살과 피를 상징하는 떡과 포도주를 직접 제자들에게 나누어 주셨다. 그리고 "이것은 죄 용서를 얻도록 많은 사람을 위하여 흘리는 나의 피" 또는 "많은 사람을 위하여 흘리는 나의 피" (막 14:14; 눅 22:26)라고 말씀하신다. 이어서 "이 잔은 너희를 위하여 흘리는 내 피로 세우는 새 언약이다"(눅 22:26)라고 말씀하신다. 예수께서는 제자들뿐만 아니라 많은 사람들이 죄 용서를 얻도록 흘리는 피, 다시 말하면 세례요한이 증언한 대로 "세상 죄를 지고 가는 하나님의 어린 양"으로서 많은 백성을 살리고 민족을 살리기 위하여 피를 흘린다는 것을 말씀하신다. 예수님은 자신의 죽음이 대속적인 죽음임을 분명히 밝히신 것이다.

둘째로 예수님은 이 만찬석상에서 언약을 맺으신다.[6] "이것은 죄 용서를 얻도록 많은 사람을 위하여 흘리는 나의 피, 곧 언약의 피이다."(마태 26:28). "이것은 많은 이들을 위하여 흘리는 나의 피, 곧 언약의 피이다."(막 14:24). "이 잔은 너희를 위하여 흘리는 내 피로 세우는 새 언약이

---

6 손석태, "옛 언약과 새 언약" *JSRT* (2015) 5-23. 『개신논집』 15 참조.

다."(눅 22:20). 이처럼 이 구절은 복음서마다 강조점은 조금씩 다르지만 예수께서 주시는 이 포도주가 많은 사람의 죄를 위하여 흘리는 새 언약의 피라는 것이다. 하나님께서 아담과 맺으셨던 에덴의 언약은 이미 깨어졌다. 또한 하나님께서 이스라엘과 맺은 시내 산 언약도 깨졌다. 그리고 이제 하나님께서는 예레미야를 통하여 새 언약을 주실 것을 약속하신다.

> "여호와의 말이다. 보아라, 그날이 오면 내가 이스라엘 집과 유다 집과 새 언약을 맺을 것이니, 내가 그들의 조상들의 손을 잡고 굳게 잡고 이집트 땅에서 그들을 이끌어 내던 때에 그들과 맺은 언약과는 같지 않을 것이다. 그때에 내가 그들의 남편이었으나 그들은 내 언약을 깨뜨려 버렸다. 여호와의 말이다. 그러나 훗날 내가 이스라엘 집과 맺을 언약은 이러하니, 내가 내 율법을 그들 속에 두며 그것을 그 마음에 기록하여, 나는 그들의 하나님이 되고 그들은 내 백성이 될 것이다. 여호와의 말이다. 그들이 다시는 자기 이웃이나 형제에게 말하기를 '너는 여호와를 알아라.' 하지 않을 것이니, 이는 작은 자로부터 큰 자까지 모두가 나를 알 것이기 때문이다. 내가 그들의 악함을 용서하여 다시는 그들의 죄를 기억하지 않을 것이다. 여호와의 말이다." (렘 31:31-34)

하나님께서 주시겠다는 새 언약의 요지는 첫째 하나님께서 이스라엘의 죄를 용서하시고 다시는 기억하지 않겠다는 것이다.

둘째는 하나님은 이스라엘의 하나님이 되시고 이스라엘은 하나님의 백성이 되는 새로운 언약 관계를 맺는다는 것이다.

셋째는 이 언약을 규정한 하나님의 율법은 이제 돌 위에 기록한 것이 아니라 사람들의 마음속에 기록하여 더 이상 그 이웃 형제에게 하나님을 알라는 권면을 할 필요가 없이 모든 사람이 다 하나님을 아는 세상이 되게 하신다는 것이다. 다시 말하면 하나님께서 예레미야를 통해서 약속하신 언약은 영원하고 완전한 죄의 용서와 남녀 부부 관계 이상의 견고한 언약적 관계성, 그리고 다시는 깨트릴 수 없이 마음 판에 새긴 하나님의 법 등이다. 이 언약은 이스라엘 백성들에게 주시지만 그 내용은 결코 이스라엘만을 위한 것이 아닌 온 세상 만민을 위한 새로운 언약이라는 것을 우리는 알 수 있다. 그래서 이 성만찬은 하나님의 아들, 예수님과 하나님의 온 세상 백성들을 대표한 제자들 사이에 맺은 새 언약이다.

그러나 언약이란 말로만 약속하고 포도주 한 잔 마신다고 해서 되는 것이 아니다. 아브라함이 하나님과 맺은 언약은 짐승들을 잡고, 짐승의 몸을 반쪽으로 갈라 벌여 놓고, 언약 당사자가 그 쪼갠 몸 사이로 지나가는 것이었다(창 15장). 그리하여 만일에 언약 당사자 가운데 하나가 그 언약을 지키지 못할 경우에는 그도 이 짐승의 몸과 같이 쪼개진다는 것을 서로 인정하고, 약속하고, 맹세하며, 피차 다짐하는 것이다. 이처럼 언약이란 언약을 맺는 당사자들이 서로 자기들의 목숨을 담보하고 맹세하는 것이다.

예수께서는 그의 제자들에게 마지막 포도주 한 잔씩을 돌리시며 이것이 많은 사람의 죄 사함을 위한 대속적인 피라는 것을 분명히 밝히셨다. 그리고 예수님은 이 만찬이 끝난 후 잡혀가 재판을 받고 십자가를 지고 골고다의 언덕까지 끌려가서, 결국 십자가에 매달려 피를 흘리시고 운명하셨다. 예수께서는 제자들과 언약을 맺으시며 그의 몸을 언약의 제물로 내놓으신 것이다. 따라서 이 경우 언약이란 예수님과 그의 제자들 사이에 맺는 언약이지만 실상은 하나님과 제자들 사이에 맺는 언약이며 예수님은 이 언약을 위하여 바쳐진 희생 제물이라고 할 수 있을 것이다. 예수님은 언약의 당사자이자 언약의 희생물이 되신 것이다.

성만찬 이후 예수께서는 그의 제자, 유다가 데리고 온 군병들에게 체포되어 로마 총독 빌라도에게 끌려왔다. 빌라도는 그 앞에 끌려온 예수님을 보고 군중 앞에서 아주 의미 있는 말을 한다.

"너희는 이 사람이 이 백성을 오도한다고 하여 내게로 끌고 왔으나, 보아라, 내가 너희 앞에서 심문하였으나 나는 이 사람에게서 너희가 그에게 대해 고소한 죄목을 도무지 찾지 못하였고, 헤롯도 죄목을 찾지 못해서 그를 우리에게 돌려보냈다. 보아라, 그는 사형을 받을 만한 아무 일도 행하지 않았으니, 나는 그를 채찍질하고 풀어 주겠다."(눅 23:14-16)

빌라도 총독은 유대인들이 끌고 온 예수님을 그들 앞에서 심문을 했지만 그는 예수님에게서 그들이 고소한 죄목을 도무지 찾을 수 없었고, 헤롯도 마찬가지로 죄를 찾지 못하였으니 그를 채찍질하여 석방하겠다고 말한다. 빌라도와 헤롯, 로마와 유대의 두 지도자들이 예수께 죄가 없다는 것을 공식적으로 선언한 말이다. 그러나 유대인들이 예수님을 십자가에 못 박으라고 계속 소리쳤기 때문에 빌라도는 어쩔 수 없이 최종 사형 판결을 내리고, 그들이 원하는 대로 하도록 예수님을 그들에게 넘겨주었다. 그래서 예수님은 십자가를 지고 온갖 모욕과 조롱을 당하고, 채찍에 맞으며, 끌려가 골고다 언덕에서 처참하게 처형되었다.

선지자 이사야의 예언대로 예수님은 고난 당하고, 피 흘리시고, 돌아가신 것이다(사 52:14; 53:5-10). 사형 집행을 맡은 로마 병사들이 예수님의 죽음을 확인하기 위하여 창으로 그의 옆구리를 찌르니 곧 피와 물이 흘러 나왔다고 했다(요 19:34). 이미 시신의 부패가 진행되고 있어서 예수님의 다리는 꺾을 필요가 없었다. 요한은 이같이 군병들이 예수님의 옆구리를 찌르고, 다리를 꺾지 않은 것은 이미 성경에 예언된 말씀임을 상기시킨다(시 34:20; 슥 12:10). 예수님을 따르던 자들이 예수님의 시신을 굴속에 장사 지냈고, 로마 병사들은 시신을 손대거나 도적질하지 못하도록 무덤의 입구를 돌로 막고 인봉하였다. 예수님은 확실하게 죽으신 것이다. 만일에 예수께서 완전하게 숨을 거두고 돌아가시지 않았다면 아담의 죄 값을 온전히 치르지 못한 것이고, 그러면 우리는 죄와 죽음 가운데 여전히 머물러 있을 것이다.

히브리서의 말씀은 "율법에 따르면 거의 모든 것이 피로서 깨끗하게 되니 피 흘림이 없으면 죄 용서도 없다."(히 9:22)라고 선언한다. 히브리서 저자는 그리스도를 "새 언약의 중보자"(διαθήκη καινός μεσίτης)라고 말한다. 예수께서는 성만찬 석상에서 제자들에게 포도주를 마시라고 잔을 주시며 그것이 새 언약을 위한 "나의 피"라고 말씀하셨다 (마 26:26-30; 막 14:22; 눅 22:14-20). 옛날에 사람들이 언약을 맺을 때를 생각해보면 언약 당사자는 짐승을 잡아 그 몸을 쪼개서 갈라놓고 언약을 맺는 자들은 그 쪼갠 짐승 사이로 지나갔다. 만일에 이 쪼갠 고기 사이로 지나간 사람이 언약을 배반하거나 지키지 못하여 언약을 깨뜨렸을 때, 그도 이 짐승처럼 죽어 그 몸이 쪼개져도 좋다는 것을 맹세하는 것이었다. 이처럼 언약이란 목숨을 담보하고 어떤 일에 대하여 맹세하는 것이다. 그러므로 언약을 체결하는 데에는 목숨을 담보하는 주검이 있어야 한다. 죽음을 나타내는 짐승의 몸이나 짐승이 흘린 피가 필요했다. 하나님께서도 이스라엘 백성들과 언약을 맺는 데 있어서 죽음과 그에 동반하는 깨끗한 피가 필요했다. 앞에서도 언급했듯이 그 피는 죄인 아담과의 연대성 안에 들지 않는 거룩한 자의 피를 사용해야했다. 이 온 세상의 모든 피조물 가운데 오로지 아담의 연대성에 들지 않는, 다시 말하면 이 창조에 속하지 않는 (히 9:11), 하나님의 아들, 그리스도만이 하나님과 사람 사이의 언약 제물, 곧 언약의 중보자가 될 수 있었다(히 9:11-14). 따라서 히브리서 저자는 다음과 같이 말한다.

> "그러므로 그분은 새 언약의 중보자이시니, 이는 첫 언약 아래에서 저지른 범죄들을 대속하기 위해 죽으심으로써, 부르심을 받은 자들로 영원한 유업의 약속을 받게 하시려는 것이다. 유언이 있는 곳에는 죽음이 있어야 효력을 발생하게 되고, 유언자가 살아있는 동안에는 아무런 효력이 없기 때문이다. 그러므로 첫 언약도 피 없이 세운 것이 아니니, 그러므로 모세가 율법을 따라 모든 계명을 온 백성에게 말할 때에, 물과 붉은 양털과 우슬

초와 함께 송아지와 염소의 피를 취하여 그 책과 모든 백성에게 뿌리며 말하기를, '이것은 하나님께서 너희에게 명령하신 언약의 피이다' 하고 또한 이와 동일하게 피를 장막과 섬기는 데 필요한 모든 그릇에도 뿌렸다. 율법에 따르면 거의 모든 것이 피로 깨끗하게 되니 피 흘림이 없으면 죄 용서도 없다." (히 9:15-22)

이 말씀에 비춰보면 하나님의 아들, 그리스도의 피 흘림이 없으면 언약도 없고, 죄 용서도 없다. 따라서 매년 드리는 짐승들의 피는 온전한 속죄물이 되지 못하고, 언약적 중보의 역할도 할 수 없는 것이었다. 예수님의 죽음이 온전하고 확실한 것이 아니었다면 창세 이후 하나님의 모든 예언과 약속은 다 거짓이었고, 효력도 없는 것이 되고 말았을 것이다.

마태복음 27:50은 예수께서 십자가에 매달려 마지막으로 다시 큰 소리로 부르짖으시고 나서 영(spirit)을 내려 놓으셨다고 했다. 요한복음 10:18은 "아무도 내게서 내 목숨을 빼앗지 못하나 내가 그것을 스스로 내어 놓는다"고 말씀하셨다. 예수께서 마지막 숨을 거두심과 동시에 두 가지 기이한 현상이 일어났다.

첫째는 성소의 휘장이 갈라진 것이다. 마태복음과 마가복음은 "마침 그때에 성전의 휘장이 위에서부터 아래까지 둘로 찢어졌다."고 했다(마 27:51; 막 15:38). 성전 안은 성소와 지성소로 나뉘어져 있는데, 지성소는 하나님이 계신 곳이고, 성소는 사람들이 하나님께 예배하기 위하여 준비하고 교제하는 곳이다. 그리고 성소와 지성소 사이에는 서로 왕래가 불가능하도록 휘장으로 나누어져 있었다. 거룩하신 하나님과 죄인인 인간이 서로 함께 있을 수도 없고 왕래할 수도 없음을 상징하는 것으로 대제사장 이외는 아무도 그곳을 드나들 수 없었다. 그러나 이제 그 가림막이 터졌다. 하나님과 사람 사이의 장벽이 예수님의 죽음과 더불어 무너진 것이다. 이것은 예수님의 죽음으로 사람들의 죄 값이 치러진 것을 나타내고 증명하는 것이었다.

둘째는 성전의 휘장이 위로부터 아래로 갈라짐과 동시에 "땅이 흔들리고, 바위들이 갈라졌으며, 무덤들이 열렸다. 그리고 잠자던 많은 성도들의 몸이 일어나 예수님의 부활 후에 무덤에서 나와서 거룩한 성읍에 들어가 많은 이들에게 나타났다."(마 27:52-53). 예수님의 죽음과 동시에 무덤에서 죽은 자들이 살아난 것이다.

예수님의 호흡이 끊기는 순간, 아담과 그의 연대성 안에 있는 자들의 호흡이 돌아와 생명이 살아나야 하는 것은 당연한 일이다. 채무자가 채권자에게 빚을 갚았는데도 미적거리고 담보물을 즉시 내주지 않는 것은 도리가 아니다. 채무자가 채무를 갚는 것과 동시에 채권자는 채무자에게 그가 담보했던 물건을 돌려줘야 도리이다. 죄의 삯이 예수님의 죽음으로 치러졌다면 당연히 예수님의 죽음과 동시에 증인들 앞에서 죽은 자들이 살아나 생명이 돌아와야 한다. 땅이 흔들리고 바위들이 갈라지며 무덤들이 열린 것은 죽은 자들이 살아나는 이 역사적인 사건의 증인들을 부르는 신호라고 할 수 있을 것이다. 따라서 이 사건은 하나님께서 에스겔서 37:1-10의 환상 가운데 보여주신 그의 백성의 회복에 대한 예언이 실제로 성취되는 서막을 알리는 장면이라고 할 수 있을 것이다."[7] 또한 바울은 "죽은 자들이 살아나지 못하면 하나님께서 그리스도를 살리지 않으셨을 것이다. 죽은 자들이 살아나지 못하면 그리스도께서도 살리심을 받지 못하였을 것이다."(고전 15:15-16)라고 말하며, 죽은 자들의 부활이 없다고 주장하는 자들에게 죽은 자들이 살아나는 일이 있기 때문에 그리스도도 살아나셨다고 말한다. 예수께서 부활하시기 전에 무덤에서 사람들이 일어나는 사건은 이미 죽어 묻힌 자들의 부활이 있음을 알리고 보여주는 데 그 의미가

---

[7] 강대훈, 『마태복음 주석 (하)』 (서울: 부흥과 개혁사, 2019), 629.

있다고 할 것이다. 뿐만 아니라 예수님의 죽음과 죽은 자들의 부활이 동시에 일어났다는 사실은 예수님의 죽음과 죽은 자들의 부활이 서로 연관성이 있음을 보여주는 사건이라고 할 수 있을 것이다.

예수께서 숨을 거두시고, 즉각적으로 다시 살아나셨다면, 말하자면 장사 지낸 후 삼일 동안 무덤 속에 묻혀 있지 않으셨다면, 사람들은 예수님의 죽음 자체를 받아들이기 어려웠을 것이고, 더더구나 부활은 믿기 어려웠을 것이다. 예수님의 죽음과 부활 전에 땅이 흔들리고, 바위들이 갈라졌으며, 무덤들이 열리는 가운데 무덤에 묻혔던 자들의 몸이 살아 일어난 일은 예수님의 죽음과 부활을 더욱 확실하게 증언하는 사건이라고 할 수 있다. 예수님의 죽음과 더불어 잠자던 성도들이 일어난 것은 죽은 자가 다시 살아날 수 없다는 고정관념에 사로잡힌 자들에게 죽은 자의 부활이 있음을 확실하게 증명해주는 것이다. 예수께서 부활하시기 전에 먼저 무덤에 장사 지내고 삼일 후에 일어나셨다는 사실이 예수님의 죽음과 부활을 상식적인 논리로 더욱 확증해주기 때문이다(고전 15: 12-15).

예수께서는 아담의 죄 값을 대신 치르기 위하여 자기 몸을 속죄물로 내놓았고, 하나님께서는 그의 목숨을 받으셨다. 아담의 불순종과 범죄로 말미암아 아담과 언약적 연대성 안에 있던 모든 피조물들이 죽음을 선고받고 죽게 되었는데, 이제 예수께서 아담을 대신하여 죄 값을 치렀기 때문에 사람들은 더 이상 죄와 죽음의 사슬에 매여 있을 수 없는 것이다. 무덤 안에 있던 자들의 몸이 살아난 것은 바로 예수님의 죽음이 그들의 죄 값을 치른 그 효력이 즉각적으로 나타난 것이라고 할 수 있다. 따라서 이 사건은 예수님의 죽음이 아담과 그의 언약적 연대성 안에 있는 모든 자들의 죄에 대한 속전으로 즉각적인 효력을 발생하고 있음을 보여주는 사건이라고 할 수 있다.

예수께서 이 땅에 오신 목적과 해야 할 일은 예수께서 직접 말씀하신 바와 같이 자기 목숨을 많은 이들을 위한 대속물로 주기 위함이었다(막 10:45). 예수께서 속전으로 그의 목숨을 내 주심으로 아담과 그의 연대성 안에 있는 모든 사람들이 죄와 죽음으로부터 해방되었다. 빚을 갚으면 채무증서는 빚을 갚음과 동시에 효력을 상실하므로 찢어버리거나 불에 태워버려야 한다. 그리고 채무자는 채권자로부터 자유롭게 되는 것이다. 마찬가지로 예수께서는 아담의 죄 값을 치르기 위하여 이 땅에 오셨고, 십자가에서 "죽음"으로 아담과 그의 연대성 안에 있는 모든 죄인들의 죄 값을 지불하셨다(롬 6:23). 그리하여 아담과 그의 연대성 안에 있는 죄인들은 예수님의 죽음과 동시에 즉각적으로 죄에서 해방되고 생명을 되찾게 되었고(롬 6:22; 고후 5:14-15), 그리스도와 함께 영원한 생명을 누리며 살게 되는 것이다.

5.4. 예수님의 부활

복음서들과 사도행전은 다 같이 예수님의 죽음 못지않게 부활의 역사성을 강조하고 현실감 있게 증거하고 있다. 왜냐하면 예수님의 부활은 예수께서 아담의 죄 값을 대신 치르셨다는 것을 증명하는 사건이기 때문이다. 예수께서 확실하게 죽지 않으셨다면 대속이 온전히 이루어지지 않은 것이고, 설령 예수님의 죽음이 분명한 역사적인 사실이었다고 할지라도, 예수께서 부활하지 못했다면 그는 여전히 죄와 죽음의 권세 아래 있어서 죄와 죽음으로부터 해방되지 못한 것이고. 예수님의 대속적인 죽음이란 한낱 허망한 말장난이고, 그의 죽음은 헛된 죽음으로 끝나고, 이 세상에 죽은 자의 부활이란 있을 수 없다는 것을 오히려 증명하는 것이 되고 말았을 것이다. 부활이 없으니 앞으로 성경에서 말하는 심판도 없게 될 것이므로 도덕이나 윤리도 존재해야 할 당위성도 사라질 것이다. 결국 세상의 모든 질서가 궁극적으로 무너지고 멸망하고 말 것이다. 그러나 예수님의 부활은 역사적인 사실이었다. 만일에 예수님의 부활이 없었다면 이 모든 책임이 하나님께 돌아가고, 하나님은 무능하고, 하나님은 거짓말쟁이고, 하나님은 이방신들이나 다를 바 없는 사람들이 지어낸 가상의 신에 불과하다고 여겼을 것이다. 그러나 부활은 하나님께서 계획하시고 하나님께서 이루신 역사적인 사실이다! (고전 15:12-19).

5.4.1. 예수님의 부활에 대한 증언들

바울은 "만일 죽은 자의 부활이 없으면 그리스도께서도 살리심을 받지 못하였을 것이다."(고전 15:12)라고 말한다. 그리스도의 부활은 갑자기 일어난 일이 아니다. 베드로는 오순절에 그리스도의 죽음과 부활에 대하여 "하나님의 정하신 계획과 미리 아심을 따라 … 하나님께서 사망의 고통을 풀어 그를 살리셨다"고 말한다(행 2:23-24). 이 말은 그리스도의 죽음과 부활이 하나님께서 세우신 계획이고 하나님께서 직접 집행하신 일이라는 것이다. 뿐만 아니라 하나님께서 이 계획을 미리 그의 선지자들에게 알리시고 환상 가운데 보여주시기도 했다. 다윗은 선지자로서 그 앞에 계신 주님을 환상 가운데 보고, 주께서 하신 말씀을 기억하며, 그리스도의 부활에 대하여 미리 말하기를 "그가 하데스에 버림을 당하지도 않았고, 그의 육체가 썩지도 않았다"고 말했다(행 2:25-31; 시 16:8-11 참조). 따라서 베드로는 예수님의 죽음과 부활이 우연히 이루어진 일이 아니고 하나님께서 에덴동산에서부터 계획하시고, 준비하신 끝에, 일어난 역사적인 사건이라는 것을 말하고 있는 것이다.

복음서의 저자들은 예수님의 죽음과 부활에 대하여 아주 사실적으로 기록하고 있다(마 28:1-10; 막16:1-8; 눅 24:1-12; 요 20:1-10). 뿐만 아니라 사도 바울도 예수께서 성경대로 우리 죄를 위하여 죽으시고, 무덤에 묻히셨다가 성경대로 제 삼일에 살리심을 받아 여러 제자들에게 나타나셨고, 오백여 명이 넘는 형제들에게 동시에 나타나셨는데, 그때 그의 부활의 모습을 직접 본 사람들이 바울 당대에 대다수 살아있었다고 말하고 있다(고전 15:3-6).

5.4.2. 베드로의 증언

예수께서 부활하신 후, 오순절이 되었을 때, 위에서부터 불과 같이 갈라진 혀들이 임하여 사도들을 비롯한 제자들을 새 언약의 선지자로 위임하는 인을 치셨다.[8] 그러자 그들은 각 나라의 말로 말을 하기 시작하였고, 이것을 본 사람들이 예수님의 제자들이 술에 취했다고 조롱하자 베드로가 일어나서 자기들이 술에 취한 것이 아니고, 부활하신 예수께서 하나님으로부터 성령을 받아 자기들에게 보내시고, 하나님께서 자기들을 성령으로 인을 쳐 선지자로 세우셨기 때문이라는 것을 변증하는 연설을 시작한다. 베드로는 특히 다윗의 시를 인용하여 그리스도의 부활을 증거한다.

> "그가 선지자였으므로, 하나님께서 그의 자손 중에서 한 사람을 그의 보좌에 앉히시겠다고 그에게 맹세하신 것을 알고 미리 내다보며 그리스도의 부활에 대하여 말하기를 '그가 하데스에 버림을 당하지도 않았고, 그의 육체가 썩지도 았았다'라고 하였다. 이 예수님을 하나님께서 일으키셨으니 이에 대하여 우리 모두가 증인들이다." (행 2:30-32; 시 16:8-11)

베드로는 부활하신 예수님을 직접 만난 사람이다. 그리고 그는 선지자, 다윗의 예언의 말씀이 예수님을 통하여 이루어진 것을 알고 믿고, 그를 조롱하는 자들에게 하나님께서 다윗에게 보내시겠다고 약속하신 그리스도가 바로 부활하신 예수님이심을 증거한 것이다.

그런데 여기서 중요한 점은 예수께서 생전에 제자들에게 "너희는 나를 누구라 하느냐고 물으셨을 때 베드로는 "당신은 그리스도이시며 살아계신 하나님의 아들이십니다."(마 16:16)라고 대답했었다. 이때 예수께서는 베드로에게 "바요나 시몬아, 네가 복이 있다. 이를 네게 계시하신 분

---

8   손석태, 『성령세례의 새로운 해석』(서울: CLC, 2020), 48-76.

은 사람이 아니라 하늘에 계신 내 아버지이시다."(17)라고 말씀하셨다. 베드로의 대답은 사람의 머릿속에서 나올 수 있는 말이 아니고, 하늘에 계신 하나님 아버지의 계시로 알 수 있는 대답이라는 것이다. 이제 오순절을 통하여 베드로는 성령의 임하심을 목격하고, 외국에서 온 동포들이 자기가 한 말을 통역이 없이 자기 나라로 말로 듣는 상황을 보고, "그러므로 이스라엘 온 집이 확실히 알 것은 너희가 십자가에 못 박은 이 예수님을 하나님께서는 주님과 그리스도가 되게 하신 것이다."(행 2:36)라고 선언하고 있다. 베드로는 예수님의 죽음 이전에 그가 "주와 그리스도"라는 사실을 하나님의 계시를 통하여 알았고, 예수님의 부활 이후에는 시편에 기록된 다윗의 예언과 자기가 그동안 보고 체험한 사실을 통하여 예수님의 부활의 확실성과 그의 정체를 밝히고 있는 것이다.

5.4.3. 바울의 증언

바울은 스데반을 처형하는 사건에 앞장 선 이후, "교회를 파괴하고 집집마다 들어가 남자들과 여자들을 끌어내어 감옥에 넘겼다(행 8:3). 심지어 그는 대제사장에게 가서 다마스쿠스에 있는 회당들에게 보낼 편지를 요청하여 다마스쿠스로 향했다. 그는 거기서 남녀 누구나 이 도를 따르는 자를 발견하면 결박하여 예루살렘으로 끌고 오기 위해서였다(행 9: 2). 그는 참으로 예수님의 제자들을 향한 위협과 살기가 등등한 가운데 다마스쿠스를 향하여 떠났던 것이다. 그가 다마스쿠스에 가까이 왔을 때, 갑자기 하늘로부터 빛이 그를 둘러 비추고, 그의 이름을 부르는 음성을 듣게 되었다. 그런데 그는 눈은 떴으나 아무 것도 보이지도 않았고 볼 수도 없었다. 사람들은 그를 손으로 이끌어 다마스쿠스로 갔으며, 거기에서 사울은 아나니아를 통하여 주 예수께서 그를 "이방인들과 왕들과 이스라엘 자손들 앞에서 내 이름을 전하도록 택한 나의 그릇이다"(행 9:15)라고 부르시는 음성을 들었다. 그리고 사울은 다마스쿠스를 향하여 오던 길에 나타나신 주 예수께서 아나니아를 자기에게 보내시고, 자기의 눈을 보게 하실 뿐만 아니라, 앞으로 자기를 성령으로 충만하게 해주시리라는 말씀을 들었다.

이 장면은 마치 구약 성경에서 여호와 하나님께서 이스라엘의 초대 왕, 사울을 부르시고 기름 부으실 때, 선지자 사무엘을 통하여 앞으로 하나님께서 그를 왕으로 삼으신다는 것을 확신시키기 위하여 그가 만나게 될 세 가지 징조를 말씀하시는 장면을 연상케 한다(삼상 10장). 그 첫 번째 징조는 그가 집으로 돌아가는 길에 라헬의 무덤 곁에서 아버지의 암나귀를 찾았다는 것을 알려주는 두 사람을 만나게 되리라는 것이고, 둘째 징조는 염소 새끼 세 마리를 끌고 가는 사람, 둥근 빵 세 개를 가지고 가는 사람, 그리고 포도주 한 가죽부대를 가지고 가는 사람 등 벧엘로 올라가는 세 사람을 만나게 될 것인데, 그들이 문안하고 사울에게 빵 두 개를 줄 것이라는 것과, 셋째 징조는 산당으로부터 선지자 생도들이 비파와 작은 북과 피리와 수금을 앞세워 예언하며 블레셋 사람들의 수비대가 있는 하나님의 산으로 내려오는 것을 만나게 되리라는 것이었다. 사무엘은 이어서 사울에게 다음과 같이 지시한다.

> "그때 여호와의 영이 당신에게 강하게 임하시어 당신이 그들과 함께 예언하며 변하여 딴 사람이 될 것이오. 이 표징들이 당신에게 나타나면 당신의 손이 찾아 할 수 있는 어떤 일이든지 당신을 위하여 하시오. 하나님이 당신과 함께 하시기 때문이오"(삼상 10:6-7).

이 이야기는 하나님께서 사울을 이스라엘의 왕으로 부르시고 세우신다는 것을 사울에게 확신시키기 위하여 주시는 징조를 알려주시는 말씀이다. 사울은 집으로 돌아가면서 이 세 가지 징조가 사무엘의 말대로 이루어진다면 하나님께서 사무엘을 통하여 자기를 이스라엘의 왕으로 세우셨음을 확신할 수 있을 것이었다. 그리고 이러한 하나님의 징조가 임할 때, 하나님의 영이 그에게 강하게 임하시어 사울도 예언하고 변하여 이전과는 다른 사람이 될 것과 하나님께서 그와 함께 할 것임을 약속하고 있다. 여기에서 사울이 예언한다는 것은 선지자적인 일꾼이 된다는 의미로 이해해도 될 것이다. 선지자란 하나님의 말씀을 백성들에게 대언하고, 말씀과 하나님의 뜻을 백성들에게 해석해주고, 또한 그것을 적용하여 실행하도록 백성을 가르치고 훈련하는 지도자를 말한다.

이러한 장면을 염두에 둔다면 아나니아는 여기에서 선지자 사무엘과 같은 역할을 하고 있는 것이다. 아나니아는 하나님께서 환상 가운데 사울에 대하여 "이방인들과 왕들과 이스라엘 자손들 앞에서 내 이름을 6전하도록 내가 택한 나의 그릇이다"(행 9:15)라고 말씀하시는 계시의 음성을 들었다. 여기서 아나니아는 사무엘과 같은 선지자의 역할을 하고 있다. 그는 앞을 보지 못하고 먹고 마시지도 못하는 사울을 찾아가 그에게 안수하며, 그가 오던 길에서 만난 예수께서 보낸 사람이 자기라는 신분을 밝히고, 예수께서 자기를 보내신 것은 그가 다시 보고, 성령으로 충만해지도록 하시려는 것임을 말한다(행 9:18). 그러자 즉시 "그의 눈에서 비늘 같은 것이 떨어져나가 그가 시력을 회복하였고, 그가 일어나서 세례를 받고, 음식을 먹고 강건해졌다."(행 9:18-19). 사울은 눈으로 예수님을 보지는 못했으나 하늘로부터 빛이 그를 둘러 비치는 가운데 "사울아, 사울아"하고 자기를 부르시는 음성을 위로부터 들었고, 그의 정체를 묻는 사울에게 "나는 네가 박해하는 예수이다"라고 하시는 말씀을 통해 자기를 부르시는 분의 정체를 직접 알게 된 것이다. 예수께서 아나니아를 직가(곧바른 길)의 유다의 집에 거하는 그에게 보내셔서, 그의 눈을 뜨게 해주시고, 성령이 충만한 가운데 세례를 받게 한 점은 분명 구약의 선지자들에 대한 소명기사와 병행되는 점이다. 이 사건은 시작부터 끝까지 모두가 초자연적인 배경 가운데 이루어진 선지자의 소명기사라고 할 수 있다. 사울이 보고 생각해볼 때에 자기의 눈을 감겨놓고, 자기의 정체를 낱낱이 밝히며, 다시 눈을 뜨게 해주신 분은 분명 보통의 평범한 사람이 아니라 신적 존재라는 것을 감지할 수 있었을 것이다.

사울은 음식을 먹고 강건해지고, 며칠을 다마스커스에서 머물면서 회당에 들어가 예수께서 하나님의 아들이심을 선포했다(행 9:20). 그러나 다마스쿠스의 유대인들이 사울의 정체를 의심하자 "사울은 더욱 힘을 얻어 예수님이 그리스도이시라는 것을 증명하여 다마스쿠스에 사는 유대인들을 당황하게 하였다"(행 9:22)고 했다.[9] 베드로가 예수님 생전에 고백했던 똑 같은 신앙고백(마 10:16)을 한 것이다. 그리고 베드로가 오순절에 성령세례를 받은 자기들을 술에 취했다고 희롱하는 자들에게 "너희가 십자가에 못 박은 이 예수님을 하나님께서는 주와 그리스도가 되게 하셨다."(행 2:36)는 말을 한다. 말하자면 베드로와 바울은 다같이 무리들을 향하여 부활하신 예수님을 "주는 그리스도시요 살아 계신 하나님의 아들이십니다"라고 선포하고 있다(행 9:19-20). 그리고 특히 사울은 더욱 힘을 얻어 예수님이 그리스도라는 것을 증명하였다(22).

바울은 이 사건을 통하여 부활하신 예수님을 만났고, 세례를 받음으로 예수님의 이름을 열방 사람들과 이스라엘 자손들에게 전할 선지자의 직분을 위임 받았다. 따라서 다마스쿠스 사건은 바울의 예수님 부활에 대한 산 증거라고 할 수 있을 것이다. 바울의 개종과 변화, 그 자체가 그리스도의 부활에 대한 증거이다. 바울은 고전 15:3-10에서 예수 그리스도의 부활의 증인들이 바울이 살아있는 당대에도 오백여명이나 된다고 말하고 있다.

이상에서 살펴본 대로 새 아담, 그리스도의 부활은 이미 아브라함 때부터 계시되고, 믿었던 바이고, 예수님 자신이 직접 자신의 죽음과 죽음의 의미, 그리고 부활에 대하여 미리 말씀해주신 일이다. 그리고 예수께서 죽고 부활하신 후에는 사람들이 예수님의 부활하신 모습을 실제로 보고,

---

9 바울은 분명 물세례를 받았을 것이다. 물세례를 받는 동안 성령이 임하신 것이며, 이 때 물세례는 성령세례의 가시적인 상징이었을 것이며, 바울은 이를 통하여 선지자로서, 즉 사도로서의 위임을 받은 것이다.

만지고, 확인한 바이다. 또한 예수님의 제자들 가운데 대표적인 베드로와 바울의 증언은 우리들에게 특별한 의미를 주고 있다. 베드로나 바울은 서로 만난 적이 없는 사람들이지만 다같이 부활하신 예수님을 다른 방법으로 만나고 증언하고 그들의 확신을 고백한 사람들이다. 베드로는 부활하신 예수님을 직접 만난 사람이다. 그러나 바울은 다마스쿠스 도상에서 하늘로부터 임하여 그를 둘러 비치는 빛 가운데 예수님의 음성을 직접 듣고, 예수님의 부활을 확인하며, 부활하신 예수님과의 대화를 통하여 부활하신 예수님의 정체를 확인했다.

바울은 이 사건 전에는 예수께서 그리스도요 하나님의 아들이라는 지식을 들은 적이 없었을 것이고, 아마도 아나니아를 통하여 듣고 예수님의 정체에 대한 확신을 가질 수 있었을 것이다. 그래서 바울은 그의 눈에서 비늘이 떨어지자마자 죽고 부활하신 예수께서 그리스도요 하나님의 아들이라고 외치기 시작했다(행 9:19-22). 예수님의 수제자인 베드로를 아직 직접 대면해본 적이 없는 바울이 예수님을 향하여 베드로와 같은 증언하고 있는 것이다.[10]

5.4.4. 공회의 증언

사도행전의 예수님의 부활 사건과 오순절 성령세례 사건은 서로 떼려야 뗄 수 없는 사건이다. 말하자면 성령세례는 예수님의 부활을 인증하는 사건이기 때문이다. 부활하신 예수께서는 그의 승천 직전에 그의 제자들을 새 언약의 선지자로 임명하셨다(마 28:16-20).[11] 그런데 구약성경을 보

---

10 Seyoon Kim, *The Origin of Paul's Gospel* (Tuübingen: J.C.B. Mohr [Paul Siebeck], 1981), 330-335.
11 손석태, 『성령세례의 새로운 해석』 (서울:CLC, 2020), 46-66. Seock-Tae Sohn, *His Touch on the Mouths: New Perspective on the Baptism of the Holy Spirit* (Eugene, Or: Wipf & Stock, 2018), 26-27.

면 하나님께서 그의 선지자들을 세우실 때에는 임명만으로 끝나지 않는다. 하나님께서는 임명과 더불어 그를 그의 선지자로 세우셨다는 가시적인 인증을 하심으로 부르심을 받은 선지자 자신도 그가 하나님의 선지자로 부르심을 받았다는 확신을 갖게 되고, 일반 사람들도 그 선지자가 전하는 메시지나 그가 행하는 초자연적인 이적을 통하여 그가 하나님께서 보내신 선지자, 곧 하나님의 사람임을 인정하게 된다. 오순절에 일어난 사건들은 예수께서 선지자로 임명하신 제자들이 하나님의 선지자라는 것을 성령으로 인증하는 일종의 위임식이라고 할 수 있다. 여기서 우리는 예수께서 부활 이후 오순절에 그의 제자들에게 내린 성령세례 사건과 오순절 이후에 베드로와 요한이 성전 미문 곁에서 병자를 치유했던 사건을 살펴볼 필요가 있다.

첫 번째 사건은 앞에서 살펴본 대로 베드로와 예수님의 제자들이 새 술에 취한 사람들이 아니라 부활하신 예수께서 보내주신 성령으로 세례를 받은 하나님의 선지자들이라는 것을 변증하는 사건이다. 이 일로 3000여 명이 베드로의 자기 변증적 연설을 듣고 회개하고 세례를 받았다고 했다. 이들은 주로 예루살렘의 서민들과 오순절 절기를 지키기 위해서 외국으로부터 예루살렘으로 온 일종의 디아스포라(교민)들이었다. 따라서 이들은 자기들이 사용하는 언어와 자기들의 모국인 예루살렘에서 사용하는 언어를 다같이 할 줄 아는 자들로, 베드로의 연설을 듣고, 예수님의 부활 증거를 받아들인 사람이라고 할 수 있다(행 2:32-41).[12]

두 번째 사건은 베드로와 요한이 태어날 때부터 앉은뱅이인 사람을 성전 미문 앞에서 고쳐준 사건이다. 베드로와 요한이 이 사람을 고쳐준 후 많은 사람들이 몰려왔고, 사도들은 이들에게 "너희가 생명의 창시자를 죽였으나, 하나님께서 그분을 죽은 자들 가운데서 살리셨으니, 우리는 이 일의 증인이다."(행 3:15)라고 말하고 아브라함으로부터 시작하여 하나님께

---

[12] 손석태, 『성령세례의 새로운 해석』, 67-71.

서 궁극적으로 만물을 회복하시고, 복을 주실 것이며, 이 일을 위하여 "먼저 자신의 종을 일으켜 세우셨다"(행 3:26)는 것을 말했다. 그러자 제사장들과 성전 경비대원들이 다가와 사도들이 백성을 가르치는 것과 예수님의 부활을 내세워 죽은 자의 부활이 있음을 전도하는 것 때문에 그들이 격분하여(행 4:2), 사도들을 붙잡아 감옥에 가두었다. 이튿날 이들을 재판하기 위한 공회가 열렸는데 "그들의 지도자들과 장로들과 서기관들이 예루살렘에 모이고, 대제사장 안나스와 가야바와 요한과 알렉산더와 대제사장 가문에 속한 자들도 다 참석하였다."(5-6). 첫 번째 사건 때는 주로 외국에서 온 디아스포라 교민들과 예루살렘이나 지방의 서민들이 모였다면 이 경우는 이스라엘의 상류 사람들, 특히 종교와 정치 지도자들이 다 모인 것이다. 이들은 베드로와 요한을 공회 가운데 세우고 "너희가 무슨 능력과 누구의 이름으로 이 일을 하느냐?"고 추궁하였다. 이때 베드로는 "너희와 이스라엘 백성 모두가 알아야 한다. 너희가 십자가에 못 박았으나 하나님께서 죽은 자들 가운데서 살리신 나사렛 사람 예수 그리스도의 이름으로 이 사람이 너희 앞에 건강하게 서 있다."(10)고 말했다. 공회원들은 베드로와 요한이 본래 학문이 없는 사람들로 알았다가 너무나 당당하게 말하는 것을 보고 놀랐으며, 또한 이들이 고쳐준 앉은뱅이가 그들과 함께 있었기 때문에 그들은 아무런 반박을 할 수 없었다. 그래서 공회원들은 사도들을 잠시 밖으로 내 보내고 이들을 어떻게 처리할 것인가를 논의했다.

"'우리가 이 사람을 어떻게 해야 할까? 그들이 행한 대단한 표적이 예루살렘에 사는 모든 이들에게 잘 알려졌고 우리도 그것을 부인할 수 없기 때문이다. 그러나 그것이 백성들 가운데 더 이상 퍼지지 않도록 그들을 위협하여 더 이상 누구에게도 이 이름으로 말하지 못하게 하자' 하고, 그들을 불러 예수의 이름으로 절대로 말하지도 말고 가르치지도 말라고 명령하였다."(행 4:16-18)

예루살렘의 상류 고관 지도자들의 결론은 자기들도 눈으로 보았기 때문에 할 말이 없다는 것이다. 그래서 그들에게 예수의 이름으로 말하지 말라는 주의를 주고 석방하였다. 예루살렘 공회는 이 일로 예수님의 부활을 공식적으로 인정한 셈이 된 것이다. 이후 사도들은 더욱 힘있게 말씀을 전할 수 있었고, 복음 사역은 왕성하게 퍼져 나갔다. 오순절의 첫 번째 사건으로 예수님의 부활은 이스라엘의 서민들과 해외에서 온 동포들에게 인정되었고, 두 번째 사건으로 이스라엘의 상류 종교, 정치 지도자들에게 공식적으로 인정받게 된 것이다. 결국 모든 이스라엘 사람들은 그들의 뜻과는 달리 예수님의 부활 사실을 인정하지 않을 수 없게 되었고, 이와 더불어 사도들도 공식적으로 하나님의 선지자로 인정받게 된 셈이다.[13]

5.5. 부활하신 그리스도

아담이 에덴동산에 있을 때, 그는 왕과 제사장과 선지자의 역할을 했다. 왕으로서 대왕이신 하나님을 대신하여 하나님이 창조하신 모든 만물을 다스리는 일을 했다. 또한 제사장으로서 하나님과 만물 사이의 다리 역할을 했다. 하나님과 만물 사이의 섬김과 교제를 나누는 역할을 한 것이다. 그리고 선지자로서 하나님의 뜻을 만물에게 전하고 가르치는 일을 했다. 물론 에덴동산에서 아담의 이 세 역할이 확연하게 구분된 것은 아니었지만 이 세 가지 역할을 다 행하였다. 그러나 아담의 타락으로 인하여 이 역할을 하지 못하게 되자 하나님의 아들 예수께서 이 땅에 오셔서 세상 죄를 짊어지고 죽고 부활하심으로 온전한 왕이요, 제사장이요, 선지자로서 새 아담의 역할을 하신 것이다.

---

13 손석태, 『성령세례의 새로운 해석』, 72-76.

5.5.1. 왕이 되신 새 아담

하나님께서 아담을 지으실 때, 그가 창조하신 만물을 그를 대신하여 다스릴 대리 통치자로 세우시려는 분명한 목적이 있었다. 그래서 하나님께서는 사람을 그의 형상과 모양대로 만드셨다. 하나님께서는 사람을 창조하시고 복을 주시며, 생육하고 번성하여 땅에 충만하고, 바다의 고기와 하늘의 새와 땅 위에 움직이는 모든 생물을 정복하고 다스리라(창 1:26-28) 라고 명하신다. 여기에서 "정복하다"고 번역하는 히브리어 "카바쉬"(כבש) 라는 말은 "정복하다"(subdue)라는 의미보다는 "복종케하다"(subjugate)라는 의미가 더 적절하며, 히브리어, "라다"(רדה)는 "다스리다"(rule, govern)의 의미로 하나님께보다는 사람에게 더 많이 사용되는 어휘이다. 따라서 하나님께서 사람을 창조하시고 사람에게 주신 사명은 그가 만드신 모든 만물을 잘 돌보고, 더 나아가서 아담을 만드신 하나님께 복종하게 하고, 다스리라는 의미이다. 파괴하거나 정복하라는 의미가 아니다. 그렇다면 이 어휘들은 분명 대왕이신 하나님께서 그의 대리 통치자인 사람, 곧 그의 분봉왕에게 언약적인 체계 안에서 질서 유지를 위하여 주신 명령이라고 보아야 할 것이다.

그러나 아담이 하나님을 대신한 대리통치자로서 왕이 되고, 새 아담이 옛 아담의 실형이라면 이제 새 아담은 분명 하나님께서 세우려고 하시는 새 하늘과 새 땅의 새로운 왕이 되어야 한다. 아담의 범죄로 말미암아 아담과의 언약적 연대성 안에 있던 모든 피조물들의 죄 값으로 그의 생명을 내어준 새 아담은 이제 대왕이신 하나님의 뜻을 받들어 새로운 왕으로서 새 하늘과 새 땅, 새로운 나라를 건설하는 일을 해야 하는 것이었다. 이러한 하나님의 구속사적 계획과 섭리를 염두에 둔다면, 베드로가 예수님 생전에 예수께서 제자들에게 "너희는 나를 누구라 하느냐?"라고 물으셨을 때, "주는 그리스도시요 하나님의 아들입니다"라는 대답을 했는데, 예수께서는 그에게 "바요나 시몬아, 네가 복이 있다. 이를 네게 계시하신 분은 사람이 아니라 하늘에 계신 내 아버지이시다."(마 16:17)라고 말씀하셨다. 이때 예수께서는 비로소 제자들에게 그의 정체를 확실하게 밝힌 것이다. 특히 베드로가 예수님을 가리켜 하나님의 아들이라고 말했을 때, 예수께서는 하나님을 가리켜 "하늘에 계신 내 아버지"라고 자신의 왕 되심과 하나님의 아들이심을 확실하게 밝히신 것이다. 오순절에 모인 무리들을 향하여 베드로가 "이스라엘 온 집이 확실히 알 것은 너희가 십자가에 못 박은 이 예수님을 하나님께서는 주님과 그리스도가 되게 하신 것이다."(행 2:36)라고 당당하게 외친 것도 베드로는 이미 하나님의 구속사 가운데서 예수님이 하나님의 아들이시요, 그리스도, 곧 왕이라는 것을 알았던 것이다.

　　부활하신 예수님이 하나님의 아들이시요, 왕이라는 것은 이미 구약성경에 하나님께서 여러 선지자들을 통하여 계시하시고 약속하신 것이다. 하나님께서 아담을 그의 형상대로 창조하시고, 언약의 우두머리로 삼아 그에게 왕관을 씌워 그가 창조하신 만물을 그를 대신하여 다스릴 왕으로 삼으셨다면 (시 8:3-9), 이제 아담을 대신할 새 아담도 역시 하나님의 형상을 가진 왕이어야 한다. 그래서 스가랴 9:9-10은 왕으로서의 새 아담의 모습을 다음과 같이 예언하고 있다.

　　　"시온의 딸아, 크게 기뻐하여라
　　　예루살렘의 딸아 크게 외쳐라.
　　　보아라, 네 왕이 네게로 오시니,
　　　그분은 공의로우시고
　　　구원을 베푸시며
　　　그분은 겸손하셔서
　　　나귀를 타실 것이니,
　　　나귀 새끼인 어린 나귀이다.
　　　내가 에브라임의 병거와

> 예루살렘의 말을 끊을 것이며,
> 그가 이방 민족들에게 평화를 전하며
> 그의 통치가 바다에서 바다까지
> 유프라데스 강에서 땅 끝까지 이를 것이다." (슥 9:9-10)

여기에서 스가랴는 새 아담을 그의 백성에게 구원을 베풀기 위하여 어린 나귀 새끼를 타고 예루살렘에 오시는 공의롭고 겸손한 왕의 모습으로 그리고 있다. 그는 비록 나귀를 타셨지만 에브라임의 병거와 예루살렘의 말을 끊을 것이며, 온 세계 땅 끝까지 모든 이방 민족들에게 평화를 전하는 왕이 될 것이다. 나귀를 탔지만 남북 이스라엘의 말과 병거, 곧 전쟁 무기들을 다 진멸하고 온 세계에 평화를 가져오는 평화의 왕으로 오실 것을 말하고 있는 것이다.

물론 요한을 비롯한 복음서의 저자들은 예수께서 나귀를 타고 예루살렘에 들어가실 때, 이스라엘 사람들이 종려나무 가지를 들고 나가 외치기를, "호산나, 복되시다. 주님의 이름으로 오시는 분, 곧 이스라엘의 왕이시여, … 시온의 딸아, 두려워하지 마라. 보아라, 네 왕께서 나귀 새끼를 타고 오신다."(요한 12:13, 15)라고 그분을 환영하고 찬양하는 이 모습을 스가랴서 9장의 새 아담의 오심에 대한 예언이 성취된 것으로 간주하고 있다. 여기서 중요한 점은 이들이 예수님을 왕으로 간주하고 환영했다는 것이다.

나귀를 타고 예루살렘에 입성하시는 예수님과는 대조적으로 예수님의 제자들을 체포하여 전멸하기 위하여 당당히 말을 타고 다마스커스로 향하던 바울은 부활하신 예수님을 만나 새로운 눈을 갖게 된다. 그래서 그는 부활하신 예수님에 대하여 다음과 같이 선언한다.

> "그분은 보이지 않는 하나님의 형상이시며, 모든 피조물보다 먼저 나신 분이시다. 이는 하늘과 땅에 있는 모든 것들, 곧 보이는 것들과 보이지 않는

것들, 보좌들과 주권들과 통치들과 권세들이 그 안에서 창조되었기 때문이다. 만물이 그분으로 말미암아 그분을 위하여 창조되었다. 그분은 만물보다 먼저 계시고 만물은 그분 안에 함께 서 있다. 또 그분은 몸인 교회의 머리이시다. 그분은 근원이시며, 죽은 자들 가운데서 먼저 살아나신 분이시니, 이는 그분이 친히 만물 가운데 으뜸이 되시려는 것이다. 이것은 아버지께서 모든 충만이 아들 안에 있게 하기를 기뻐하시고 그분의 십자가의 피로 화평을 이루시어, 만물, 곧 땅에 있는 것들이나 하늘에 있는 것들이 그분으로 말미암아 자신과 화목하게 되기를 기뻐하셨기 때문이다." (골 1:15-20)

여기서 바울은 "그분은 보이지 않는 하나님의 형상이다"고 선언한다. 새 아담이 새 하늘과 새 땅에서 하나님의 새로운 대리 통치자가 되려면 그역시 하나님의 형상이 되어야 할 것이다. 바울은 "하나님의 형상"으로서 아담과 새 아담의 정체와 역할을 설명하고 있는 것이다. 말하자면 부활하신 예수님을 하나님의 형상이라고 말하는 것은 새 아담이 옛 아담처럼 하나님을 대신한 모든 만물의 통치자라는 것이다. 그래서 바울은 예수님을 만물보다 먼저 계신 분이시고, 만물 가운데 으뜸이시며, 모든 만물이 그로 말미암아, 그를 통하여, 그를 위하여 창조되고, 하나님과 화목을 이루게 하시는 분이라고 가르친다. 특히 예수님을 교회의 머리라고 말한다. 여기서 교회를 몸으로 칭하고, 예수님을 그 몸의 머리라고 말하는 것은 그의 죽음과 부활을 통하여 세워지는 새로운 나라, 곧 새 언약 백성의 우두머리, 새 하늘과 새 땅의 왕이라는 것이다. 바울은 에베소서에서도 똑같이 부활하신 그리스도께서 만물 가운데 으뜸이 되심을 말하고 있다.

"하나님께서 그리스도 안에서 그 능력을 행하시어 그분을 죽은 자들 가운데서 살리시고, 하늘에서 자신의 오른 쪽에 앉히시어, 모든 통치와 권세와 능력과 주관과 이 시대뿐 아니라 오는 시대에 일컫는 모든 이름들 위에 뛰어나게 하셨으며, 또한 만물을 그분의 발 아래 복종하게 하시고, 그 분을 만물 위에 교회의 머리로 주셨다. 교회는 그분의 몸이며, 만물 안에서 만물을 충만하게 하시는 분의 충만이다." (엡 1: 20-23)

부활하신 예수 그리스도는 하늘에서 하나님의 오른편에 앉으셔서 시대를 초월한 이름이 있는 모든 만물들의 통치자가 되시어 그의 발 아래 복종케 하셨다고 말한다. 바울은 여기에서 시편 8:6절의 말씀이 부활하신 그리스도 안에서 성취되었음을 말하고 있는데 이는 분명 창세기의 하나님의 창조 세계에 나타난 언약적 구조를 염두에 둔 해석임에 틀림없다.[14] 같은 의미로 빌립보서 2:5-11에서는 예수께서 하나님의 형상이시지만, 아담과 달리 자신을 비워 종의 형상을 입고, 자신을 낮추어 십자가에서 죽기까지 순종하셨으므로 하나님께서 그를 높여 하늘에 있는 것이나 땅에 있는 것이나 땅 아래 있는 모든 것들이 예수의 이름 아래 무릎을 꿇게 하셨다고 가르치고 있다. 또한 히브리서도 예수 그리스도에 대하여 같은 말씀을 하고 있다.

"하나님께서 우리가 말하는 장차 오는 세상을 천사들에게 복종하게 하신 것이 아니다. ... 하나님께서 만물을 그 분의 발 아래 복종하게 하셨으므로 그분께 복종하지 않을 것이 하나도 없다. 그러나 우리가 지금은 만물이 아직 그분께 복종하는 것을 보지 못하며, 오직 우리가 천사들보다 잠깐 동안 낮아지신 예수님을 보니, 그분은 죽음의 고난을 받으심으로 영광과 존귀로 관을 쓰셨는데 이를 행하심은 하나님의 은혜로 말미암아 모든 이들을 위하여 그분이 죽음을 맛보기 위해서였다. 만물이 그분을 위하고 또 만물이 그분을 통해 창조되었다. 그분께서 많은 아들들을 영광으로 인도하시

---

14 손석태, 『창세기 강의』 (서울: CLC, 2021), 31-36. Seyoon Kim, *The Origin of the Paul's Gospel*, 186.

기 위하여 그들의 구원의 창시자를 고난으로 완전하게 하시는 것은 합당한 일이다. (히 2:1-10).

예수께서는 부활하신 후 40일 동안이나 자신의 부활하신 모습을 직접 제자들에게 보여주시고, 자신의 부활을 확증시키는 여러 가지 증거들을 직접 보여주셨다. 특히 부활하시고 승천하시기 직전에 예수께서 11 제자들을 불러 모으고, 그들을 앞으로 새 하늘과 새 땅을 세우는 새 언약의 선지자로 세우시며, "예수께서 다가와 그들에게 말씀하셨다. '하늘과 땅의 권세를 나에게 주셨으니 그러므로 너희는 모든 민족에게 가서 …'"라고 말씀하신다. 이 말은 하나님께서 부활하신 예수께 하늘과 땅의 모든 권세를 주셨다는 뜻이다. 말하자면 부활하신 예수께서 하늘과 땅을 다스리는 권위와 능력을 하나님으로부터 부여받은 왕이라는 것이다. 부활하신 예수님은 세상의 모든 권세를 다스리는 새로운 왕, 아담을 대신한 새 아담이라는 것이다. 요한 계시록에서는 천사가 나팔을 부는 가운데 "세상 나라가 우리 주님과 그리스도의 나라가 되었으니, 그분께서 영원 무궁히 다스리실 것이다."(계 11:15)라고 선언한다. 부활하신 예수님은 이제 하나님께서 창조하신 하나님-아담-만물의 이 언약적 조직과 질서 가운데 옛 아담을 대신한 새 아담이 되었으며, 하나님께서는 이제 새 아담을 머리로 하는 새 하늘과 새 땅, 곧 새로운 세상을 만드시려고 하신 것이다. 그러기 위해서 하나님께서는 이제 아담의 연대성 아래 있는 죽은 자를 살리는 일을 시작하신다.

5.5.2. 대제사장이 되신 새 아담

히브리서는 부활하신 예수님에 대하여 "그리스도께서는 참된 것들의 모형인 손으로 지은 성소에 들어가지 않으시고, 이제 우리를 위해 하나님 앞에 나타나시려고 하늘 성소 그 자체에 들어가셨다."(히 9:24)고 말하고 있다. 여기에서 "참된 것들의 모형인 손으로 지은 성소"는 예루살렘에 있던 성전을 가리키는 말이고, 손으로 짓지 아니한 참된 원형(ἀντίτυπος, antitype)은 하늘 성소를 가리키는 말이다. 예루살렘에 있던 사람들이 건축한 성전은 하늘 성소에 대한 모형(τυπος, type)이라는 것이다. 예수께서는 지상의 성전에 들어가지 않으시고 하늘 성소에 들어가셨다는 것이다. 지상 성소에는 제사장이 들어갈 수 있었다. 그러나 지상 성전 안에 있는 지성소는 오로지 대제사장만이 들어갈 수 있었다. 그래서 히브리서는 계속하여 다음과 같이 말하고 있다.

> "그러나 그리스도께서는 이미 이루어진 좋은 일들의 대제사장으로 오셔서 손으로 짓지 않은, 곧 이 창조에 속하지 않은 더 크고 완전한 장막에 들어가셨다. 그분은 염소와 송아지의 피가 아니라, 자신의 피로 단번에 성소에 들어가셔서 영원한 속죄를 이루셨다." (히 9:11-12)

여호와께서 이스라엘을 그의 백성으로 삼으시고, 그들과 교제하며 함께거하시며 요구하시는 점은 거룩함이다. 레 19:2에는 "나 여호와 너희 하나님이 거룩하니 너희도 거룩하여라"고 이스라엘 자손 온 회중을 향하여 명하신다. 레 20:7에서도 "너희는 자신을 깨끗하게 하고 거룩하게 하여라. 나는 여호와 너희 하나님이다."고 말씀하신다. 여호와께서는 그의 백성이 거룩하게 살도록 성결법을 주시고, 제사장을 세워 하나님 앞에서 거룩한 제사를 드리고, 하나님과 거룩한 교제를 나누도록 가르치셨다. 그러나 제사장은 아무나 될 수 있는 것이 아니었다. 하나님께서 아론의 후손들을 선택하여 대대로 제사장 노릇을 하도록 지명하셨다(출 28:1; 민 28:1). 그리고 이들과 평화의 언약(ברית שלום, covenant of peace)을 맺어 영영토록 제사장 직분을 맡게 하셨다(민 28:1).

제사장의 임무는 기본적으로 성전에서 제사를 드리고, 성전과 성소의 기구들을 관리하는 것이었다. 또한 제사장들은 이스라엘 백성이 하나님의 백성답게 거룩한 삶을 살도록 율법을 가르치고(레 10:8-10), 우림과 둠밈으로 하나님의 뜻을 묻거나 재판하며(출 28, 39장, 신 17:8이하; 21: 5) 병자들의 병을 진단하고 고치는 일도 했다(레 13장).

그러나 대제사장은 달랐다. 대제사장의 가장 중요한 임무는 일 년에 한 번씩 속죄일에 백성을 대신하여 성소 안의 지성소에 들어가는 것이었다. 대제사장은 속죄일에 숫염소 두 마리를 준비하여 제비를 뽑아 하나는 잡아서 백성들의 대속물로 그 피를 가지고 지성소에 들어가 속죄소에 뿌렸으며, 다른 하나는 대제사장이 그 숫염소의 머리에 안수하고 백성들의 죄를 고백하여 그들의 죄를 숫염소에게 전가한 후에 광야로 내 보냈다(레 16:20-22). 이것은 이 희생염소(Scapegoat)가 백성들의 죄를 짊어지고 멀리 가버린 것을 상징한다. 이것은 숫염소가 한편으로는 죄인들을 대신한 속죄물로 바쳐진 것을 상징하고, 다른 한편으로는 하나님께서 죄인들의 죄를 멀리 옮기시고 영영히 기억하지 않으심을 의미한다고 할 수 있다(시 103:12; 사 43:25).

그런데 그리스도께서 대제사장으로 오셔서 손으로 짓지 않은, 곧 이 창조에 속하지 않은 더 크고 완전한 장막에 들어가셨다고 했다(히 9: 11). 예수께서는 그의 생전에 예루살렘의 성전에 들어가서 양과 소와 환전상들을 쫓아내시며 "이 성전을 허물어라. 그러면 이것을 삼 일 만에 세울 것이다."(요 2:19)고 말씀하신 적이 있다. 이것은 성전인 자신의 몸에 관하여 하신 말씀이라고 했다. 예수님은 자신이 사람의 손으로 짓지 아니한 더 크고 완전한 성전임을 사람들에게 선포하신 것이다(20).[15]

뿐만 아니라 히브리서는 부활하신 예수께서 우리를 위하여 그의 몸으로 세운 하늘 성전에 들어가셔서 멜기세덱의 계열을 따라 영원한 제사장이 되셨다(히 6:20)고 했다. 히브리서 7장에는 멜기세덱에 대하여 다음과 같이 설명하고 있다.

---

15 G. K. Beal and Mitchell Kim, *God Dwells Among Us: Expanding Eden to the Ends of the Earth* (Downers Grove: IVP, 2014), 79-98.

"멜기세덱은 살렘 왕이며 가장 높으신 하나님의 제사장으로 왕들을 무찌르고 돌아오는 아브라함을 만나 축복한 자이다. 아브라함이 그에게 모든 것의 십분의 일을 드렸으니, 그의 이름을 해석하면, 첫째로 의의 왕이고, 다음으로 살렘 왕, 즉 평강의 왕이다. 그는 아버지도 없고 어머니도 없고 생명의 끝도 없으며, 하나님의 아들을 닮아 항상 제사장으로 있다. 그가 얼마나 위대한지 생각해보아라. 족장인 아브라함도 그에게 노획물의 십분의 일을 바쳤다."(히 7:2-4)

예수님은 레위 계통의 사람이 아니고 유대 지파의 후손이기 때문에 제사장이 될 수 없다 (7:11). 멜기세덱은 아버지도 없고 어머니도 없고 생명의 끝도 없다. 그러나 그는 의의 왕이고 평강의 왕이라고 했다. 아브라함이 그에게 소득의 십분의 일을 드리고, 그의 축복을 받은 것을 보면 아브라함은 분명 그가 전쟁에서 이기어, 그의 조카 롯을 구하고, 전리품을 얻은 이 승리에 대하여 멜기세덱에게 감사하고, 그 영광을 보통 사람과 다른 이 신적 존재에게 돌리고 있는 것이다. 아브라함이 멜기세덱을 신적 제사장으로 대우하고 있는 것이다.

그런데 시편 2:7에서 하나님께서는 "너는 내 아들이다. 오늘날 내가 너를 낳았다."고 말씀하시고, 또한 시편 110:4에서는 "너는 영원히 멜기세덱의 계열을 따른 제사장이다."고 선언하신다. 바로 멜기세덱은 하나님의 아들이요, 제사장이라는 것이다. 하나님의 아들 예수님이 제사장이라는 것이다. 예수님은 하나님께 아담의 죄를 대속하기 위하여 바쳐진 제물일 뿐만 아니라 멜기세덱과 같은 대제사장이라는 것이다.

멜기세덱의 계열을 따른 대제사장, 예수께서는 새 언약에 따라 자신의 몸을 속죄의 제물로 드려 피를 흘리셨고, 부활하셔서 하늘에 올라가 하나님의 우편에 앉으셨다. 이 일이 바로 하늘 성전에 들어가신 대제사장의 모형이라는 것이다.

"그러나 그리스도께서는 이미 이루어진 일의 대제사장으로 오셔서 손으로 짓지 않은, 곧 이 창조에 속하지 않은, 더 크고 더 완전한 장막에 들어가셨다. 그분은 염소와 송아지의 피가 아니라 자신의 피로 단번에 성소에 들어가셔서 영원한 속죄를 이루셨다. … 그러므로 그분은 새 언약의 중보자이시니, 이는 첫 언약 아래에서 저지른 범죄들을 대속하기 위하여 죽으심으로써, 부르심을 받은 자들로 영원한 유업의 약속을 받게 하시려는 것이다."(히 9:11-15)

"그리스도께서는 참된 것들의 모형인 손으로 지은 성소에 들어가지 않으시고, 이제 우리를 위해 하나님 앞에 나타나시려고 하늘 성소 그 자체에 들어가셨다. 이는 대제사장이 해마다 다른 것의 피로 성소에 들어가는 것 같이 자신을 자주 드리지 않으시려는 것이다. 그렇지 않다면 그분이 세상의 창조 이래로 자주 고난을 받으셨어야 할 것이나, 이제 그분은 자신을 희생 제물로 드림으로써 죄를 없애시려고 세상 끝에 단번에 나타나셨다. 한번 죽는 것은 사람에게 정하신 것이고 그 뒤에는 심판이 있다. 이와 같이 그리스도께서도 많은 이들의 죄를 짊어지시려고 단번에 자신을 드리셨으며, 죄와 상관없이 자신을 고대하는 자들을 구원하시기 위하여 그들에게 두 번째 나타나실 것이다." (히 9:24-26).

부활하신 예수님은 왕으로 오셨을 뿐만 아니라, 하늘 성소의 대제사장으로 오셔서 친히 속죄물이 되시고, 영원하시고 영구적인 대제사장직을 가지고 한 번의 제사로 거룩하게 된 자들을 영원히 완전하게 하신다(히 10:14).

십자가에 매달려 죽고 부활하신 예수님이 대제사장이요, 대제사장이 속죄일에 하나님께 바쳐진 속죄제물이라는 사실은 아담과의 연대성 안에 있는 우리 죄인들의 속죄와 구원에 대한 원리를 더 분명하게 해준다. 바울은 로마서 6장에서 다음과 같이 묻는다. "그리스도 예수님과 연합하여 세례를 받은 우리는 모두 그분의 죽으심과 연합하여 세례 받은 줄을 알지 못하느냐?

> "우리는 그분의 죽으심과 연합하여 세례를 받음으로 말미암아 그분과 함께 장사되었으니, 이는 그리스도께서 아버지의 영광으로 말미암아 죽은 자들 가운데서 살리심을 받으신 것과 같이, 우리도 또한 새 생명 가운데서 살도록 하려는 것이다. 만일 우리가 그분의 죽으심과 같은 죽음으로 그분과 연합한 자가 되었으면, 또한 분명히 그분의 부활하심과 같은 부활로 그분과 연합한 자가 될 것이다. 우리가 아는 대로 우리의 옛 사람이 예수님과 함께 십자가에 못박힌 것은 죄의 몸이 멸하여 우리가 다시는 죄에게 종노릇하지 않게 하려는 것이니 죽은 자는 이미 죄에서 해방되었다. 만일 우리가 그리스도와 함께 죽었으면 또한 그분과 함께 살 줄로 믿는다,"(롬 6:4-9)

우리는 아담과의 연대성 안에서 아담과 함께 죄를 짓고, 아담과 함께 죽는 자들이었으나, 이제 예수 그리스도 앞에 나아와 회개하고 세례로 성령의 인치심을 받음으로 그리스도의 부활과 연합하여 새로운 생명을 얻은 새사람들이다. 부활하신 그리스도와의 새로운 연대성 안에 들어가 그와 함께 새 나라의 새 백성이 된 것이다. 다시는 죄가 우리를 다스릴 수 없으며, 더 이상 우리는 죄인들이 아니다. 우리의 왕이신 그리스도와 함께 왕 노릇하는 왕이다.

5.5.3. 대선지자가 된 그리스도

선지자의 히브리어는 "나비"(נביא)이다. "나비"라는 말은 사전에 여러 가지로 정의하고 있지만 성경에서 가장 적절한 의미는 "하나님의 대언자"(The Spokesman of God), 하나님의 말씀을 대신 전하는 자이다. 하나님께서는 선지자를 선택하여 그의 말씀을 선지자의 입에 넣어주어 그것을 그의 백성들에게 전하게 한다. 따라서 성경에서는 선지자를 "여호와의 입"(פי יהוה)이라고 부른다. 선지자는 하나님의 말씀, 하나님의 계획이나 하나님의 뜻을 전한다. 하나님의 백성들을 가르치고 재판하는 일도 한다. 그러나 하나님의 뜻을 입으로만 전하는 것이 아니고, 사람들의 주의와 관심을 끌만한 특별한 행동을 통하여 하나님의 뜻을 전하기도 한다. 따라서 선지자가 하는 예언은 하나님의 말씀을 대언하고, 하나님의 말씀을 해석해 주고, 하나님의 말씀을 삶 가운데 적용하고, 순종하도록 가르치고 훈련시키는 다양한 행동을 말한다. 사람들은 선지자들이 예언한다고 하기 때문에 미래에 일어날 일을 말하는 사람으로 생각하는 사람들이 많다. 그러나 하나님께서는 항상 미래 일만 말씀하시고 전하라고 하시지 않는다. 현재 일어난 일도 말씀하시고, 과거에 있었던 일도 말씀하신다. 따라서 선지자를 단순하게 예언자라고 말하는 것은 선지자의 하는 일을 너무 축소시킨 의미이고, 또한 그러한 의미는 맞지도 않다. 그러나 한국에서는 적절한 번역이 없기 때문에 지금까지의 전통을 따라 쓰고 있는 "선지자"라고 쓸 수밖에 없을 것 같다. 그러나 "예언자"라고 쓰는 것은 적절하지 않다.[16]

하나님께서는 창조 시에 아담을 그의 선지자로 세우셨다. 아담을 그의 대리 통치자로 세우고 그의 창조물을 다스리도록 임무를 맡기신 것이다. 따라서 아담은 하나님과 서로 교통하며, 하나님의 뜻을 그의 피조물에게 전하는 일을 해야 했다. 하나님께서는 아담에게 동산 나무에 열린 선악을 알게 하는 나무의 실과를 따먹지 말라고 명하시고, 그것을 따 먹을 경우 반드시 죽게 될 것이라고 명하셨다. 하나님께서는 그가 만든 세계에서 반드시 지켜야 할 창조의 질서를 계시하고 알려 주신 것이다. 선지자는 여호와의 입의 역할만 해야 하는 자이다. 하나님의 말씀을 가감하거나 자기

16　손석태, "만인선지자," 『개신논집』 (*JSRT* 2018), 1-17.

의 생각대로 해석해서는 안 되는 것이었다. 그러나 아담은 뱀이 찾아와서 "하나님께서 참으로 너희에게 동산 나무에서 나는 모든 것을 먹지 말라고 말씀하셨느냐?"라고 물었을 때, 하나님의 뜻을 정확하게 말하지 않았다. 모든 것을 먹어도 좋지만 동산 중앙에 있는 선악을 알게 하는 나무의 실과만은 따먹지 말라고 했는데, 뱀의 수사적인 말에 말려들어 "너희가 죽지 않도록 그것을 먹지도 말고 만지지도 마라."라고 명했다는 식으로 말한다. 하나님께서는 반드시 죽는다고 말씀하셨는데, 아담은 자기가 원하는 대로 말씀을 가감하고, 해석하고, 결국은 따 먹었다. 잘못된 적용을 한 것이다. 아담은 선지자로서의 역할을 부여 받았는데, 그는 그릇된 선지자의 역할을 한 것이다. 아담의 타락과 더불어 그는 말씀의 대언, 말씀의 해석, 말씀의 적용과 교육 등의 선지자로서의 사명을 바로 하지 못하게 되었다. 타락한 선지자가 된 것이다. 그와 언약적 연대성 안에 있는 모든 피조물을 죄와 죽음에 이르게 한 범죄를 저지른 것이다. 하나님의 형상으로서 대리 통치자의 일을 온전하게 할 수 없게 된 것이다. 그러므로 우리 모든 인간도 아담 안에서 선지자적 신분을 가지고 이 세상에 태어났지만 아담의 불순종으로 말미암은 타락 때문에 바른 선지자적 직분을 수행할 수 없게 된 것이다. 인간은 하나님의 말씀과 하나님의 뜻을 대언해야 할 사명과 특권을 받았지만 하나님께서는 이제 그들에게 하나님의 말씀을 맡길 수 없게 되었다. 하나님의 말씀을 왜곡시키고 불순종하는 자에게 하나님의 말씀을 맡기고 대언하게 할 수는 없는 것이었다.

하나님께서는 타락한 선지자에게 죽음의 저주와 심판을 내리셨지만 이제는 그가 창조한 사람들을 살리고, 그가 만든 세상을 복원하기 위한 계획을 세우신다. 아담을 대신하여 새 아담을 세우고, 그를 통하여 모든 사람을 다시 살리려는 것이었다. 새 아담은 여자의 후손으로 오셔서 마귀를 짓밟을 신적 권위와 능력을 가질 뿐만 아니라 여자의 후손으로 완전한 인간이면서 아담과 그의 연대성 안에 있는 모든 피조물의 죄를 대속할

만큼 정결하고 흠없는 사람이어야 했다. 그리고 새 아담은 새로운 선지자로 와야 했다. 그는 타락한 아담을 대신하여 하나님과 그의 피조물 사이에 새로운 관계를 맺고, 새 선지자로서 앞으로 타락한 아담과 그의 연대성 안에 있는 죄인들을 구원하는 일을 해야 할 특별한 사명을 가진 자로 와야 했다.

하나님께서 타락한 인간들을 구원하는 방법은 말씀을 통한 새 하늘과 새 땅을 만드는 것이었다. 마치 물이 바다를 덮음같이 여호와를 아는 지식이 충만한 세상을 만들고 그 안에서 모든 피조물이 함께 평화를 누리게 하는 것이었다(사 11:9). 이것이 하나님께서 생각하신 종말의 꿈이고 비전이었다. 이처럼 말씀이 넘치는 세상을 만들려면 하나님의 말씀을 대언할 선지자가 필요했다.

먼저 하나님께서는 아담과 노아를 선지자로 쓰셨다. 아담과 하와에게는 그들을 유혹했던 마귀를 짓밟을 여자의 후손을 약속하셨고 창 3:14-15), 노아에게는 다가올 홍수 심판을 예고하고, 구원의 방주를 만들어 생명을 구하게 하시고, 그가 노아의 아들, 셈의 후손의 장막 가운데 거하실 것을 예고하셨다(창 9:27). 그리고 하나님께서는 셈의 후손인 아브라함을 직접 최초의 공식적인 선지자로 명명하신다. 하나님께서는 아브라함의 아내를 빼앗은 아비멜렉의 꿈에 나타나셔서 "이제 그 사람의 아내를 돌려보내라. 그는 "나비"(נביא), 곧 선지자이니 그가 너를 위하여 기도하면 네가 살 것이나, 만일 네가 돌려보내지 않으면 너와 네게 속한 자들은 모두 반드시 죽을 줄 알아라."(창 20;7) 라고 경고하신 것이다.

하나님께서 아브라함을 처음 부르실 때, 하나님께서는 그를 통하여 세상 만민에게 복 주시겠다고 말씀하셨다. 그리고 창세기 18장에서는 아브라함이 여호와의 도를 그와 그의 족속들에게 가르쳐 공의와 정의를 행하도록 하게 하기 위하여 그를 부르셨다는 선택의 목적을 말씀하신다.

"아브라함은 반드시 크고 강한 민족이 되고, 땅의 모든 민족들이 그로 말미암아 복을 받을 것이다. 내가 그를 선택한 것은 그가 그의 자식과 그 가족들에게 명령하여 여호와의 도를 지켜 공의와 정의를 행하게 하고, 나 여호와가 아브라함에게 대하여 말한 것을 그에게 이루려 하는 것이다." (창 18:19)

여기서 여호와의 도를 가르치는 일은 선지자가 하는 일이다. "여호와의 도"란 여호와의 말씀이라는 뜻도 되지만 여호와께서 지향하는 삶의 목표, 여호와께서 가르치시는 삶의 방식이나 사람이 지키고 가야할 길을 의미한다. 여호와의 백성답게 살고, 행하는 도리를 가리키는 말이라고 할 수 있다. 아브라함에게 아직 체계적인 율법이 주어지지 않은 때이기 때문에 여기에서는 "여호와의 도"라는 표현을 쓴 것 같다. 여호와의 도가 지향하는 곳은 공의와 정의이다.[17] 따라서 이 땅에 공의와 정의가 이루어 질 때, 다시 말하면 사람들이 하나님과 바른 관계를 갖고, 또한 사람들과 바른 관계를 가질 때, 진정한 평화가 이루어지는 것이다. 여호와 하나님께서는 아브라함이 공의와 정의를 행하여 그 도를 후손들에게 가르쳐 전하게 함으로써 아담이 망쳐 놓은 세상에서 하나님과 사람들 사이의 바른 관계가 이루어지는 공의와 정의가 있는 평화로운 세상을 회복하려고 하신 것이다. 그래서 하나님은 아브라함을 최초로 공식적인 "선지자"라고 부르신다(창 20:7).

---

17 "Righteousness," *New Dictionary of Theology* (Leicester, Downers Grove: IVP, 1988) 590-592. Harris, R. Laird, Gleason L. Archer, Jr. Bruce K. Waltke. "1879 צדק" *TWOT* (Chicago: Moody Press, 1980), 752-55, 성경에서 히브리어 "체대카"(צדק)는 일반적으로 "공의"(righteousness)로 번역하며 하나님과 바른 관계를 표현하는 말이다. 반면에 "미쉬팟"(משפט)은 "정의"(justice)로 번역하며 사람들과 바른 관계를 나타낼 때 정의롭다는 말로 표현한다. 따라서 공의와 정의는 대개의 경우 짝으로 사용되고 있는데 하나님과 사람 사이의 바른 관계를 공의라고 하고, 사람들과 사람 사이의 바른 관계를 정의라고 한다. 사람이 하나님과의 관계를 무시하고 일반적으로 사람들과의 관계를 논할때는 정의라는 말을 많이 사용한다.

민수기 11장에 보면 하나님께서는 70인의 장로들에게 모세에게 주셨던 같은 성령을 주셔서 모세를 돕도록 하시는데, 그것은 이스라엘 백성을 가르치고 훈련시키는 선지자적 사명을 수행하도록 하기 위함이었다. 이스라엘은 400년 동안이나 노예생활을 한 사람들이다. 그러나 하나님께서는 그들을 해방시키시고, 그들을 그의 백성으로 삼는 언약을 시내 산에서 맺었다. 그리고 광야에서 이들에게 만나를 먹이시고 젖과 꿀이 흐르는 가나안 땅을 유업으로 주시겠다고 약속하셨다. 그들을 자유의 몸으로 자기 땅에서 자기가 농사지은 농작물을 먹으며 행복하게 살게 하겠다는 비전과 약속을 주신 것이다. 그러나 그들은 고기가 먹고 싶다고 울면서 그들을 인도하는 지도자 모세를 원망하며, 이집트에서 고기를 먹고, 보양식과 양념식을 먹고 살던 때가 행복했었다고 불평하고 원망했다. 400년 동안의 노예근성에 찌든 백성들의 전형적인 모습을 드러낸 것이다. 이집트에서의 종살이로부터 해방된 기쁨과 감격과 감사를 잃었고, 젖과 꿀이 흐르는 가나안 땅에 대한 비전도 희망도 없어졌다. 심지어 모세에게 돌을 던지는 일까지 일어나자 모세는 이스라엘의 목자 노릇을 더 이상 감당할 수 없으니 이제 자기를 놓아달라고 청하며, 만일 자기를 계속 붙잡으시려면 차라리 자기를 죽여주시라고 간청한다.

하나님께서 보실 때 이 백성들이 하나님의 백성다운 백성이 되려면 훈련이 필요했다. 하나님의 말씀으로 훈련을 시켜야 할 필요가 절실했던 것이다. 그래서 하나님께서는 장로들 70명을 불러 선지자로 세우게 하시고 이들에게 모세에게 주셨던 선지자의 영을 주셔서 예언을 하게 하신다. 이때 선지자의 명단에는 있었지만 선지자의 위임식에는 참석하지 않고 자기들의 천막 안에서 예언하는 두 사람이 있었다. 엘닷과 메닷이었다. 여호수아는 이것이 마땅치 않았다. 그래서 예언을 중지시키도록 모세에게 건의했다. 그러나 모세는 엘닷과 메닷이 예언하는 것을 중지시키도록 건의하는 여호수아에게 "여호와께서 그분의 영을 모든 백성에게 주셔서 모두 선지자가 되게 하였으면 좋겠다."(민 11:29)라고 말한다. 모세의 이 말에는 하나님께서 전 세계 민족을 그의 선지자로 삼아 그의 말씀이 온 세상에 차고 넘치게 하고자 하시는 하나님의 뜻이 담겨 있다고 볼 수 있다.

그리고 신명기 18:18에서는 여호와께서 "내가 그들의 형제 가운데 그들을 위하여 너와 같은 선지자 하나를 세우고 내 말을 그의 입에 두겠다. 그러면 내가 명령한 모든 것을 그가 그들에게 말할 것이다."라고 말씀하신다. 여기에서 선지자 하나란 전통적으로 우리 기독교에서는 메시야를 지칭하는 말이기도 하고, 선지자 제도를 가리키는 말이라고 해석한다.[18] 또한 요엘서에서는 하나님께서 "그 후에 내가 내 영을 모든 육체(כל בשר)에게 부어 줄 것이니, 너희 자녀들은 예언하고(נבאו) 늙은이들은 꿈을 꾸며, 젊은이들은 환상을 볼 것이다. 그 날에는 내가 남종들과 여종들에게도 내 영을 부어 줄 것이다."(요엘 2:28-29)라고 말씀하신다. 여기서 "모든 육체"란 "모든 사람"(all people, *NIV*), "모든 종류의 사람"(all kind of people, *NET*)이라는 의미로 쓰여진 말이고, "예언하다"는 말은 모든 사람들이 선지자적인 활동을 하게 된다는 의미이다. 하나님의 뜻은 모든 사람, 모든 백성이 선지자가 되는 것이다. 그래서 새 아담을 선지자로 보내시고, 새 아담을 통하여 세상의 모든 백성이 선지자가 되고, 그래서 이 땅에 물이 바다를 덮음같이 여호와를 아는 지식이 충만하고, 하나님께서 주시는 평화가 임하는 새 하늘과 새 땅을 만드시려고 한 것이다.[19]

말씀이신 하나님께서 육신이 되어 이 땅에 오신 예수님은 성령으로 세례를 받으시고, 세례 요한으로부터 물세례를 받으셨다(마 3:13-17; 막

---

18 O. Palmer Robertson, *The Christ of the Prophet* (P&R: Phillipsburg, 2014), 31-42. E. J. Young. *My Servants the Prophets* (Grand Rapids: Eerdmans, 1952), 69.

19 손석태, "만인 선지자" (All Men as the Prophets of God) 『개신논집』 *JSRT* 18 (5-36) 2018.

1:9-11 눅 3:21-22). 새 아담은 새 선지자로 오셨다. 바로 이때 예수께서는 요한으로부터 물세례를 받으시고 동시에 위로부터 성령세례를 받아 선지자로 인증받으셨다. 그리고 예수께서는 그의 복음 사업을 시작하시며 다음과 같이 선언하셨다.

> "주의 영이 내게 임하셨으니, 주께서 내게 기름을 부으셔서 가난한 자들에게 복음을 전하도록 하셨다. 주께서 나를 보내셔서 포로들에게 자유를, 맹인들에게 다시 보게 됨을 선포하고, 억눌린 자들을 자유롭게 하며, 주님의 은혜의 해를 선포하게 하셨다. (눅 4:18-19)

예수께서는 그가 바로 하나님께서 보내신 선지자이심을 사람들에게 밝히셨다. 그리고 말씀을 전하고(눅4:31-32), 더러운 영을 쫓아내고(눅 4:31-37), 각색의 병을 고치셨다(38-41). 그래서 사람들은 그분의 말씀에 대한 권위에 놀랐으며, 심지어 악령들을 꾸짖으시자 그들은 소리를 지르며 나갔으며, 열병이 난 시몬 베드로의 장모의 열병을 꾸짖으시니 열병이 떠났다. 이를 본 무리들은 그분의 가르침과 권위와 그분께서 행하시는 능력에 놀랐다. 그래서 마가는 예수님의 가르침에 대하여 다음과 같이 기술하고 있다.

> "예수께서 안식일에 곧바로 회당에 들어가셔서 가르치셨다. 사람들이 그분의 가르침에 놀랐으니 이는 그분께서 가르치시는 것이 권위를 가지신 분답게 그들을 가르치셨고, 서기관들과 같지 않았기 때문이다."(막1: 21-22)

사람들은 예수님의 가르침을 받고 그의 말씀의 권위와 영적 능력에 압도되고 놀랐다. 그래서 예수께서 나인 성 과부의 죽은 아이를 살렸을 때, "사람들이 두려움에 사로잡혀 하나님을 찬양하며 말하기를 '우리 가운데 위대한 선지자(μέγας προφήτης)가 나타나셨다.'(눅 7:16)하고 또 하나 님께서 자신의 백성을 돌아보셨다."라고 말하였으며, 이 일이 온 유대와 그 모든 주변에 퍼져 나갔다고 했다. 이들은 예수님을 하나님께서 보내신 위대한 선지자로 인식한 것이다.

예수님의 선지자로서의 모습은 그가 대중을 가르치시는 모습에서도 볼 수 있다. 예수께서는 그를 찾아온 무리들을 말씀으로 가르치며 병든 자들을 치료하셨다. 예수님을 찾아와 그의 가르침을 받고, 나음을 얻은 무리들은 해가 저물어도 떠날 줄을 몰랐다. 예수께서는 이 무리들을 보고 불쌍히 여기시고, 목자 없는 양 같다고 말씀하신다 (마 9:36). 마가복음 8장에는 사천 여명의 무리들이 사흘 동안이나 밥을 굶었지만 여전히 예수님을 떠나지 않기 때문에 예수께서는 빵 일곱 개와 작은 물고기 몇 마리로 이들을 먹이신다(막 8:1-10). 요한복음 6장에서는 보리떡 다섯 개와 물고기 두 마리로 오천 명을 먹이셨는데, 이들은 배불리 먹은 후에 예수께서 행하신 표적을 보고 말하기를 "이분이 참으로 세상에 오실 그 선지자이시다."라고 말했다 (요 : 6:14). 무리들은 예수님을 선지자로 인정한 것이다.

예수께서는 계속하여 빵을 달라고 요구하는 그들에게 하늘에서 내려오는 하나님의 빵을 먹어야 죽지 않고 영원히 살 수 있다고 말씀하신다(요 6:33,50,51). 하나님의 빵은 하늘에서 내려와 세상에 생명을 주는 것이며, 하나님께서 그를 보내어 하늘의 빵을 주시는 것은 하늘의 빵을 먹는 자를 살리기 위함이라고 말씀하신다(39). 그리고 예수님은 그 자신이 바로 하나님께서 죽은 자들을 살리기 위하여 보내신 하늘의 빵이라고 말씀하신다 (48). 그러므로 이제는 땅의 빵을 먹지 말고 하늘의 빵, 곧 예수님 자신의 살과 피를 먹고 마시라고 하신다.

"내 살을 먹고 내 피를 먹고 마시는 자는 영생을 가졌고, 내가 마지막 날에 그를 다시 살릴 것이다. 내 살은 참된 양식이며, 내 피는 참된 음료이다. 내 살을 먹고 내 피를 마시는 자는 내 안에 있고, 나도 그 사람 안에 있다.

살아계신 아버지께서 나를 보내셨고 내가 아버지로 인해서 사는 것 같이 나를 먹는 그 사람도 나로 인해서 살 것이다."(요 6:54-57)

예수께서는 그가 바로 죄와 죽음 아래서 썩을 양식을 얻기 위해서 몸부림치는 인생들을 살리기 위하여 하나님께서 보내신 참된 양식이며 참된 음료라고 선포하시며, 그의 살과 피를 마시라고 말씀하신다. 예수께서는 앞으로 있을, 그의 몸이 찢기고 피를 흘리는 대속적 죽음과 그의 부활로 말미암는 하나님과의 언약적 관계, 곧 "너희가 내 안에 있고, 내가 너희 안에 있게" 되는 생명의 원리를 말씀하고 계신다. 예수께서는 자신이 하나님의 아들로서 죽은 자들을 살리기 위해 하나님께서 보내신 자임을 분명하게 밝히신다. 하나님의 보내심을 받은 선지자로서 그의 신분과 사역을 아주 적나라하게 밝히고 있는 것이다 (39-40).

이 일 후에 대제사장들과 바리새인들이 예수님을 체포하려고 하였지만 무리들이 예수님을 선지자로 알았기 때문에 무리들이 두려워 체포하지 못했다고 했다(마 21:46).

예수께서 죽고 부활하시고 승천하신 후 바울은 갈라디아서 3:14에서 "아브라함의 복이 그리스도 예수 안에서 이방인들에게 미치게 하시고, 또한 믿음을 통하여 우리가 약속된 성령을 받게 하시려는 것이다."라고 가르치고 있다. 여기서 "약속된 성령을 받게 하려는 것이다"라는 부분은 헬라어 성경은 "영의 약속"(τὴν ἐπαγγελίαν τοῦ πνεύματος, the promise of the Spirit)을 받게 하려는 것이다." 라고 읽고 있고, 대부분의 서양의 역본들도 ESV 만을 제외하고 모두 이를 따르고 있다. 물론 영의 약속이란 성령을 두고하신 말씀일 것이다. 아브라함의 복은 아브라함이 후손들에게 여호와의 도를 가르치고, 후손들이 공의와 정의를 행함으로 받게 될 복을 말한다. 그런데 그 아브라함의 복이 그리스도 안에서 이방인들에게 미친다는 것이다. 이는 분명 그리스도의 대속적인 죽음을 통한 구원을 의미한다. 그러나 그 구원은 오로지 선지자적 사명을 받은 제자들의 복음 사역을 통하여 전 세계적으로 이방인들에게 알려지고, 이루어지는 일이다. 따라서 아브라함의 선지자직은 그리스도 안에서 온전히 이루어질 일이다.

예수님은 하나님의 아들로서 말씀 그 자체였다. 그러나 말씀을 전하고 가르쳐 하나님의 전 세계적인 복음화의 사명을 이루시기 위하여 육신을 입고, 사람의 형상으로 이 땅에 오신 대선지자였다. 예수님 자신은 그가 선지자임을 다양한 사람들에게 알려 주시었다.

6. 새 아담의 새 백성들

　　부활하시어 왕이 되신 그리스도께서 이제 해야 할 일은 구체적으로 죽은 자를 살리고, 죄인들을 죄로부터 해방시키며, 이들을 통하여 새 하늘과 새 땅을 만들고, 새 왕국을 세우는 것이었다. 바울은 "'첫 사람 아담은 생명체가 되었다'라고 기록된 것과 같이 마지막 아담은 생명을 주는 영이 되었다"(고전 15:45)라고 말한다. 옛 아담과 새 아담의 다른 점을 말하고 있는 것이다. 창조 시 하나님께서 흙으로 사람을 빚으시고 그 코에 "생명의 호흡"(נשמת חיים)을 불어 넣으시니 "생명체"(נפש חיה, living being)가 되었다고 했다(창 2:7). 그러나 새 아담은 "생명을 주는 영" (ὁ ἔσχατος Ἀδὰμ εἰς πνεῦμα ζωοποιοῦν, life-giving spirit)이 되었다는 것이다. 아담은 하나님께서 만드신 생명체였지만 생명을 살리는 일을 한 것이 아니라 오히려 생명을 죽음으로 몰아넣는 일을 했다. 하지만 새 아담은 그 자신의 생명을 바쳐 생명을 살리는 자가 된 것이다. 그의 죽음과 동시에 죽었던 사람들이 무덤에서 일어나는 살리는 역사가 일어났고(마27:52-53), 성전의 휘장이 갈라짐으로 그동안 아담의 범죄로 말미암아 하나님과 사람 사이에 막혔던 담이 트인 것이다(마 27:51). 하나님과 사람 사이의 관계가 회복된 것이다. 예수님의 죽음의 순간, "죽음"도 죽게 된 것이다. 여자의 후손이 뱀(사탄)의 머리를 짓밟아 버린 것이다. 그래서 이 세상에는 더 이상 "죽음"이 힘을 쓸 수 없는 생명의 역사, 살리는 역사가 시작되었다. 그래서 바울은 "사망이 승리에게 삼킨 바 되었다" "사망아 너의 승리가 어디 있느냐? 사망아 너의 쏘는 것이 어디 있느냐?"(고전 15:54-55)라고 사망에 대한 승리를 선언하고 외치고 있는 것이다. 그리고 "우리 주 예수 그리스도로 말미암아 승리를 주시는 하나님께 감사드린다"고 감사를 표하고 있다. 그리스도의 죽음과 부활로 말미암아 이제 온 세상에 새로운 생명의 역사가 시작된 것이다.

여기서 특히 새 하늘과 새 땅은 어떤 것인가? 하나님께서는 이사야의 입을 통하여 새 하늘과 새 땅의 모습을 이미 보여 주었다. 이사야 2:1-4에는 세상의 모든 산들보다 더 높은 산 위에 우뚝 솟은 여호와의 전을 향하여 모든 민족들이 여호와의 말씀과 율법을 받으러 나오고, 이 말씀을 받은 자들이 온갖 전쟁무기를 부수고 녹여서 갖가지 농기구를 만들어 전쟁이 없는 평화로운 세상을 만들 것을 예언하고 있다. 또한 이사야 11:6-9에는 물이 바다를 덮음 같이 여호와의 지식이 넘치는 세상에서 서로 잡아먹고 먹히는 약육강식의 온갖 태생적인 적대감을 가진 짐승들이 한 동산 안에서 함께 어울려 사는 평화로운 세계를 보여주고 있다. 이 같은 비전은 사 65:25에도 반복되고 있다.

뿐만 아니라 예레미야 31:31-34에서 여호와께서는 새 언약을 주시며, 그때에는 여호와께서 그의 언약을 그의 백성들의 마음에 기록하여 "나는 그들의 하나님이 되고, 그들은 내 백성이 될 것이다"라고 선언하신다. 그리고 여호와께서 그의 백성들 마음속에 그의 율법을 기록하여 모든 사람이 여호와를 다 알기 때문에 그 이웃을 향하여 여호와를 알라고 권면할 필요가 없게 된다는 것이다. 이때에 여호와께서는 작은 자로부터 큰 자에 이르기 까지 "내가 그들의 악함을 용서하여 다시는 그들의 죄를 기억하지 않을 것이다."(34)라고 말씀하신다. 새 하늘과 새 땅에서는 새 아담의 부활 생명을 받은 자들이 물이 바다를 덮음 같이 여호와의 지식이 넘치고, 공의와 정의가 살아있는 곳에서 영원한 생명을 누리며 살게 될 것이다.

그때 우리는 그리스도 안에, 그리스도는 우리 안에, 그리고 우리 모두는 하나님 안에서 연합된 자들이 될 것이다. 따라서 예수께서는 제자들과의 만찬 석상에서 "내 안에 거하여라. 나도 너희 안에 거하겠다."(요한

15:4)고 당부하시고, 이어서 겟세마네 동산에 나가서 "아버지, 아버지께서 내 안에 내가 아버지 안에 있는 것처럼 모두 하나가 되어 그들도 우리 안에 있게 하소서"라고 기도하셨다 (요 17:21). 새 아담의 궁극적인 뜻은 우리 모두가 그 안에서, 하나님 안에서 하나가 되는 것이다(요 17:22-23). 그리하여 모두가 하나님의 사랑을 아는 것이다. 따라서 사도 요한은 다음과 같이 적고 있다.

> "하나님의 사랑이 우리에게 이렇게 나타났으니, 곧 하나님께서 자신의 유일하신 아들을 이 세상에 보내신 것은 그분으로 말미암아 우리를 살리려는 것이다. 사랑은 여기 있으니 우리가 하나님을 사랑한 것이 아니라 그분께서 우리를 사랑하셔서 우리 죄를 위하여 자신의 아들을 속죄 제물로 보내주신 것이다."(요일 4:9-10).

하나님께서 자신의 아들을 보내신 이유는 하나님께서 우리를 사랑하셔서 그를 우리를 위한 속죄 제물로 삼으시고, 우리를 살리려고 하셨기 때문이다. 따라서 부활하신 예수께서 시작하신 일은 "죽은 자를 살리는 일"이다.

6.1. 새로운 왕이 되신 새 아담

하나님께서 계획하신 새 하늘과 새 땅은 옛 아담의 죄 값을 대신하여 자기의 목숨을 내어놓으신 그의 외아들을 살려 새로운 왕 그리스도로 세우시고, 아울러 아담과의 연대성 안에서 죽어 있던 자들을 동시에 죽음의 권세로부터 해방시켜 이들을 모아 새로운 나라를 건설하려고 한 것이다. 따라서 부활하신 예수님은 하나님의 형상으로 새 아담이 된 것이다. 그러므로 사도들은 부활하신 예수님을 가리켜 "보이지 않는 하나님의 형상"이라고 가르친다(골 1:15).

그러나 첫 사람 아담은 "하나님의 형상"으로 하나님께서 지으신 모든 만물을 돌보고 다스리는 왕으로 세움을 받았지만 하나님의 법을 불순종하고, 선악과를 따먹음으로 하나님을 반역하고 대항함으로 하나님의 저주와 심판을 받았다. 하나님께서 지으신 모든 만물이 아담과의 연대성 안에서 죄와 죽음의 사슬에 묶이어 처형을 기다리는 죄인들이 되었다. 그래서 하나님께서는 이 반역자, 아담을 대신할 새로운 왕을 세워, 새 하늘과 새 땅을 만드실 계획을 세우신 것이다(시 2; 사 32:1-2). 그러므로 아담을 대신한 새 아담은 필연적으로 새로운 왕이 되어야 하는 것이었다. 그러한 의미에서 아담이 대왕이신 하나님을 대리한 왕, 곧 하나님의 형상으로 창조된 것처럼, 이제 부활한 "새 아담," 그리스도도 하나님의 형상이 되어야 하는 것이었다. 바울은 부활하신 예수님의 왕 되심에 대하여 다음과 같이 말하고 있다.

"그는 보이지 않는 하나님의 형상이시며, 모든 피조물보다 먼저 나신 분이시다. 이는 하늘과 땅에 있는 모든 것들, 곧 보이는 것들과 보이지 않는 것들, 보좌들과 주권들과 통치자들과 권세들이 그 안에서 창조되었기 때문이다. 만물이 그분으로 말미암아 그분을 위해 창조되었다. 그분은 만물보다 먼저 계시고 만물은 그분 안에 함께 서 있다. 또 그분은 몸인 교회의 머리이시다. 그분은 근원이시며 죽은 자들 가운데 먼저 살아나신 분이시니, 이는 그분이 친히 만물 가운데 으뜸이 되시려는 것이다. 이것은 아버지께서 모든 충만이 아들 안에 있게 하기를 기뻐하시고 그분의 십자가의 피로 화평을 이루시어, 만물, 곧 땅에 있는 것들이나 하늘에 있는 것들이 그분으로 말미암아 자신과 화목하게 되기를 기뻐하셨기 때문이다."(골 1:15-20)

"하나님께서 그리스도 안에서 그 능력을 행하시어 그분을 죽은 자들 가운데서 살리시고, 하늘에서 자신의 오른쪽에 앉히시어 모든 통치와 권세와 능력과 주권과 이 시대뿐만 아니라 오는 시대에 일컫는 모든 이름들 위에 뛰어나게 하셨으며, 또한 만물을 그분의 발아래 복종하게 하시고, 그분을 만물 위에 교회의 머리로 주셨다. 교회는 그분의 몸이며 만물 안에서 만물을 충만하게 하시는 분의 충만이다"(엡 1:20-23)

바울은 하나님께서 그리스도를 죽은 자들 가운데서 살려, 하늘에서 그의 오른쪽에 앉히고, 세상 만물을 그의 발아래 복종하게 했다고 말한다. 부활하신 그리스도에게 절대 권력을 부여하신 것이다. 바울은 거기에서 그치지 아니하고 하나님께서는 부활하신 그리스도를 "만물 위에 교회의 머리"로 주셨다고 했다. 여기에서 본문은 "모든 만물의 머리로 주시고, 교회의 머리에게까지 주셨다"(καὶ αὐτὸν ἔδωκεν κεφαλὴν ὑπὲρ πάντα τῇ ἐκκλησίᾳ, and he gave him to the church as head over all things. NET)라고 번역하는 것이 더 적절한 의미이다. 하나님께서는 교회를 만물 위에 두고, 부활하신 그리스도를 그 교회의 머리에 두셨다는 것이다. 교회가 그리스도의 몸이며, 그 몸은 모든 것을 충만케 하시는 충만 그 자체라는 것이다. 결국 부활하신 그리스도는 새 아담으로서 세상과 교회의 머리가 되시고, 하나님의 권세와 능력으로 세상을 통치하는 왕이 되신 것이다.

부활하신 예수께서 자신이 온 세상 만유를 다스리는 왕이라는 것을 하나님과 제자들과 사람들, 심지어 천사들로부터 인정을 받는 것도 중요하지만 부활하신 예수님 자신이 자신의 정체를 밝히는 것도 중요하다. 부활하신 예수님은 그의 열두 제자를 불러 그들에게 대 사명(Great Commission)을 주시며 하나님께서 "하늘과 땅의 모든 권세를 나에게 주셨으니…"(마 28:18)라고 말씀하신다. 수동형으로 "주셨으니"(εδοθη μοι πασα εξουσια εν ουρανω και επι γης)를 쓴 것을 보면 부활하신 예수님은 하늘과 땅의 모든 권세를 위로부터 받아 가지신 분이라는 것이다. 따라서 예수께서는 부활하신 후 여호와 하나님과 같은 신적 권위와 능력을 가지신 하나님이심을 선포하신 것이다. 그러므로 부활하신 예수님은 왕들 중의 왕인 것이며, 하늘과 땅에 있는 모든 피조물들은 다 그의 명령을 따르고 그의 권세 앞에 무릎을 꿇어야 하는 것이다.

6.2. 새 백성을 모으는 왕, 새 아담

부활하시어 하늘과 땅의 권세를 가지신 새 왕, 예수께서 그의 왕국을 세우기 위하여 가장 먼저 요구되는 것은 그의 백성을 모으는 일이었다. 백성이 없이 나라를 세울 수 없고, 백성이 없는 나라는 나라가 아니기 때문이다. 그러면 부활하신 예수께서는 그의 백성을 어떻게 모으시는 것인가? 물론 예수께서는 그의 생전에 무리들로부터 자신이 하늘로부터 온 신적 존재요, 그리스도, 왕이라는 것을 알리는 일을 하셨다. 그러나 그 자신이 직설적으로 왕이고 하나님의 아들이라고 말씀하신 적은 없다. 다만 그의 은유적인 가르침과 행하신 이적을 통하여 자신이 구약 성경에 약속된 메시야임을 사람들이 스스로 인지하도록 했다. 예수께서는 왕이 되어 나라를 세우는 일을 함께 할 일꾼들을 모아 지도자로 세우는 일을 하고, 이들을 통하여 백성을 모으는 일을 하려고 하신 것이다.

구약 시대에는 하나님께서 이스라엘 사람들을 그의 백성으로 삼기 위하여 먼저 모세를 준비하고, 교육시키고, 훈련시켜서 이스라엘의 지도자로 세우시며, 모세 아래 천부장, 백부장, 오십부장, 이십부장, 십부장 등의 지도자를 세워 이들에게 먼저 말씀을 주시거나 훈련을 시켜 지도자로 세우고 이들이 백성을 교육하고 다스리도록 하셨다(출 18:13- 27). 예수께서도 이와 같은 원리를 사용하려고 하신 것이다. 예수께서는 열 두 제자들을 불러 모아 삼 년 동안을 함께 공동생활을 하는 가운데 이들을 가르치고 훈련시키셨다. 그리고 그가 죽고 부활하신 후, 승천하시기 전에 이들을 선지자로 임명하셨다. 그래서 우리는 여기에서 먼저 구약시대에 하나님께서는 그의 선지자를 어떻게 세우셨는지 살펴볼 필요가 있다.

6.2.1. 선지자의 사명을 받은 제자들

구약시대에 하나님께서는 그가 원하시는 사람을 선택하여 그의 말씀을 그의 입에 넣어 주시고, 그것을 백성들에게 대신 선포하게 하셨다. 이때에 선지자로 부르심을 받은 자는 대부분 하나님의 부르심을 쉽게 받아들이지 않았고, 설령 그가 하나님의 말씀을 받고 나가서 백성들에게 그것을 선포한다고 해도 백성들이 그를 하나님께서 보내신 선지자로 인정하기가 쉽지 않았다. 선지자는 선지자대로 자신이 하나님의 부르심을 받았다는 확신이 필요했고, 백성들은 백성들대로 그가 진실로 하나님으로부터 부르심을 받고 보내심을 받은 선지자라는 것을 인정할 수 있는 표적이 필요했다. 따라서 하나님께서 선지자를 부르시는 과정에는 일정한 절차와 형식이 있었다. 하나님께서 선지자를 불러 세우시는 기록을 선지자의 소명기사 (call narrative)라고 부른다.

구약의 일반적인 소명기사에는 다음과 같은 요소들이 들어있다. (1) 하나님과의 만남, (2) 하나님의 사명 부여, (3) 선지자의 거절, (4) 하나님의 설득과 신적 부르심에 대한 가시적인 증거, (5) 하나님의 동행 약속 등이다.[1] 이 같은 양식은 하나님께서 모세(출3:1-4:16), 이사야(사 6:1-13), 예레미야(1:1-10), 에스겔(1:1-3:27) 등을 불러 선지자로 세우시는 사건에서 볼 수 있고, 선지자가 아닌 전쟁의 용사, 기드온도 비슷한 과정을 통하여 그의 일꾼으로 불러 쓰시는 것을 볼 수 있다(삿 6:1-24). 선지자는 하나님의 말씀을 대언하는 하나님의 입이기 때문에 여호와께서 이사야와 예레미야를 부르실 때는 특별히 그의 손을 그들의 입술에 대는 것을 볼 수 있는데, 이는 선지자가 자신의 입이요, 자신의 선지자임을 보증하기 위하여 인을

---

[1] S. Sohn, *His Touch on the Mouths: New Perspective of the Baptism of the Holy Spirit* (Eugene: W&S, 2018. 11-14. Cf. Peter Enn, *The NIV Application Commentary,* 113-20. N. Habel, "The Forms and Significance of the Call Narrative," *ZAW* 77 (1965) 292-33. James Plastara. *The God of Exodus: The Theology of the Exodus Narrative* (Milwaukee: Bruce, 1966), 76-82

치는 행위라고 할 수 있다. 따라서 이스라엘 사람들은 선지자를 가리켜 여호와의 입(פי יהוה)이라고 불렀다.

그런데 부활하신 예수께서 승천하시기 전에 열한 제자들을 불러 놓고 그들이 앞으로 해야 할 대 사명(The Great Commission)을 주시는 소명기사(Call Narrative)의 양식이 구약의 선지자의 소명기사와 유사하다는 것을 알 수 있다.

> "하늘과 땅의 모든 권세를 나에게 주셨으니, 그러므로 너희는 모든 민족에게 가서 그들을 제자로 삼아라. 아버지와 아들과 성령의 이름으로 세례를 주고, 내가 너희에게 명령한 모든 것을 그들에게 지키도록 가르쳐라. 보아라, 내가 세상 끝날까지 항상 너희와 함께 있을 것이다."(마 28:18-20)

이 대 사명의 문장 구조를 살펴보면 예수께서는 먼저 자신의 정체를 밝히신다. 예수님은 자신을 가리켜 하늘과 땅의 모든 권세를 위로부터 받은 자라고 소개한다. 말하자면 그 자신이 하나님과 같은 권위와 능력을 가진 자라는 것을 선언하고 있는 것이다. 따라서 그가 주신 사명은 신적 권위와 능력이 동반되는 명령이다. 이 명령은 제자들이 복종해도 좋고, 안 해도 좋은 것이 아니다. 반드시 복종해야 할 의무가 수반되는 말씀이다.

이어서 "제자를 삼으라"(μαθητεύσατε)고 명하신다. 이 어휘는 주동사로 명령형이다. 여기에는 "가라"(πορευθέντες), "세례를 주라"(βαπτίζοντες), "가르치라"(διδάσκοντες)는 세 개의 분사형 동사가 제자를 삼으라는 명령형 동사 "제자를 삼으라"(μαθητεύσατε, make disciples)를 수식하고 있다. 부활하신 그리스도께서 제자들에게 명하신 말씀은 제자를 삼으라는 것이다. 제자를 삼되, 모든 민족에게 가서, 세례를 주고, 그가 명령한 모든 것을 가르쳐 지키게 함으로 제자를 삼으라는 것이다. 따라서 "가다" "세례를 주다" "가르치다"는 말은 어떻게 제자를 삼느냐 하는 방법을 제시하는 수식어다. 여기에서 한글 성경은 "가르쳐 지키게 하라"고 번역하고 있는데, "지키도록 가르치라"(διδάσκοντες αὐτοὺς τηρεῖν πάντα ὅσα ἐνετειλάμην ὑμῖν, teaching them to observe all that I have commanded you)고 번역하는 것이 원문에 충실한 번역이다. 말하자면 지킬 때까지 가르치라는 의미가 내포되었다고 볼 수 있다. 그렇다면 부활한 그리스도의 명령은 한 마디로 제자를 삼는 것이다. 어떻게 제자를 삼을 것인가? 첫째로 모든 민족에게 가는 것이다. 마가복음은 "온 우주"(κόσμος)에 나가 모든 "피조물"(κτίσει)에게 예수께서 명령하신 것을 지키도록 가르치라고 말하고 있다. 둘째 성부와 성자와 성령의 이름으로 세례를 주는 것이다. 그리고 셋째는 예수께서 그의 생전에 명령하신 모든 것을 가르쳐 지키게 하는 것이다. 지킬 때까지 가르치라는 것이다. 이 명령을 주시며 부활하신 그리스도께서는 "세대의 끝까지"(to the end of the age) 항상 그들과 함께 하겠다고 약속하신다. 하나님의 부르심을 선뜻 받아들이지 못하는 선지자 후보생들에게 하나님께서 "내가 너희와 함께 있겠다"(אהיה עמך)고 말씀하신 것과 같이 예수님도 제자들에게 "보아라, 내가 세상 끝날까지 항상 너희와 함께 있을 것이다."(ἰδοὺ ἐγὼ μεθ' ὑμῶν εἰμι πάσας τὰς ἡμέρας ἕως τῆς συντελείας τοῦ αἰῶνος.)라고 말씀하신다.

이와 같이 예수님의 지상 명령의 양식이 구약 성경에서 볼 수 있는 선지자의 소명 기사와 유사점이 있다는 것은 부활하신 예수께서 승천하시며 제자들을 불러 명하신 일이 바로 하나님께서 선지자를 세우는 일이었음을 확인할 수 있다. 뿐만 아니라 예수님의 제자들은 구약의 선지자들의 역할을 이어받은 새 언약의 선지자들이라는 것을 알 수 있다. 따라서 예수님의 제자는 선지자이다. 예수님의 제자들이 할 일이 무엇인가? 제자를 삼는 일이다. 예수께서는 부활승천하시며 그의 제자들에게 "선교사 양성"하라는 말씀은 하시지 않았다. 땅 끝까지 이르러 "제자를 삼으라"고 하셨다. 선지자로서 하나님의 말씀을 대언하고, 대언한 말씀을 해석해주고, 나아가서 그 말씀을 가르치고 훈련시켜 새로운 제자를 세우라는 말씀이다.

6.2.2. 성령의 세례를 받은 제자들

예수께서는 승천을 앞두고 그의 제자들을 선지자로 임명하셨다(appointed). 그러나 그들이 임명을 받았다고 해서 바로 선지자가 되는 것이 아니었다. 먼저 이들은 하나님의 인준이 필요했다. 따라서 예수께서는 제자들에게 예루살렘을 떠나지 말고 성령의 세례를 받도록 기다리라는 명령을 주시고 승천하셨다.

예수께서 명하신대로 오순절이 되자 기다리던 성령이 제자들에게 임하였다. 하늘에서 강하고 세찬 바람 소리와 같은 소리가 들리고, 불같이 갈라진 혀들이 각 사람 위에 임하였고(καὶ ὤφθησαν αὐτοῖς διαμεριζόμεναι γλῶσσαι ὡσεὶ πυρὸς καὶ ἐκάθισεν ἐφ᾽ ἕνα ἕκαστον αὐτῶν,), 제자들은 여러 나라 말로 말하기 시작했다. 여기서 개역 성경의 번역처럼 "불의 혀같이 갈라진 것"이 임한 것이 아니고, 혀가 임했는데 그 모양이 마치 갈라진 불같았다는 것이다(And divided tongues as of fire appeared to them and rested on each one of them.). 불이 임한 것이 아니다. 마치 혀같은 모양의 불이 임한 것이 아니고, 혀가 임했는데 그 모양이 마치 불같았다는 것이다. 또한 급하고 강한 바람 소리 같은 소리가 났지만 실제로 바람이 분 것은 아니었다.[2] 이는 아마도 하나님의 강림, 곧 성령의 강림을 예고하는 신호라고 할 수 있을 것이다. 성령께서 임하시고, 제자들이 입을 열어 타국의 언어를 말하는 것은 분명 성령이 이들의 입, 혹은 혀를 접촉한 것이며, 이는 예수께서 선지자로 세운 제자들을 하나님께서 마치 "너희는 내 입이고, 내 선지자이다"라고 말씀하시며 그들의 신분을 인증하시고, 성령으로 안수하시고, 도장을 찍으시는 모습이라고 할 수 있다. 이 사건을 통하여 제자들은 분명 여호와 하나님께서 부활하신 예수님을 주와 그리스도가 되게 하셨으며, 또

---

2 S. Sohn, *His Touch on the Mouths: New Perspective on the Baptism of the Holy Spirit* (Eugene: W&S, 2018), 19-30. 손석태, 『성령세례의 새로운 해석』, 67-76.

한 예수께서 약속하신대로 하나님께서 성령을 보내시어 자기들이 하는 말을 여러 나라에서 온 사람들에게 각각 자기 나라 말로 들을 수 있게 하심으로, 하나님께서 자기들을 그의 선지자로 불러 세우셨다는 것을 확신할 수 있었을 것이다.

여기에서 우리가 특별히 유의해야 할 점은 성령을 기다리는 제자들에게 임한 것이 "불"(fire)이 아니라 혀(tongue)가 임하였는데, 그 모양이 마치 갈라진 불꽃과 같았다는 것이다. 또한 실제로 바람이 분 것이 아니고 마치 강하고 세찬 바람이 불 때와 같은 바람 소리가 났다는 것이다. 이것은 아마도 하나님의 오심을 알리는 일종의 팡파레로서 사람들의 주의를 위로부터 임하시는 하나님께 돌리도록 하는 신호의 역할을 한 것이라고 할 수 있다. 또한 불과 같이 갈라진 혀들이 임함과 동시에 제자들은 말을 하기 시작했고, 여러 나라에서 오순절 축제를 축하하기 위하여 온 해외 동포들은 통역이 없는데도 자기들 나라 말로 듣게 되었다. 아마도 이들은 이스라엘 동포들이었기 때문에 히브리어도 할 수 있었을 것이고, 제자들이 자기들의 나라 말을 하고 있음을 알 수 있었을 것이다.

그런데 제자들이 통역이 없는데도 모든 이방 사람들이 알아들을 수 있는 자기들의 언어로 말을 하는 것을 듣고 이들은 제자들이 새 술에 취했다고 조롱하기 시작했다. 만일에 이 조롱하는 말을 듣고 제자들이 아무런 반응이 없었더라면 제자들은 영영 술주정뱅이들로 낙인이 찍히고 말았을 것이다. 그러나 이때에 베드로가 일어나서 자기들이 술 취한 자들이 아님을 변증하기 시작했다. 베드로는 이 사건에 이어 3-4장에서도 앉은뱅이로 태어난 사람을 고치자 자기들을 벌하기 위해서 모인 자들에게 자신들의 정체를 변증한다. 행 2장에서는 사람들이 베드로의 변증연설을 듣고 삼천 명이 회개하고 세례를 받았다고 했다.

이어서 행 3-4장에서는 베드로와 요한이 성전의 "아름다운 문"(Beautiful Gate) 앞에서 예수의 이름으로 앉은뱅이를 낫게 하자, 많은 무리들이 모여들게 되었고, 베드로는 이들을 향하여 예수님이 생명의 창시자라는 것, 그들이 죽인 예수님을 하나님이 다시 살리셨다는 것, 그리고 예수님이 계시로 약속된 선지자라는 것을 말하고, 언약의 자손들이 언약의 말씀을 순종해야 한다는 것을 말했다. 이 말을 들은 유다의 종교 지도자들, 대제사장들과 그들의 가문에 속한 자들, 장로들, 지도자들, 심지어 성전 수문장과 사두개인들까지 모여 예수님의 제자들이 백성을 가르친 것과 죽은 자의 부활을 전파하는 것을 구실 삼아 공회를 열어 제자들을 처치하려고 했다. 그러나 예기치 못한 베드로의 뛰어난 변증과 그가 고친 사람이 증거로 그들과 함께 있는 것을 보고, 그들은 그들의 뜻을 이루지 못하고, 다시는 이러한 집회를 하지 말라는 주의와 경고의 말을 하고 제자들을 석방하였다.

특히 그들은 예수님의 이름으로 절대 말하지도 말고 가르치지도 말라고 명령했다(행 4:18). 결국 이들은 예수님의 부활을 인정하고, 예수님의 제자들이 하나님께서 세우신 선지자임을 인정하는 셈이 되었다. 사도행전 2장, 3-4장은 예수님의 제자들이 예수님으로부터 선지자로 임명을 받고, 하나님으로부터 성령의 세례를 받아, 예수님의 가르침을 온 세상 땅끝까지 전파할 선지자로 인증 받게 된 내력을 기록한 것이다. 이제 제자들은 선지자로서 받은 지상명령을 거침없이 수행할 수 있게 되었다.

6.3. 성령의 선물을 받은 3000여명의 사람들

통역 없이 여러 나라 말을 동시에 하는 예수님의 제자들을 새술에 취했다고 조롱하는 자들에게 베드로는 성경에 근거하여 이 일은 부활하신 예수께서 자기들을 새 언약의 선지자로 세우시고, 하나님께서 자기들을 성령으로 인치셔서 일어난 일이며, 이제 그들이 알아야 할 것은 "그들이 십자가에 못 박은 이 예수님을 하나님께서 주님과 그리스도가 되게 하셨다."(행 2:36)라는 것이었다. 그러자 그들은 마음에 찔려 사도들에게 "형제들이여 그러면 우리가 무엇을 해야 합니까?"(2:37)하고 물었다. 예수님을 조롱하던 무리들이 마음에 찔림을 받고, 자기들이 무엇을 해야 좋을지 묻고 있다. 이 물음은 선지자로 인정을 받아야 할 제자들에게는 아주 의미 있는 질문이다. 일찍이 광야의 선지자 세례 요한이 이스라엘 백성에게 죄인들을 향한 임박한 하나님의 심판과 구원을 위한 회개를 외쳤을 때, 이스라엘 사람들이 세례자 요한에게 물었던 질문이다. 만일에 사람들이 요한을 선지자로 인정하지 않고, 광야의 미치광이로 생각했었다면 요한에게 "너나 잘 해"하고 비아냥거리는 말을 했었겠지만 그들은 "그러면 우리는 무엇을 해야 합니까?"하고 물었다. 세례 요한을 선지자로 인정하였기 때문에 그들은 세례 요한에게 살 길을 물은 것이다. 마찬가지로 예수님의 제자들을 술주정뱅이라고 조롱하던 자들이 세례 요한에게 물었던 똑같은 질문을 하는 것을 보면, 이들은 베드로의 변증적 연설을 듣고 마음이 찔려 예수님의 제자들을 하나님의 선지자로 인정하고 있는 것이다. 이때 베드로는 말했다.

"회개하라. 그리고 너희가 죄를 용서받기 위하여 예수 그리스도의 이름으로 각각 세례를 받아라. 그러면 너희가 성령의 선물을 받을 것이다(καὶ λήμψεσθε τὴν δωρεὰν τοῦ ἁγίου πνεύματος)."(행 2:38)

베드로는 부활하신 예수께서 그들에게 주신 대 사명의 말씀을 그대로 말하고 있다. 첫째는 회개와 용서를 전제한 예수 그리스도의 이름으로 세례를 받으라는 것이다. 세례란 아담과의 연대성 안에 있던 자들이 옛 아담과의 연대성을 끊고, 새 아담과의 연대성 안에 들어와 새 아담의 백성이 되었음을 성령으로 인치는 예식이다. 다시 말하면 사탄의 왕국에서 죄와 죽음의 노예로 묶여있던 패잔병(敗殘兵)들이 이제 승리의 장수, 새 아담, 예수 그리스도 앞에 나아와 "주는 그리스도시요, 하나님의 아들이십니다"라는 일종의 항복 선언과 충성 맹세를 하는 것이다. 물론 이때 승장은 그를 조건 없이 받아들이고 그가 새로운 백성이 되었음을 인증하는 예식을 행할 것이다. 따라서 세례란 옛 아담과의 연대성 안에 있던 옛 사람이 회개하고, 새 아담과의 연대성 안에 들어와, 새 아담과 연합한 새 사람이 되고, 새 아담의 나라의 일원이 되었음을 성령이 인치는 의식이다. 후에 바울은 이를 가리켜 그리스도 예수님의 죽음과 장사, 그리고 부활에 연합되어 새 사람이 되었음을 인증하고 선포하는 일이라고 가르친다. 바울은 이 사실을 다음과 같이 기록하고 있다.

"그리스도 예수님과 함께 연합하여 세례를 받은 우리는 모두 그분의 죽으심과 연합하여 세례를 받을 줄 알지 못하느냐? 우리는 그분의 죽으심과 연합하여 세례를 받음으로 말미암아 그분과 함께 장사되었으니, 이는 그리스도께서 아버지의 영광으로 말미암아 죽은 자들 가운데서 살리심을 받은 것과 같이, 우리도 또한 새 생명 가운데서 살도록 하려는 것이다. 만일 우리가 그분의 죽으심과 같은 죽음으로 그분과 연합한 자가 되었으면 또한 분명히 그분의 부활하심과 같은 부활로 그분과 연합한 자가 될 것이다. 우리가 아는 대로, 우리의 옛 사람이 예수님과 함께 십자가에 못 박힌 것은 죄의 몸이 멸하여 우리가 다시는 죄에게 종노릇하지 않게 하려는 것이니, 죽은 자는 이미 죄에서 해방되었다. 만일 우리가 그리스도와 함께 죽었으면 또한 그분과 함께 살 줄로 믿는다. 우리는 그리스도께서 죽은 자 가운데서 살리심을 받았으니, 다시 죽지 않으시고 사망이 다시 그분을 지배하지 못할 줄로 안다." (롬 6:3-9).

이 말씀을 보면 회개와 세례가 우리 성도들의 구원과 정체성, 그리고 사명이 깊이 연관되어 있는 것을 볼 수 있다.

옛 아담과 그 연대성 안에 있던 패잔병들은 무엇보다 먼저 회개해야 한다. 그들은 옛 아담과의 연대성 안에서 원치 않게 천지의 창조주이신 하나님의 원수가 되어 죄의 종노릇하며 살아왔으며, 자신들이 결국은 죽어야 할 죄인임을 고백해야 한다. 그리고 이제 새 아담이시요, 새로운 왕이신 그리스도 앞에서 그의 신민이 되기를 청하고, 새 왕을 충성스럽게 섬길 것을 맹세해야 한다. 이때 새 아담은 그에게 세례를 베푼다. 하나님의 아들이시요 그리스도이신 새 왕, 새 아담은 그를 그의 백성으로 받아들이고, 하나님은 성령으로 그에게 인을 치신다. 그런데 성령의 인치심을 우리는 눈으로 볼 수 없고 당장 느낄 수 없기 때문에 하나님을 대신한 집례자는 머리에 손을 얹고 물을 뿌리거나 붓는 것이다.

바울은 우리 죄인들이 세례를 받음으로써 예수님의 죽음과 부활에 연합한 새 생명이 되었다고 말한다. 따라서 우리 죄인들은 세례를 받음으로 그리스도의 지체가 되고, 그리스도와 한 몸을 이루게 된 것이다. 세례는 옛 아담과의 연대성을 끊고, 이제 새 아담과의 연대성 안으로 들어온 자를 받아들이고 성령으로 도장을 찍어 그가 새 아담의 연대성 안에 들어온 새로운 백성임을 공포하는 예식이다. 이제 죄인들은 그리스도와의 언약적 연대성 안으로 들어가 이전과 다른 전혀 다른 생명체, 전혀 새로운 신분의 사람이 된 것이다. 예수님을 가리켜 "주는 그리스도시요 살아계신 하나님의 아들이시다"라고 고백하고 세례를 받은 사람은 이제 죄로부터 구원을 받고, 그리스도와 한 몸을 이룬 새로운 생명이 된 것이다. 우리 그리스도와 연합한 자들은 그리스도와 한 몸을 이루게 되는 것이다. 세례를 받은 내 몸은 이제 더 이상 내 몸이 아니라 그리스도와 연합된 몸이다. 목숨이 내 목숨이 아니라 그리스도의 목숨이고, 그리스도의 생명이다. 내 안에 성령이 임하시고, 내 몸이 하나님께서 거하시는 성전이 되는 것이다(고전 3:16-17). 이제는 그리스도 예수님과 함께 한 형제이고, 그리스도 나라의 한 백성이다. 놀라운 은혜이다. 그래서 바울은 세례를 받은 자들에게 하나님께서 "성령의 선물"(The gift of the Holy Spirit, τὴν δωρεὰν τοῦ ἁγίου πνεύματος.)을 주실 것이라고 했는데(행 2:38), 이러한 신분의 변화 자체가 놀라운 은혜이고 선물이다.

따라서 사도행전 2:41-42에는 베드로가 사람들에게 "너희가 이 사악한 세대에서 구원을 받으라 하니 그의 말을 받아들인 자들이 세례를 받았으며 그 날에 약 삼천 명이 더하여졌다."고 적고 있는데, 구원과 세례와 성령의 선물은 다 같은 의미로 사용된 것을 알 수 있다. 예수님은 그의 제자들에게 성령으로 세례를 받으라고 말씀하셨지만(행 1:5), 베드로는 그를 찾아온 무리들에게 "성령의 선물"을 받으라고 말했다(행 2:38). 제자들은 성령 세례를 받음으로 선지자로서의 인증을 받았지만 무리들은 성령의 선물을 받음으로 새 언약의 새 백성, 곧 그리스도의 죽음과 부활에 연합한 하나님의 자녀라는 인증을 받는다. 따라서 성령의 세례가 선지자로 부르심을 받고 임명된 자들에게 하나님께서 그의 선지자라는 것을 성령으로 인치시고 증명하는 의식이라면, 성령의 선물은 회개하고 하나님의 아들 예수 그리스도 앞에 나아와 "주는 그리스도시오 살아계신 하나님의 아들이십니다."라는 고백을 함으로 죄로부터 구원받은 하나님의 자녀요 새 백성이 되었음을 인증하고 공포하는 의식이다. 물세례는 물을 머리에 뿌림으로 눈에 보이지 않는 성령의 임하심과 인치심을 대신하고 인증한다. 따라서 하나님의 자녀요 백성으로서의 인치심을 받는 물세례와 하나님의 선지자로서의 인증을 받는 성령세례는 동시에 일어나는 것이요, 동시에 성령의 인치심을 받는 것이다. 세례를 받는 자는 하나님의 자녀요 백성으로서 하나님의 인치심을 받고, 동시에 하나님의 선지자로서 하나님의 인준을 받는 자가 되는 것이다.

6.4. 하나님 나라의 백성을 모으는 제자들

종말에 대한 하나님의 비전은 말씀으로 온 세상에 평화가 이루어지는 것이다. 따라서 말씀을 거역하여 죄를 짓고 온 세상을 파멸로 몰아넣은 옛 아담을 대신하여 하나님의 아들 예수님을 여자의 몸에서 낳게 하시고 새 아담으로 이 땅에 보내시어 대선지자로 말씀을 가르치시는 일을 할 뿐만 아니라 그의 몸을 옛 아담과 그와 연대성 안에 있는 모든 죄인들의 속죄물로 바치게 하고, 그를 죽은 자들 가운데 일으키시어 새 아담, 새 왕으로 세위 새로운 왕국을 건설하게 하셨다.

　새로운 왕국의 왕이 되신 그리스도는 이제 왕국 백성을 모으고 왕국을 세우는 일을 해야 했다. 부활하신 대선지자 예수님은 제자들을 불러 선지자로 임명하시고, 하늘에 오르시어 하나님으로부터 받은 성령으로 이들에게 세례를 주어 선지자로 인증하셨다. 성령으로 세례를 받은 선지자들은 예루살렘으로부터 땅끝까지 가서 제자 삼는 일을 해야 했다. 여기에서 예수께서는 그의 새 나라를 세우는 일을 크게 방해하고 있는 사울을 붙잡아 변화시키어 이 사역에 동참하게 하신다. 사도들의 선지자로서의 사역은 부활하신 예수께서 주신 말씀을 가르쳐 제자를 양성하는 것이었다. 따라서 사도행전은 예수께서 말씀하신대로 예루살렘으로부터 시작하여 땅끝으로 생각되는 로마까지 말씀을 전파하는 제자들의 선지자로서의 활동을 기록하고 있다.

6.4.1. 베드로의 복음 사역

　오순절에 베드로의 자기 변증적인 연설을 듣고 회개하고 세례를 받은 삼천여 명의 무리들은 "사도들의 가르침을 받는 일과 교제하는 일과 빵을 떼는 것과 기도에 전념했다."(행 2:42). 성령 세례를 받은 사도들은 이제 선지자로서 가르치는 일을 시작했고 사도들로부터 물세례를 받은 무리들은 함께 모여 말씀과 기도와 떡을 떼는 것을 통하여 성도의 교제를 시작하게 되었다. 이런 가운데 사도들이 앉은뱅이로 태어난 자를 고침으로 사도들의 활동은 관가와 종교 지도자들의 관심을 끌게 되었으나 결국 제자들은 체포되어 공회의 재판을 받게 되었다. 그렇지만 공회는 제자들의 활동을 처벌할 명분이 없어 예수의 이름으로 절대 말하지도 말고 가르치지도 말라는 조건을 붙여 석방하였다. 제자들을 감옥에 가두고, 예수님처럼 처형할 계획이었으나 오히려 제자들을 하나님의 선지자로 인정하는 셈이 되었다. 그래서 옥에서 풀려난 제자들은 "하나님보다 너희 말을 듣는 것이 옳은 일인지 판단해 보아라. 우리는 보고 들은 것을 말하지 않을 수 없다"(행 4:19-20)고 선언하고 선지자로서의 공식적인 활동을 시작하였다. "그들이 날마다 성전과 각 집에서 가르치고 그리스도 예수님의 복음 전하는 것을 쉬지 않았다."(행 5:42). 예수께서 공회에서 재판을 받고, 고난을 당할 때에는 도망갔던 제자들이 이제 오히려 공회에 대항하며 그들이 보고 들은 것을 말하지 않을 수 없다고 말하며 공회 권력에 대항하였다(행 5:19-20). 그리하여 사도행전은 예루살렘의 복음 사역을 마무리하며 "하나님의 말씀이 계속 퍼져 나가서 예루살렘에 있는 제자들의 수가 크게 늘어났으며, 많은 제사장의 무리도 이 믿음에 순종하였다."(행 6:7)라고 요약하고 있다.

제자들의 예루살렘 복음 사역은 이어지는 유대와 사마리아, 그리고 로마에 이르는 복음 사역의 표본이라고 할 수 있다. 사도행전은 제자들의 활동을 예루살렘, 온 유대와 사마리아, 그리고 땅끝으로 지역을 구분하여 제자들의 활동 사항을 기록하고 지역의 이야기가 끝날 때마다 사도들의 선지자적 활동을 요약 평가하며 "하나님의 말씀이 계속 퍼져나가서 믿는 자가 크게 늘어났다"(행 12:24; 6:7; 19:20; 28:23)라고 기술하고 있다.

그러나 사도행전에 나타난 새 언약의 선지자들의 활동은 대부분 베드로와 바울을 중심으로 이루어졌다. 베드로는 예루살렘에 이어서 유대와 사마리아의 복음 사역에 있어서 지도자의 역할을 하는 반면, 바울은 주로 이방 세계에 말씀을 전파하여 로마에 이르기까지 활동의 주역이 되고 있는 것을 볼 수 있다.

베드로는 오순절에 무리들로부터 새 술에 취한 자로 조롱을 받을 때나(행 2), 앉은뱅이를 고친 일로 공회에 끌려가 재판을 받을 때(행 3-4), 또한 예수의 죽음과 부활을 증거하다가 감옥에 끌려갔을 때 (행 5) 등, 제자들이 위기에 닥칠 때마다 유대의 지도자들이 당해낼 수 없는 신학적 논리와 달변으로 이들을 물리치고 자기들의 복음 사역의 정당성을 입증하여 위기를 이겨내는 지도자로서의 권위와 능력을 과시했다. 또한 베드로와 사도들을 중심으로 모이기 시작한 예루살렘 성도들에게 일정한 조직이 필요하여 일곱 집사들을 세우고, 효과적인 구제 사업도 시작했다(행 5). 이들은 예루살렘 성내에서만 활동한 것이 아니었다. 성 밖, 유다와 사마리아 지역에서도 복음을 전하자 사람들이 몰려왔고, 때로는 제자들을 파송하여 하나님의 말씀을 전하게 했다. 베드로는 직접 예루살렘을 떠나 복음을 전파하는 제자들의 사역을 돕고, 마술쟁이 시몬을 제압하고 빌립을 세워줌으로 교회의 영적 질서를 세워 마술쟁이나 마귀들이 틈타지 못하게 하는 일도 하였다(행 8장).

그런 가운데 베드로는 이방인들에게 복음의 문을 여는 결정적인 역할을 하게 된다. 베드로가 욥바에 있는 그의 집에서 기도하던 중 하나님의 계시를 받아 가이사랴의 백부장 고넬료의 집에 가서 이방인들에게 복음을 전했다. 이때에 베드로의 말씀을 들은 모든 사람들에게 성령이 임했고, 이들은 방언으로 말하고 하나님을 높였다(행 11:46). 이때에 베드로는 "우리와 마찬가지로 성령을 받은 이 사람들에게 물로 세례를 주는 것을 누가 금지할 수 있겠느냐?"고 말하고, 그들에게 예수 그리스도의 이름으로 세례를 받으라고 권하였다. 그러자 그들은 베드로에게 세례를 받고, 베드로는 그들의 요청을 받아 며칠 더 그곳에 머무르게 되었다. 이러한 상황을 유대인들이 볼 때에 베드로는 이방인의 집에 머물며 이방인들과 함께 먹고 교제를 한 것이었다. 유대인들이나 예수님을 따르는 제자들이라면 해서는 안 될 일을 한 것이다. 결국 이 일이 예루살렘 성도들에게 알려져 베드로는 할례 받지 못한 이방인들과 함께 식사한 일에 대하여 비난을 받았다(행 11:1-3). 이때 베드로는 그를 비난하는 유대인들을 향하여 다음과 같이 말한다.

"내가 말하기를 시작할 때에 성령께서 처음부터 우리에게 내리셨던 것처럼 그들에게 내려오셨다. 그때 나는 '요한은 물로 세례를 주었으나 너희는 성령으로 세례를 받을 것이다.'라고 하신 말씀이 생각났다. '하나님께서 우리가 주 예수 그리스도를 믿을 때에 우리에게 주신 것처럼 그들에게도 동일한 선물을 주셨는데, 내가 누구라고 감히 하나님을 거역할 수 있었겠느냐?' 유대인들은 이 말을 듣고 잠잠하여 하나님께 영광을 돌리며 말하기를 '그렇다면 하나님께서 이방인들에게도 생명에 이르는 회개를 주신 것이다.'라고 하였다."(행 11:15-17)

요한은 사람들에게 물로 세례를 주었으나 예수께서는 제자들에게 성령으로 세례를 받게 하실 것을 말씀하셨다(행 1:5). 그리고 하나님께서는 제자들이 예수를 믿을 때에 성령의 선물을 주신 것과 같이 고넬료의 가속들에게도 동일한 선물을 주셨다고 말한다. 말하자면 고넬료의 가속들이 성령의 선물을 받고 방언하는 일이 다 하나님께서 하신 일이기 때문에 베드로 자신이 이방인들에게 복음을 전하고, 함께 사귀는 일을 거역할 수 없었다고 말하는 것이다. 이 일로 베드로는 이방인들에게 복음의 문을 연 사도가 된 것이다. 물론 이 모든 일은 하나님께서 베드로에게 계시하시고, 명하심으로 이루어진 일이다.[3]

예루살렘, 유대와 사마리아에서 여러 가지 사건이 있었지만 사도행전 저자는 이 지역의 복음 사역을 마무리하며, "그러나 하나님의 말씀은 계속 퍼져 나가서 믿는 자가 크게 늘어났다."(행 12:24)라고 적고 있다. 말하자면 예루살렘에서 베드로를 중심한 말씀 전하는 선지자적 사역이 점차적으로 퍼져 나갔다는 것이다.

---

3 손석태, 『성령세례의 새로운 해석』(서울: CLC, 2020), 129-136.

6.4.2. 바울의 복음 사역

바울은 베드로와 달리 안디옥 교회의 성경 선생으로 청빙을 받고 열심히 안디옥 성도들에게 복음을 전하여 많은 사람들이 예수를 믿게 되었다. 누가는 안디옥 교회에 바나바, 시므온, 루기오, 마나엔, 바울 등 성경 선생이 다섯이나 있다는 것을 언급하고 있다(행 13:1). 그 만큼 말씀 가르치는 일이 왕성하게 이루어지고 있음을 보여주고 있다(행 13:1-3). 특히 안디옥 교회는 그들의 선생인 바울과 바나바를 이웃 나라에 선교사로 파송하는 일을 시작하였다. 바울은 안디옥으로부터 시작하여 아시아와 유럽을 거쳐 마지막 로마에 이르기까지 4차례에 걸쳐서 여러 지역을 순회하며 복음을 전하였다. 그 가운데에서도 안디옥, 에베소, 그리고 로마는 그가 복음을 전하는 거점 도시가 되었다. 바울은 이 도시들을 중심으로 그 이웃 지역에 복음을 전파하였다.

바울은 에베소를 로마 복음화를 위한 전초 기지와 같은 전략적 거점 도시로 삼고, 복음 사역을 시작하였는데, 그는 이곳에서 제자들을 성경 교사로 세워 성경을 가르치게 함에 따라 놀라운 일들이 벌어졌다. 특히 제사장 스게와의 일곱 아들들이 바울처럼 귀신을 내쫓는 흉내를 내다가 오히려 귀신들에게 역습을 당하여 도망가는 사건이 일어났는데 이 일이 온 성읍에 알려져 사람들이 회개하고 은 오만 량어치나 마술 책을 불사르는 사건이 일어났다. 결국 이 일로 에베소 사람들이 믿었던 아데미 여신상을 만들어 국내외 팔아 생업을 이어가는 자들에게 엄청난 경제적 피해를 주었다. 이 일로 말미암아 온 에베소 사람들이 바울과 일행들을 대항하여 일어났기 때문에 바울은 피신할 수밖에 없었다. 바울의 복음 사역은 아데미 여신을 믿고, 아데미 여신의 장식품을 팔아 부를 이룬 에베소에 경제적으로 큰 타격을 주었을 뿐만 아니라 에베소를 중심한 이웃 도시들에게는 오히려 복음이 전파되는 결과를 낳게 된 것이다(행 19:25-26). 말씀이 결국 한 성읍을 기독교로 성시화하고 이웃 성읍들을 복음화한 것이다.

이와 같은 에베소의 성시화는 바울의 세심한 계획과 작전으로 이루어진 일이라고 할 수 있다. 첫째로 그는 에베소에 도착하여 먼저 제자를 세우는 일을 했다. 그는 회당에 들어가 단번에 많은 사람들을 믿게 하려고 하지 않았다. 그가 에베소에 들어가기 전에 이미 예수 믿는 도를 알고 있던 자들에게 복음을 확실하게 전하고, 이들을 제자로 삼아, 함께 일한 것이다. 이처럼 믿는 자들을 훈련시켜 제자로 삼고, 함께 복음 전하는 선지자의 역할을 하게 했던 예는 구약 성경에서도 볼 수 있다. 구약 성경의 유다 왕, 여호사밧이 왕이 된지 삼 년에 있었던 일이다.

> "여호사밧이 왕이 된지 삼 년에 그의 장관들인 벤하일과 오바댜와 스가랴와 느다넬과 미가야를 보내어 유다의 성읍들에서 사람들을 가르치게 하였다. 그가 그들과 함께 레위 사람 스마야와 느다냐와 스바댜와 아사헬과 스미라못과 여호나단과 아도니야와 도비야와 도바도니야를 보내면서 제사장 엘리사마와 여호람도 함께 보냈다. 그들이 여호와의 율법을 가지고 유다에서 가르쳤는데 유다의 모든 성을 순방하며 백성들을 가르쳤다" (대하 17:7-9)

이 일로 말미암아 여호와께서는 유다 주위에 있는 모든 나라에게 두려움을 주셔서 감히 여호와밧을 대항할 수 없게 할 뿐 아니라 블레셋을 비롯한 유다 주변 나라에서 유다에게 예물과 조공을 가져오게 했다, 여호사밧은 점점 강대해져 여러 곳에 국고 성읍을 건축하고, 견고한 많은 성들을 쌓고 군대를 배치하여 감히 이방 나라들이 유다를 넘볼 수 없는 강대한 나라가 되게 하였다(대하 17:10-19). 역대서 저자는 여호사밧이 이렇게 강대한 나라가 될 수 있었던 것은 왕이 관리들과 레위 사람들과 제사장들과 제사장들이 팀을 이루어 각 지방에 다니며 성경을 가르치게 한 것임을 말해

주고 있다.[4] 여기에서 눈여겨 볼 점은 순회 성경교사들 가운데 벤하일과 오바댜와 스가랴와 느다넬과 미가야 등의 방백들, 곧 장관들이 함께 갔다는 것이다. 이 순회 성경 선생들을 보면 분명 제사장들과 레위인들도 함께 갔다. 직업적인 제사장이나 레위인이 아닌 관료들이 함께 갔고, 특히 역대서 저자가 이 성경선생 팀 가운데 이 방백들의 이름을 먼저 언급하고 있는 것을 보면 평신도 성경 교사들의 역할이 아주 컸다는 것을 암시하고 있다.

바울도 에베소의 복음 사역을 구상하며, 먼저 회당에 들어가 석 달 동안이나 공개적인 대중 집회를 시작했지만 별 효력이 없자, 12명의 제자들을 이끌고 두란노 도서관에 들어가 날마다 성경을 가르쳤다. 회당장 스게와의 아들들의 일로 온 성읍 사람들이 은전 오만 개어치의 마술책을 불사른 사건으로 많은 사람들이 예수를 믿기 시작했으나 이 일로, 아르테미스 신상을 만들어 팔아 부를 이루었던 자들은 그들의 사업에 타격을 입자 소동을 일으키게 되었다. 할 수 없이 바울은 에베소를 떠나 로마로 향하게 되었다 (행 18:1-17). 이 놀라운 에베소 사건을 요약하며 누가는 "이처럼 주님의 말씀이 힘있게 퍼져 나가고 점점 강하여 졌다."(행 18:20)고 기술하고 있다. 바울은 제자들을 양성하여 이들과 함께 에베소 성시화의 사업을 이루고 있는 것을 볼 수 있다. 그는 대중 집회로 단번에 많은 사람들을 모아 큰 부흥을 이룰 작정으로 에베소에 들어오기 전에 먼저 답사를 하고, 머리까지 깎은 것 같은데, 하나님의 나라가 그렇게 단번에 쉽게 이루어지지 않았다. 그는 제자들을 선지자로 세워 이들과 함께 눈물을 흘리며 씨를 뿌리고 가꾸었다. 그는 에베소를 떠나며, 에베소 장로들에게 주는 고별인사를 다음과 같이 말하고 있다.

"그러므로 너희는 깨어서 내가 삼 년동안 밤낮으로 쉬지 않고 각 사람을 훈계하던 것을 기억하여라. 이제 나는 너희를 하나님과 그분의 은혜의 말

---

4 손석태, 『말씀과 구속사』 (서울: RTS, 2010), 84-88.

씀께 부탁하니, 그 말씀이 너희를 굳게 세우고 거룩함을 입은 모든 이들 가운데 너희에게 유업을 줄 것이다" (행 20:31-32).

바울은 그의 양들을 성령께 부탁한다고 말하지 않고, 말씀께 부탁한다고 말한다. 말씀이 너희를 굳게 세우고 말씀이 유업을 줄 것이라고 말한다. 하나님 나라를 세우는 일은 대중 집회로 될 일이 아니다. 제자들을 세워서 말씀을 가르쳐야 하는 일이다.

바울의 이러한 작업은 로마에 도착해서도 그대로 계속된다. 바울은 죄수의 몸으로 로마에 도착하였지만 로마에 있는 유대인 지도자들을 자기 숙소로 불러 자기의 형편을 설명해주었다.

"그들이 바울과 날짜를 정하여 그의 숙소로 많이 오니, 바울이 이른 아침부터 저녁까지 그들에게 하나님 나라를 강론하고 증언하며 모세의 율법과 선지자들의 글을 가지고 예수님에 관하여 그들을 권하였다." (행 28:23)

30절에는 바울의 셋집에서의 활동을 기술하고 있다. 여기에서 숙소는 여관과 같이 잠시 머무를 곳을 의미한다. 헬라어 "크세니아"(ξενία)는 하숙집이나 여관을 의미하는 말이다. 그는 아침부터 저녁까지 말씀을 강론했다. 강론이라고 번역하고 있는 "엑스티데미"(ἐκτίθημι)라는 말은 "어떤 것을 자세하게 설명하다"(to give a detailed explanation of something)라는 뜻이다. 바울은 하나님 나라에 대하여 자세하게 설명하고, 증거하며, 모세의 율법과 선지서의 말씀을 가지고 예수님에 관하여 가르치고 믿도록 권면한 것이다. 말하자면 전 성경을 통하여 하나님 나라와 하나님 나라의 주이신 예수님을 가르친 것이다.

"바울이 이 년 내내 자신의 셋집에 머물면서 자기에게 오는 이들을 다 영접하여, 하나님 나라를 선포하고, 주 예수 그리스도에 관한 것을 아무런

방해도 받지 않고 담대하게 가르쳤다." (행 28:30-31)

우리는 여기에서도 눈여겨보아야 할 점이 있다. 바울은 여전히 죄인의 몸으로 셋집에 머무르며 선지자로서의 복음 사역을 계속하고 있다는 것이다. 그는 하숙집에서 셋집으로 옮겼다. 그가 한 일은 하나님 나라와 예수 그리스도를 선포한 것이었다. 하나님의 새 하늘과 새 땅에 대한 종말의 비전은 물이 바다를 덮은 것 같이 하나님을 아는 지식이 넘치는 세상, 예수 그리스도께서 왕으로 통치하는 세상이다(사 11). 바울은 이 하나님의 비전을 바로 이해했고, 이 비전의 실현을 위하여 이날까지 달려왔다고 할 수 있다. 또한 사도행전이 바울의 순교 이야기로 끝맺지 않고, 셋집에서 그에게 찾아오는 무리들을 가르치는 것으로 끝을 맺는 것을 보면 누가도 이 복음 사역이 앞으로도 계속되어야 함을 암시한다고 볼 수 있다.

7. 새 창조: 새 하늘과 새 땅, 새 사람

　하나님께서 아담과 아담과의 연대성 안에 있는 만물을 대신하여 새 하늘과 새 땅과 새 사람을 만들려고 계획하신 새 창조는 말씀이신 하나님께서 육신의 몸을 입고, 처녀의 몸을 통하여 이 땅에 예수님으로 오심으로 시작되었다. 예수께서 온 땅을 다니시며 하나님의 말씀을 가르치시고 병든자를 고치시고 우리 죄인들을 위하여 자기 목숨을 우리의 죄 값으로 내어 주시고 부활하심으로 우리들은 죄와 죽음으로부터 해방되어 그의 왕국 백성의 일원으로 새로운 신분을 얻게 되었다. 지금까지 아담과의 연대성 안에 있던 우리 죄인들이 이제 새 아담, 예수 그리스도와의 연대성 안에 들어감으로 하나님의 새 백성이 되고, 예수님과 더불어 하나님의 자녀가 된 것이다. 하나님과의 새로운 관계가 맺어진 것이다. 그들은 그동안 하나님께서 에덴동산에서 그들에게 입혀주셨던 가죽 수의(囚衣)를 벗고 예수 그리스도로 옷을 입은 새 사람, 새 백성들이 되었다(롬 13:14; 갈 3:37).
　그러나 부활하신 예수님은 이 땅에 오래 머무를 수가 없었다. 그의 새 백성들을 위한 거처를 마련해야 하고, 하나님을 대적하고, 그의 발꿈치를 상하게 하고 하나님의 백성을 괴롭히는 사탄을 토벌하는 일을 해야 했다. 그래서 제자들에게 다시 오실 것을 약속하시며 승천하셨다. 부활하신 예수님은 하늘에서 사탄과의 전쟁을 하실 것이고, 지상에 살아 남아있는 그의 백성들은 예수님의 군병으로 머리에 상처를 입은 사탄과 그의 부하들을 소탕하는 예수님의 성전(Holy War)에 참여해야 할 것이다. 그럼에도 불구하고 사람들에게 피할 수 없는 것은 죽음이다. 히브리서 9:27에는 "한 번 죽는 것은 사람에게 정해진 것이고, 그 뒤에는 심판이 있다"고 했다.

이제 우리는 예수님을 주와 그리스도로 믿고 고백을 해서 새 생명을 얻은 자로서 그리스도로 말미암아 얻은 새 생명이 어떤 것이며, 어떻게 살아야 하는 것인가를 알아야 할 필요가 있다.

예수께서는 제자들과의 마지막 만찬 석상에서 다음과 같은 말씀을 하신다.

"예수께서는 아버지께서 모든 것을 자신의 손에 맡기신 것과 자신이 하나님께로부터 왔다가 하나님께로 돌아가실 것을 아시고 …"(요 13:3). "나는 아버지께로부터 나와서 세상에 왔다가 다시 세상을 떠나 아버지께로 간다."(요 16:28).

"내가 너희를 고아처럼 버려두지 않고 너희에게 올 것이다. 조금 있으면 세상은 나를 더 이상 보지 못하겠으나 너희는 나를 볼 것이니, 이는 내가 살아 있고, 너희도 살 것이기 때문이다. 그 날에는 내가 내 아버지 안에 있고, 너희가 내 안에, 또 내가 너희 안에 있음을 너희가 알 것이다." (ἐγὼ ἐν τῷ πατρί μου καὶ ὑμεῖς ἐν ἐμοὶ κἀγὼ ἐν ὑμῖν. 요 14: 18-20)

예수께서 하신 말씀은 자신이 아버지께로부터 왔다가 다시 아버지께로 가신다는 것이다. 예수께서는 자기가 어디에서 와서 어디로 가는지를 분명히 아시고, 말씀하신다. 이제 때가 되었으므로 이 세상을 떠나 아버지께로 가신다는 것이다. 그러나 예수께서는 제자들을 고아처럼 버려두지 않고 제자들에게 다시 오실 것을 약속을 하신다. 이는 죽고 부활하신 예수께서 제자들에게 다시 나타나실 것을 염두에 두고 하신 말씀이다. 우리는 여기에서 새 하늘과 새 땅에 대한 이해가 필요하다.

"또 내가 새 하늘과 새 땅을 보니, 처음 하늘과 처음 땅이 없어지고, 바다도 더 이상 존재하지 않았다. 또 거룩한 성, 새 예루살렘이 하나님께로부터 하늘에서 내려온 것을 보니, 신부가 남편을 위하여 단장한 것 같았다. 또 내가 들으니, 보좌에서 큰 음성이 말하기를 '보아라, 하나님의 장막이 사람들과 함께 있고, 그분께서 그들과 함께 계실 것이다. 그들은 하나님의 백성이 되고 하나님께서는 친히 그들과 함께 계실 것이니, 그들의 하나님이 되실 것이다. 하나님께서는 그들의 눈에서 모든 눈물을 닦아 주실 것이며, 다시는 죽음이 없고 슬픔이나 우는 것이나 아픈 것이 더 이상 있지 않을 것이니, 이는 처음 것들이 지나갔기 때문이다."(계 21:1-4)

이 구절은 창세기 1-2장과 연계해서 해석해야 할 필요가 있다.[1] 여기에서 언급하고 있는 "처음 하늘과 처음 땅"은 분명 창세기 하나님의 천지 창조를 가리키는 말이다. 그렇다면 본문의 새 창조는 첫 창조와 연속성이 있는 것이다. 사도 요한이 본 세계에는 "처음 하늘과 처음 땅"이 없었다. 대신 새 하늘과 새 땅이 있었다. 아담의 범죄와 더불어 하나님의 심판 아래 멸망을 기다리고 있던 처음 하늘과 처음 땅이 사라지고, 아담의 범죄 이후 계속 선지자들을 통하여 예고되어 왔던 새 하늘과 새 땅의 모습이 드러난 것이다. 새 하늘과 새 땅은 새 아담, 그리스도의 부활로부터 시작되었다. 그리스도께서 부활하셔서 아담을 대신한 새로운 왕이 되셨기 때문에, 새로운 왕국이 세워지고, 사람은 물론 그의 통치권 아래 있는 모든 만물이 이제 새로워지게 된 것이다.

그러나 에덴동산의 사단은 여자의 후손에게 그의 머리를 짓밟히기는 했지만 아직도 살아있기 때문에 서로 적대감을 갖고 있고, 사탄과 여자의 후손 사이, 곧 그리스도와 사탄 사이에는 아직 최종 결전이 남아 있는 상

---

1 William J. Dumbrell, *The End of the Beginning: Revelation 21-22 and the Old Testament.* (Eugene: W&S, 2001), 1-5, 166-197. Tremper Longman III, *Revelation: Through Old Testament Eyes* (Grand Rapid: Kregel, 2022), 280-319.

태라고 할 수 있다(창 3:15). 부활하신 예수님은 승천하셔서 하나님과 함께 거하시지만 그에게는 아직도 계속해야 할 전투가 남아 있다. 요한 계시록 4:1의 요한이 "내가 보니"로 시작해서 20:15까지 기술하고 있는 하늘의 계시는 그리스도께서 그의 남은 전투를 준비하고 승리하시기까지의 주요 장면을 계시 가운데서 보고 기술하는 내용이라고 할 수 있다.[2]

예수 그리스도의 부활을 믿고, 새 아담과의 연대성 안으로 들어온 그리스도의 새 백성들은 이 땅에서 그리스도의 병사로서 그리스도의 전쟁에 참여하고, 그리스도께서 다시 오실 때까지 그가 주신 사명을 감당해야 하는 것이다. 말하자면 그리스도께서 천상에서 사탄과 싸우시는 동안, 그리스도의 지상 군사, 곧 우리 성도들은 이 땅에서 사탄과 싸워야 하는 것이다. 그리스도의 성전(Holy War)에 참여하여 그리스도의 병사로서 그리스도와 함께 영원한 승리를 쟁취해야 하는 것이다(계 20:7-15). 그때에 하나님을 대적하던 사탄 마귀들은 불과 유황의 못에 던져질 것이다. 그리고 물이 바다를 덮음같이 여호와를 아는 지식이 충만한 세상, 온갖 생명들이 다툼이 없이 함께 어울려 사는 평화로운 세상, 곧 새 하늘과 새 땅이 열리고, 우리는 그 가운데서 새 아담, 그리스도와 함께 거하며 영원한 사귐을 누리게 될 것이다(계21:1-8).

7.1 육의 몸과 영의 몸

그렇다면 예수님의 제자들은 어떻게 되는 것인가? 제자들은 불안했다. 예수께서 나사로가 죽었다는 소식을 듣고 나사로가 죽지 않고 잠자고 있는 것이니 그를 깨우러 가자고 하자, 도마는 너무나 터무니없는 말씀을 하시는 예수님을 향해, "우리도 주님과 함께 죽으러 가자"고 말한다. 예

---

2 Cf. Tremper Longman III, *Revelation: Through Old Testamen Eyes: A Background and application Commentary* (Grand Rapid: Kregel, 2022). Jeong Koo Jeon, *Biblical Eschatology. Covenant Eschatology for the Global Mission Age* (Eugene: Wipf & Stock, 2021), 203-205.

수님의 제자들은 나사로도 죽고, 예수님도 죽을 것이고, 지기들도 나사로처럼 죽을 것이라고 생각하고 있었던 것 같다(요11:16). 그러나 예수께서는 죽은 지 나흘이 지나 냄새가 나는 나사로를 살리심으로 죽음에 대한 새로운 인식을 갖게 하시며, 다음과 같이 말씀하신다.

"내가 곧 부활이고, 생명이니, 나를 믿는 자는 죽어도 살겠고 살아서 믿는 자는 누구든지 영원히 죽지 않을 것이다. 네가 이것을 믿느냐?" (요 11:25-26)

예수께서는 살아서 그를 믿는 자는 죽어도 살고, 살아서 믿는 자는 영원히 죽지 않는다고 가르치신다. 사망이 한 사람으로부터 말미암았으니 죽은 자의 부활도 한 사람으로 말미암는다는 것이다. 한 사람, 아담과의 연대성 안에서 모든 사람이 죽은 것 같이, 한 사람, 그리스도와의 연대성 안에서 모든 사람이 살게 된다는 것이다(고전 15:20-23).

따라서 바울은 죽은 자의 부활을 가르치며, 육의 몸과 영의 몸을 구별한다. 육체라고 해서 다 같은 육체가 아니고 사람의 육체, 짐승의 육체, 새의 육체, 물고기의 육체가 다르듯이, 하늘에 속한 몸들이 있고, 땅에 속한 몸들이 있고, 물에 속한 몸들이 있다는 것이다(고전 15:39-40). 현재 우리의 몸은 이 땅에서 살기에 알맞도록 창조되었다. 하나님께서는 흙으로 사람을 빚으시고, 코에 "니쉬맛 하임"(נשמת חיים, 생명의 호흡, 'the breath of life')을 불어 넣으시니 "네페쉬 하야"(נפש חיה, living being, '생명체')가 되었다고 했다(창 2:7). 말하자면 사람은 흙과 영으로 된 생명체, 곧 육체와 영혼을 가진 생명체라는 것이다.[3] 그래서 바울은 이 점에 대해서 다음과 같이 가르치고 있다.

---

3 손석태, 『창세기 강의』, 45-47.

"하나님께서 자신이 원하시는 대로 그것에게 몸을 주시되, 씨앗에게 각각 그 자체의 몸을 주신다. 육체라고 해서 다 같은 육체가 아니다. 사람의 육체가 다르고 짐승의 육체가 다르며, 새의 육체가 다르고 물고기의 육체가 다르다. 하늘에 속한 몸들이 있고 땅에 속한 몸들이 있으나, 하늘에 속한 것들의 영광이 다르고 땅에 속한 것들의 영광이 다르다. 해의 영광이 다르고, 달의 영광이 다르고, 별과 별의 영광이 다르다. 죽은 자들의 부활도 이와 같으니, 멸망할 것으로 심고 멸망하지 않을 것으로 살아나며, 약한 것으로 심고 능력 있는 것으로 다시 살아나며, 육의 몸으로 심고 영적인 몸으로 살아난다. 육의 몸이 있으면, 영적인 몸도 역시 존재하는 것이다."
(고전 15:38-44)

하나님께서는 우리가 땅에 발을 붙이고 사는 존재이기 때문에 땅에 속한 몸을 우리에게 주신 것이다. 그러나 우리가 이 세상을 떠나 하나님이 계시고, 예수님이 계신 곳으로 갈 때는 하늘에서 살 수 있는 하늘에 속한 몸으로 변화가 될 것이다. 마치 잠자리가 알에서 깨어 나와서는 물속에서 헤엄치며 살지만 그 유충이 성장하면 날개가 달린 곤충으로 변하여 공중에서 날아다니며 사는 것과 같다. 우리 사람들의 몸은 이 땅에서 살도록 창조된 생명체이다. 그러나 때가 되면 사람들은 육의 몸을 벗어나, 예수님처럼 영의 몸으로 변화되어, 시공을 초월하여 활동하시는 예수님과 함께 하늘에서 사는 사람이 될 것이다. 따라서 바울은 우리 인생들에 대하여 "육의 몸으로 심고, 영의 몸으로 살아난다. 육의 몸이 있으면 영의 몸도 역시 존재하는 것이다."(고전 15:44)라고 가르치신다. 성경은 하나님께서 흙으로 사람을 만들어 "생명체"가 되게 하였지만, 새 아담, 곧 마지막 아담은 "생명을 주는 영"이 되었다고 했다. 따라서 생명을 주는 영, 곧 그리스도의 영이 우리를 살리신다는 것이다. 흙에서 난 인생들은 아담과의 연대성 안에서 아담과 함께 흙으로 돌아가게 되겠지만, "생명을 주는 그리스도의 영"으로 난 자들은 새 아담, 그리스도와의 연대성 안에서 영적인 생명을 입고, 새 아담과 함께 영원한 생명을 누리게 된다는 것이다.

> "첫 사람은 땅에서 났으므로 흙에 속한 자이나 둘째 사람은 하늘에서 났다. 흙에 속한 자는 저 흙에 속한 자들과 같고, 하늘에 속한 자는 저 하늘에 속한 자와 같다. 우리가 흙에 속한 자의 형상을 입은 것 같이 또한 하늘에 속한 분의 형상을 입게 될 것이다."(고전 15:47-49)

우리 성도들, 곧 첫 창조에 속한 자들은 흙에서 난 자들이며, 흙을 밟고, 흙으로부터 나온 양식을 먹으며 살지만 우리가 새 창조에 속한 자들이 되면 그리스도와의 연대성 안에서 하늘에 속한 분의 형상을 입고, 시간과 공간을 초월하여 활동하시는 부활하신 예수님처럼 새로운 세상을 살게 되는 것이다. 우리가 믿는 것은 우리가 비록 땅에서 나서 흙에 속한 자이나 이제 그리스도의 생명을 주는 영을 통하여 하늘에 속한 분의 형상을 입고, 하늘에 속한 자가 되었다는 것이다. 죽음이 절대로 우리 인생의 끝이 아니다. 우리는 그리스도를 믿음으로 이미 그리스도의 영이 내 안에 거하시는 영적인 생명이 되었다. 우리는 이미 그리스도 안에 있고, 그리스도께서 내 안에 계신다. 그래서 우리는 비록 이 땅에서 육신을 입고 있지만 하늘에 속한 자들이다. 하나님 나라의 시민권을 가진 하나님 나라의 백성으로 부활하신 그리스도의 발자취를 따르며, 그리스도의 백성이요 그리스도의 군사로서 사는 것이다. 우리에게는 죽음이라는 것이 없다. 우리는 흙에 속한 자의 형상을 입은 것 같이 또한 하늘에 속한 분의 형상을 입을 것이다. 뿐만 아니라 우리는 신령한 몸으로 변화될 것이다. 우리의 몸이 이 땅에서 살 때는 땅에 살기에 맞는 육적 생명체로 빚어졌지만, 우리가 이 땅에서 삶을 마치고 하나님 나라로 갈 때에는 하나님 나라에 맞는 새로운 생명체, 다시 말하면 하늘에 속한 분의 형상을 입고, 시간과 공간을 초월한 영적 생명체가 되어 영원히 하나님과 함께 살게 될 것이다.

7.2. 하늘 아버지의 집

그렇다면 우리는 죽음 이후에 어디로 가는 것일까? 요한 14장 서두에 예수께서는 제자들에게 우리가 어디로 가야 하는지 말씀해주신다.

> "너희는 마음에 근심하지 마라. 하나님을 믿고 또 나를 믿어라. 내 아버지의 집에는 거주할 곳이 많다. 그렇지 않으면 내가 너희 있을 곳을 예비하러 간다고 너희에게 말하였겠느냐? 내가 너희를 위하여 있을 곳을 예비하면 내가 다시 와서 너희를 내게로 영접하여 내가 있는 곳에 너희도 있게 할 것이다. 너희는 내가 어디로 가는지 그 길을 알고 있다." (요한 14:1-4)

여기에서 예수께서는 그가 가시는 곳이 아버지의 집이라고 말씀하신다. 아버지의 집에는 거주할 곳이 많다는 것이다. 따라서 아버지의 집 안에 제자들이 거주할 곳을 마련하기 위하여 가신다는 것이다. 아버지의 집에 가서 제자들이 거주할 곳을 예비하면 예수께서는 다시 와서 제자들을 그에게로 영접하여 그가 있는 곳에 제자들도 있게 하시겠다는 것이다. 예수님은 우리가 있을 곳을 예비하시고, 우리는 그에게 가서 그와 함께 사는 것이다. 마치 신랑이 신방을 준비하고 신부를 자기 집으로 데려와 결혼식을 올리고 동거하는 것과 같다(요 19:1-9; 21:2,9).

여기에서 예수께서는 "아버지의 집"에 거주할 곳이 많다고 말씀하셨는데, 과연 이 집이 어떤 것이며 어디에 있는 것인가? 하나님은 영이시기에 하나님께서 거하시는 집이 우리가 이 땅에서 살고 있는 돌이나 흙이나 나무로 지은 집이나 성전과 같을 수는 없을 것이다. 우리 또한 죽으면 육의 몸을 벗어나 신령한 몸이 될 자들이기에 이 지상에서 먹고 쉬고 자는 공간과는 비교될 수 없는 영적인 집이어야 할 것이다. 따라서 우리가 가서 직접 보지 않는 한 아무리 하나님의 집에 대해서 말한다고 하더라도 그것은 상상의 집이나 동화 세계에서 나오는 집이거나 모형적인 집일 수밖에 없다. 하나님께서는 영이고, 전지전능하시며, 무소부재하신 분이기 때문에 시공을 초월하여 존재하시는 분이시다. 우리들이 현재 살고 있는 집과 같을 수가 없다.

이스라엘의 조상들은 다 같이 여호와의 집을 사모하고, 그곳에서 하나님과 함께 거하는 것을 바라고 살았다. 히브리서 저자는 아브라함이 만일 단순하게 그가 떠나온 본향을 생각하고 찾으며, 그가 떠나 온 곳을 생각하고 있었다면 돌아갈 기회가 있었을 것이지만, 그는 하늘에 있는 더 나은 곳을 사모하였기 때문에 돌아가지 않았다고 기록하고 있다 (히 11:13-15). 하나님께서 이스라엘 백성들을 이집트에서 구출해내셔서 젖과 꿀이 흐르는 가나안 땅을 주시겠다고 말씀하셨지만 모세와 이스라엘 백성들은 액면 그대로 단순하게 그곳을 가나안 땅으로 생각하지 않은 것 같다.

구약 성경에서 하나님의 거처는 에덴동산이었다. 하나님께서는 동산에서 아담과 교제하며, 그의 동산지기 아담을 돌보시는 일을 하셨다. 아담을 위하여 배필도 만들어주시고, 가정도 세워주셨다. 그러나 아담은 사탄의 사주를 받은 뱀과 교제하는 가운데 뱀의 유혹에 넘어가 하나님의 말씀을 거역하고 하나님을 반역하는 자가 되었다. 결국 아담과 하와는 에덴동산으로부터 추방을 당하였다. 하나님과 더 이상 거룩한 교제를 나눌 수 없었고 아담의 후예들은 아담과의 연대성 안에서 아담과 함께 하나님을 떠날 수밖에 없었다.

하나님을 떠난 아담의 자식들은 가인과 아벨로부터 시작하여 노아에 이르기까지 예수님 말씀대로 "먹고 마시고 장가들고 시집가는 일"(마 24:37-39)에 빠져들어 마치 짐승들과 같이 되어 버렸고, 그 마음의 생각의 모든 계획이 항상 악하였다 (창 9:5). 하나님의 형상대로 창조되어 하나님께서 지으신 만물을 돌보고, 다스리며, 지켜야 할 사람들은 그들이 존재해야 할 이유도 가치도 없게 되었다. 이때에 여호와께서는 "나의 영이 영원히 사람과 함께 하지 않을 것이니, 그들이 육체가 되었기 때문이다"(창6:3)

라고 선언하신다. 그리하여 하나님께서는 그가 창조한 사람은 물론 모든 생물들을 홍수로 다 쓸어버리신다. 그러나 그 가운데 노아는 달랐다. 그래서 하나님께서는 그와 그의 가속들은 다 살리시고 남기셔서 새 하늘과 새 땅에 대한 새로운 계획을 세우신다.

하나님께서는 노아 시대에 홍수로 세상을 심판하신 후 노아의 아들 중 셈의 장막에 거하실 것을 암시하신다(창 9:27). 그리고 셈의 후손 가운데 아브라함을 선택하시고 (창 12:1-3), 아브라함과 그의 후손들이 여호와의 도를 지켜 공의와 정의를 행하게 하고 (ושמרו דרך יהוה לעשות צדקה ומשפט) 땅의 모든 민족이 아브라함 안에서 복을 받게 하려는 계획을 세우고 실행하려고 하신다(창 18:18-19).

아브라함의 손자, 야곱은 형, 에서를 피하여 도망가다가 들에서 잠을 자는 가운데 꿈속에서 하늘과 땅 사이에 놓인 사닥다리로 하나님의 천사들이 오르락내리락하는 것을 보고, 그 사닥다리 위에 계신 여호와께서 그를 축복하시는 음성을 듣는다. "네가 누워있는 그 땅을 내가 너와 네 후손에게 주겠다. 너의 후손이 땅의 티끌같이 되어 동서남북으로 퍼질 것이며 땅의 모든 족속들이 너와 네 후손 안에서 복을 받을 것이다" (ונברכו בך כל–משפחת האדמה ובזרעך, and in you and your offsprings shall all the families of the earth be blessed, 창 28:13-15)라고 말씀하신다. 야곱은 여호와께서 나타나신 이곳을 "여호와의 전이요 하늘 문"이 될 것이라고 말하고 그곳 이름을 "벧엘"이라고 부른다. 그리고 이곳이 후에 하나님의 전이 될 것이라고 말한다 (28:22). "벧엘"(בית אל)이라는 말은 "하나님의 집"이라는 뜻이다. 하나님께서는 이미 400여년 전, 야곱이 이집트로 내려오기 전에 그가 그의 백성들 가운데 거하실 거처를 지정하시고 계시해주신 것이다.

출애굽기의 "바다의 노래"를 보면 "주님의 인애로 주께서 구원하신 백성을 이끌어 주시고, 주님의 힘으로 그들을 주님의 거룩한 처소로 인도하십니다."(출 15:13)라고 기록하고 있다. 여기서 이스라엘 백성은 아직 가나안 땅에 들어가지 않았고, 단지 홍해를 건넌 상황인데, 모세는 여호와께서 자기들을 주님의 거룩한 처소로 인도하신다고 말하고 있다. 그들이 가는 곳이 가나안 땅이 아니라 "주님의 거룩한 처소"이다. 히브리어 "나배"(נוה) 라는 말은 "거처"(dwelling place), 특히 유목민들이 양들을 데리고 집을 나가, 광야에서 장막을 치고 거하며 양들을 먹이다가 다시 자기 본 집으로 돌아올 때의 집을 일컫는 말이다. 출 15:17에도 "주께서 주님의 백성을 인도하여 주님의 유업의 산에 심으실 것입니다. 여호와시여, 그 처소는 주께서 거(殖, dwelling)하시려고 만드신 곳입니다. 오 주님, 그 성소를 주님의 손으로 만드셨습니다."라고 쓰고 있다. 주님의 유업의 산이라는 말은 주께서 그의 백성들에게 유업(유산)으로 주시고 그 백성들과 함께 거하시려고 만드신 곳이란 의미이다. 따라서 하나님께서는 이스라엘을 시내 산으로 데려와 언약을 맺은 후, 그의 백성 이스라엘에게 그가 그의 백성들 가운데 거할 성막을 만들라고 명하신다.

> "그들이 나를 위해 성소를 지어 내가 그들 가운데 머물 수 있게 하고, 내가 네게 보여줄 성막의 모형과 그 모든 가구들의 모형에 따라 너희가 그대로 만들도록 하여라."(출 25:8-9).

또한

> "내가 이스라엘 자손 가운데 거하면서 (ושכנתי בתוך בני ישראל) 그들의 하나님이 될 것이니 (והייתי להם לאלהים), 내가 그들의 하나님으로서 그들 가운데 거하기 위해(לשכני) 그들을 이집트 땅에서 인도하여 냈다는 것을 그들이 알게 될 것이다, 나는 여호와 그들의 하나님이다."(출 29:45-46)

라고 말씀하신다. 따라서 하나님께서 이스라엘에게 두신 궁극적인 뜻은 그의 백성과 동거하는 것이고, 이스라엘도 하나님과 함께 거하는 것이 그들의 최종적인 목적지였던 것을 알 수 있다. 여호와께서는 이스라엘을 그의 백성으로 삼고, 이스라엘은 그의 백성이 되는 언약 관계를 맺고, 여호와와 이스라엘이 함께 동거하고자 하시는 것이었다. 따라서 예레미야 선지자는 여호와와 이스라엘이 시내 산에서 맺은 언약을 결혼 예식으로 비유하고 있다(렘 31:32). 그리고 성경의 곳곳에서 여호와와 이스라엘 사이의 관계를 결혼 관계로 묘사하고 있다. 여호와와 이스라엘의 관계를 마치 한 남녀가 만나 약혼, 결혼, 동거, 이혼, 재혼 등의 과정을 이어 가듯이 여호와와 이스라엘 사이의 관계를 선택, 언약, 가나안 정착, 패망, 회복 등의 은유로 묘사하고 설명하고 있다.[4]

따라서 시편에서 시인들은 항상 주님과 주님이 계신 곳을 사모하고 살았던 것을 알 수 있다. "만군의 여호와시여, 주님의 장막이 어찌 그리 아름다운지요. 내 영혼이 여호와의 궁정을 사모하여 기진하며, 내 마음과 육체가 살아계신 하나님께 즐거이 외칩니다."(84:1-2; 26:8 27:4). 다윗은 그의 시 23장 가운데 여호와의 집에서 영원히 살 것을 기대하고 있다. 비록 그는 사망의 음침한 골짜기를 지나며, 원수들과 부딪치며 살아가지만 그가 가진 궁극적인 소망과 꿈은 여호와의 집에 영원히 사는 것이었다(23:6). 여호와의 집에 가는 것이 첫 번째이고, 그곳에서 영원토록 사는 것(ישב)이 다음 소망이다. 끝이 없는 영원한 시간 속에 여호와 하나님과 함께 거하는 것이었다.

7.3. 성전(聖戰)을 통한 성전(聖殿)

예수님은 제자들에게 다시 오겠다는 약속을 하고 하늘로 올라가셨다. 그렇다면 하늘에 올라가신 예수님은 그곳에서 무슨 일을 하실 것이며, 이 지상에 남아있는 성도들은 어떻게 살아야 하는 것인가? 우리는 이 문제에

---

4 CF. 손석태, 『여호와, 이스라엘의 남편』(서울: 솔로몬, 1997. Seock-Tae Sohn, *YHWH, The Husband of Israel: The Metaphor of Marriage Between YHWH and Israel* (Eugene: W&S, 2002. Seock-Tae Sohn. *The Divine Election of Israel* (Grand Rapids: Eerdmans, 1991), 10-44.

대하여 단순하게 생각해야 할 필요가 있다.

부활하여 하늘에 오르신 예수님은 하나님의 오른편에 앉으셔서 하나님과 함께 왕 노릇을 하실 것이다. 아담을 대신한 새 아담으로서 하나님께서 지으신 세상 만물을 다스리시는 왕으로서 세상을 통치하실 것이다. 또한 부활하신 예수께서 하셔야 할 일은 그를 그리스도요 하나님의 아들이라고 고백한 그의 백성들의 거처를 마련해야 하는 일이다. 이를 위하여 부활하신 예수님은 그를 대적하는 하늘의 원수, 사탄과의 전쟁을 끝내야 할 것이다. 하나님께서 에덴동산에서 아담을 유혹한 죄를 심판할 때 말씀하신 대로 사탄은 머리를 상했지만 그는 아직도 살아있다. 아마도 사탄은 예수께서 죽고 부활하실 때에 그 머리를 상했을 것이다. 그래서 사탄은 불신자들에게는 말할 것도 없고, 심지어 새 아담과의 연대성 안에 있는 자들도 그의 종이 되도록 유혹하고, 인생들을 처참하게 유린하고 있는 것이다. 부활하신 예수께서는 이 사탄의 잔당을 소탕하여 그의 백성이 평화롭게 살 수 있도록 하기 위하여 하나님을 거역하는 반역자, 사탄을 진멸하는 것이다. 말하자면 부활하신 예수께서는 하늘에서 성전(Holy War)을 계속하시는 것이다.

> "그때 하늘에서 전쟁이 일어나 미가엘과 그의 천사들이 용과 맞서 싸우고 용과 그의 사자들도(angels) 싸웠으나 그 용이 이기지 못하여 하늘에서 더 이상 있을 곳을 찾지 못하였다. 그 큰 용 옛 뱀, 곧 마귀라고도 하고 사탄이라고도 하며 온 세상을 미혹하게 하는 자가 쫓겨나고 그의 사자들도 그와 함께 쫓겨났다. ... 그러므로 하늘과 그 안에 사는 자들아 기뻐하여라. 그러나 땅과 바다에는 화가 있을 것이니, 이는 마귀가 자기의 때가 얼마 남지 않은 것을 알고 크게 분 내어 너희에게 내려갔기 때문이다." (계 12:7-12)

요한계시록 19:11부터는 그리스도께서 사탄을 징벌하고 진멸하는 마지막 장면들을 보여주고 있다. 부활하신 예수께서 흰말을 타고 등장하신다. 그분의 이름을 신실과 진실이라고 했고, 그분은 공의로 심판하며 싸우신다고 했다. 그의 눈은 불꽃과 같았고, 머리에는 많은 면류관을 썼으며, 피로 물들여진 옷을 입고 있었다. 그분의 이름은 "하나님의 말씀" (ὁ λόγος τοῦ θεοῦ, the Word of God, 계 19:13)이라고 했다. 그분의 옷과 넓적다리에는 "만왕의 왕, 주들 중의 주"(Βασιλεὺς βασιλέων καὶ κύριος κυρίων, King of kings and Lord of lords, 19:16))라고 씌어 있었다. 그리고 그분의 입에서는 예리한 검이 나오는데 그것으로 나라들을 치고, 철장으로 다스리며, 전능하신 하나님의 맹렬한 진노의 포도주 틀을 밟을 것이다(13).

그리고 14절에는 하늘에 있는 군대들이 희고 청결한 고운 베옷을 입고 흰 말들을 타고 그분을 따른다. 부활하신 그리스도께서 흰 말을 타고 가시며, 하늘의 군대가 그 뒤를 따라 전쟁에 나가는 것이다. 그런데 19:19에는 짐승과 땅의 왕들과 그들의 군대들이 말 위에 타신 분과 그분의 군대에 맞서 전쟁을 하기 위하여 모였으나 결국 이들 거짓 선지자들과 우상 숭배자들은 산 채로 유황이 타는 불 못에 던져지고, 일부는 말을 타신 분의 입에서 나오는 검에 죽임을 당한다(20, 21).

또한 천사가 무저갱의 열쇠와 큰 쇠사슬을 가지고 하늘로부터 와서 용, 곧 마귀이고, 사탄인 옛 뱀을 잡아서 천 년 동안 결박하여 두었던 감옥으로부터 석방시키나, 사탄은 다시 사방 땅의 나라들을 미혹하고 전쟁을 일으키려고 바다의 모래와 같이 많은 자들을 모은다는 것이다. 이때에 하늘에서 불이 내려와 그들을 삼켜버리고, 그들을 미혹했던 마귀와 짐승과 거짓 선지자들까지 모두 불과 유황 못에 던져 영원무궁토록 밤낮 고통을 당하게 한다는 것이다(20:1-10).

이때에 희고 큰 보좌에 앉으신 이가 나타나셔서, 죽은 자들의 행위가 기록된 생명책을 펴놓고, 그들의 행위에 따라 심판을 하신다(20:11-12). 동시에 땅과 하늘이 그 분의 얼굴 앞에서 사라지고 큰 자이든지 작은 자이든지 죽은 자는 물론 바다가 삼킨 자나 사망과 하데스가 불 못에 던져 죽은 자들은 내어주고, 보좌 앞에 펴져 있는 생명책에 기록된 자기의 행위에 따라 심판을 받고 불 못에 내던져지고, 둘째 사망에 빠지게 되며, 누구든지 생명책에 기록되지 않는 자는 다 불 못에 던져진다는 것이다.

모든 악의 세력이 평정된 후 계시록 21장에서는 이제 새 하늘과 새 땅이 열린다.

"또 내가 새 하늘과 새 땅을 보니, 처음 하늘과 처음 땅이 없어지고, 바다도 더 이상 존재하지 않았다. 또 내가 거룩한 성, 새 예루살렘이 하나님으로부터 하늘에서 내려오는 것을 보니 신부가 남편을 위하여 단장한 것 같았다. 또 들으니 보좌에서 큰 음성이 말하기를

'보아라, 하나님의 장막이 사람들과 함께 있고, 그분께서 그들과 함께 계실 것이다. 그들은 하나님의 백성이 되고 하나님께서는 친히 그들과 함께 계실 것이니, 그들의 하나님이 되실 것이다. 하나님께서 그들의 눈에서 모든 눈물을 닦아 주실 것이며, 다시는 죽음이 없고 슬픔이나 우는 것이나 아픈 것이 더 이상 있지 않을 것이니, 이는 처음 것들이 지나갔기 때문이다.'

라고 하였다. 또 보좌에 앉으신 분께서 말씀하시기를

'보아라 내가 만물을 새롭게 한다.'
하셨고 또 말씀하시기를

'너는 기록하여라. 이 말들은 확실하고 참되다."
하셨으며 그분께서 또 내게 말씀하셨다.

'다 이루었다. 내가 곧 알파와 오메가이고 시작과 끝이다.

내가 목마른 자에게 생명수 샘물을 값없이 주겠다.
이기는 자는 이것들을 상속받을 것이며
나는 그의 하나님이 되고,
그는 나의 아들이 될 것이다.
그러나 두려워하는 자들과 믿지 않는 자들과 ....
우상숭배자들과 모든 거짓말쟁이들의 받을 것은
불과 유황이 타는 못 안에 들어가는 것이다.
이것이 둘째 사망이다.' (21:1-8).

부활하신 예수님은 사탄과 그의 남은 전투에서 승리하시어, 지상과 천상을 평정하고, 새 하늘과 새 땅을 완성하시는 것이다. 그래서 그는 "다 이루었다"(21:6)고 말씀하시고, 그 자신이 알파와 오메가, 시작과 끝이라고 선언하신다. 물론 이 선언은 앞으로 이루어질 것을 전제한 말씀이다.

이제 새 하늘과 새 땅에는 새 예루살렘이 하나님께로부터 내려온다. 그러나 그 성 안에는 성전이 없었다. "주 하나님, 곧 전능하신 분과 어린 양께서 그 성의 성전이시기 때문이라"라고 했다 (21:22). 또한 그 성은 해나 달이 비출 필요가 없다. 하나님의 영광이 그것을 비추고, 어린양께서 그 성의 등불이 되시기 때문이라는 것이다. 그리하여 나라들이 그 성의 빛 가운데로 다닐 것이며, 구원받은 땅의 왕들이 자신들의 영광을 가지고 그 성으로 들어온다는 것이다. 그러나 오로지 어린 양의 생명책에 기록된 자들만 그 성으로 들어오게 된다는 것이다.

또한 성 안에는 하나님과 어린 양의 보좌로부터 생명수가 흘러나와 강을 이루어 예루살렘 성읍의 거리 가운데로 흐르고, 강 양쪽에는 만국 백성을 치료할 생명나무가 있다(22:1-2). 해가 없고 달이 없어도 하나님과 어린 양을 섬기는 자들은 그분의 얼굴을 볼 것이고, 그분의 이름이 이마에 있을 것이다. 주 하나님께서 그들을 비추시고, 그들을 영원무궁토록 다스리실 것이기 때문이다(22:4).

　이 일들은 속히 이루어질 것이다. 주께서는 "보아라. 내가 속히 오겠다."고 계속 다짐하신다. 제자들에게 속히 오겠다는 약속을 계속 반복하여 말씀하시는 것이다(22:6,7,12,20).

　부활 승천하신 그리스도께서 사탄과의 남은 싸움을 싸워 승리하시고, 그가 피흘려 살린 그의 백성들과 동거하기 위하여 거처를 마련하는 일을 하신다. 주께서 천상에서 성전(Holy War)을 벌이고 있는 동안 지상에 있는 그의 백성들은 무엇을 해야 할 것인가?

7.4. 하나님의 전신갑주를 입어라

　예수께서는 제자들에게 그들이 있을 곳을 마련하기 위하여 아버지 집으로 가신다고 했고, 있을 곳을 예비하면 다시 와서 제자들을 그에게로 영접하여 그가 있는 곳에 머물게 하겠다고 말씀하셨다(요 14:1-2). 부활하신 예수님은 그의 제자들이 있을 곳을 마련하기 위하여 하늘에서 사탄들과 싸우시는 것이다. 한편 부활하신 예수께서 그의 제자들을 위하여 천상에서 마귀와 대적하여 싸우는 동안 그의 제자들은 지상에서 무엇을 해야 하는 것인가? 사도 요한은 세상에 남아 있는 성도들을 향하여 입을 열었다.

> "사랑하는 자들아 이제 우리는 하나님의 자녀이다. 우리가 어떻게 될 것인지는 아직 나타나지 않았으나 그분께서 나타나시면 우리도 그분과 같이 될 것을 알고 있으니, 이는 우리가 그분을 계신 그대로 볼 것이기 때문이다. 그분을 향하여 이 소망을 가진 자마다 그분께서 깨끗하신 것 같이 자기를 깨끗하게 한다. ... 죄를 짓는 자마다 마귀에게 속해있으니 마귀는 처음부터 죄를 짓는 자이기 때문이다. 그분은 죄를 지을 수 없으니, 이는 그분이 하나님께로부터 났기 때문이다. 이것으로 하나님의 자녀와 마귀의 자녀가 드러나게 된다. 의를 행하지 않는 자나 형제를 사랑하지 않는 자는

누구나 하나님 나라에 속하지 않았다."(요일 3:2-10)

우리 성도들은 이미 부활하신 그리스도와의 연대성 안에 들어와 있고, 그리스도와 함께 연합된 자들이자, 하나님으로부터 나서 하나님께 속한 자들이요, 그리스도의 병사들이다. 사도 요한이 보았던 계시록 4-20장의 사건들은 부활하신 예수님의 천상에서의 전쟁, 곧 성전(聖戰, holy war)에 대한 환상을 기록하고 있다. 예수께서 새로운 왕국을 이루기 위해서는 반드시 그를 대항한 사탄을 궤멸하고 승리해야 했다. 따라서 부활 승천부터 예수님의 재림까지의 기간은 예수님의 사탄과의 전쟁 기간, 곧 천상에서의 성전(聖戰, holy war) 기간이라고 할 수 있다.[5]

예수께서 하늘에서 사탄과의 전쟁을 하는 동안 이 땅에 남아있는 그의 제자들도 사탄과 영적 전쟁을 해야 하고, 예수께서는 이를 위하여 성령을 보내시어 제자들이 승리하는 생활을 하도록 도우실 것이다. 예수님의 전쟁은 하늘에서 예수님 혼자만 하는 것이 아니다. 하늘에서 영들이 싸우는 동안 지상에 있는 그의 병사들도 사탄을 대항하여 싸운다. 따라서 베드로는 그의 양떼들에게 마귀를 대적할 태세를 항상 갖추고 있도록 주의를 준다.

"정신을 차리고 깨어 있어라. 너희의 대적 마귀가 우는 사자같이 두루 다니며 삼킬 자를 찾고 있으니, 너희는 믿음으로 굳게 서서 마귀를 대적하여라. 너희가 아는 대로 너희의 형제들도 세상에서 동일한 고난을 겪고 있다. 모든 은혜의 하나님, 곧 그리스도 예수님 안에서 너희를 자신의 영원한 영광 가운데로 부르신 분께서 잠시 고난을 당하는 너희를 친히 온전케 하시고 굳게 세우시며 강하게 하시고 견고하게 하실 것이다."(벧전 5:8-10)

5　Tremper Longman, *Revelation Through Old Testament Eyes,* 313-319.

이미 머리에 상처를 입은 마귀가 부활하신 새 아담의 군사들을 가만히 놔둘 리가 없다. 배고프고 성난 사자가 삼킬 자를 찾아다니듯이 그들은 이 세상을 휘젓고 다니며 닥치는 대로 예수님의 백성들에게 덤벼들 것이다. 사람들은 정신을 차리지 않으면 잡혀 먹는다는 것이다. 그래서 그리스도의 군사들은 믿음으로 굳게 서서 이 마귀들을 대적해야 하는 것이다. 그때 사탄에게 승리하신 주께서 고난당하는 그의 양떼들을 온전하고 굳게 세우고 강하고 견고하게 하신다는 것이다. 그리하여 지상에 남은 병사들은 천상에서 벌어지는 예수님의 성전(聖戰)에 동시에 참여하는 것이다. 바울은 이 점에 대하여 좀 더 구체적으로 권고하고 있다.

"마지막으로 너희는 주님 안에서, 그리고 그분의 힘으로 능력으로 강건하여지고, 마귀의 술책에 대항하여 설 수 있기 위해 하나님의 전신갑주를 입어라. 이는 우리의 싸움이 혈과 육에 대한 것이 아니고 통치자들과 권세자들과 이 어두움의 세상 주관자들과 하늘에 있는 악한 영들에 대한 것이기 때문이다. 그러므로 하나님의 전신갑주를 취하여라. 이는 너희가 악한 날에 대적하고 모든 것을 행한 후에 설 수 있게 하기 위한 것이다. 그러므로 너희는 서서 진리로 너희 허리를 동이고 의의 가슴막이를 붙이고, 발에는 평화의 복음을 전할 준비로 신을 신고, 모든 것에 대하여 믿음의 방패를 가지고 이것으로 악한 자의 모든 불화살들을 능히 소멸시키며, 구원의 투구와 성령의 검, 곧 하나님의 말씀을 가져라. 모든 기도와 간구로 항상 성령으로 기도하고, 이를 위하여 모든 인내와 성도를 위한 간구로 깨어 있으라." (엡 6:18)

예수님은 그의 제자들을 죄와 죽음의 사슬에서 구출하기 위하여 죽으시고, 부활하신 대장이시고, 제자들은 그의 병사이다. 고대 세계의 전쟁, 소위 성전(Holy War)은 하늘에서는 신들이 싸우면, 땅에서는 그 신들의 지상 병사들도 서로 싸운다. 하늘의 신이 이기면, 지상의 병사들도 이긴다.

그러나 하늘의 신이 패하면 지상에 있는 그의 신민도 패배한다.[6] 이와 같은 사실에 비추어 볼 때, 새 아담이 하늘의 사탄들과 전투를 벌이고 있는 동안, 지상에 남아있는 새 아담의 백성들, 곧 예수님의 제자들도 마귀 사탄들과 전투를 하는 것이다.[7]

바울은 아직 지상에 남은 그리스도의 병사들에게 마귀를 대적하기 위하여 예수님의 군사로서 완전무장을 하라고 명한다. 전신갑주를 입고, 허리띠는 진리, 가슴막이는 의, 발에는 평화의 복음으로 무장하고, 머리에는 구원의 투구를 쓰고, 손에는 믿음의 방패와 성령의 검, 곧 말씀을 가지고 기도와 간구로 마귀들과 싸우라는 것이다. 이 지상의 성도들은 마귀들을 대항하기 위하여 선발된 부활하신 그리스도의 병사들이라는 것이다(딤후 2:1-7).

마가복음 9장에 보면 예수께서는 어려서부터 벙어리 영이 들린 아이를 고쳐주신 적이 있는데, 예수님의 제자들은 이 아이를 고치지 못해 웃음거리가 되었다. 예수께서는 "아 믿음이 없는 세대여, 내가 언제까지 너희와 함께 있어야 하겠느냐? 내가 언제까지 너희를 참아야 하겠느냐? 그를 내게로 데려오라."(19)고 명하시며, 그 더러운 영을 꾸짖으시자 그 영이 부르짖으며 아이에게 경련을 심하게 일으킨 후에 그 아이에게서 나갔다. 이 일이 있은 후 제자들이 예수께 자기들이 더러운 영을 쫓아내지 못한 이유를 물었을 때, 예수께서는 "이런 종류의 것은 기도 외에는 어떤 것으로도 나가게 할 수 없다" (29)고 대답하셨다. 예수께서는 그의 제자들에게 더러운 영을 대항하는 법을 이미 가르치셨고, 당연히 더러운 영을 대항해야 함을 암시하고 있다. 그리고 그들이 묻는 질문대로 사탄을 물리치는

---

6 Seock-Tae Sohn, *The Divine Election of Israel* (Grand Rapids: Eerdmans, 1991), 44-61. 김세윤, 『데살로니가인들과 모두를 위한 복음』 (*Paul's Gospel for the Thessalonians and others*) (Mohrs Siebeck, 2021, 서울: 두란노, 2023),638-45.

7 Tremper Longman III, *Revelation Through Old Testament Eyes: A Background and Application Commentary* (Grand Rapids: Kregel Publication, 2022), 313-19.

방법은 기도 이외는 없다는 것을 말씀하신다(29). 예수께서는 일찍이 자신이 사탄의 우두머리, 바알세불을 성령으로 물리치신 것을 제자들과 사람들에게 보여주신 일이 있다. (막 3:22-30). 결국 이 세상은 사탄과의 싸움이고, 그 싸움은 예수님과 바알세불의 싸움, 곧 예수님의 제자들과 바알세불의 졸개, 사탄과의 싸움이라는 것을 가르치신 것이다. 그리스도의 새 백성으로 병사가 된 제자들은 비록 이 땅에서 육신의 몸을 가진 자들이지만 영적 전투에 참가하여 말씀과 기도로 사탄의 권세를 꺾고, 이 땅에 의와 진리가 편만하고 평화가 이루어지는 세상이 이루어지게 해야 하는 것이다.

일찍이 예수께서는 12 제자들을 불러 사도라고 칭하셨는데, "이는 그들로 자기와 함께 있게 하시고, 또한 그들을 보내어 복음을 선포하게 하시며, 악령들을 쫓아내는 권세를 가지게 하시려는 것이었다"(막 3:14-15). 예수께서 제자들을 선택하신 목적은 분명하다. 예수님과 함께 있게 하고, 복음을 전하게 하고, 악령들을 내어쫓게 하려는 것이었다. 예수님의 부활 승천 후 이 땅에 남은 제자들은 예수께서 그의 제자들을 데리러 오실 때까지 주님의 영과 함께 하며, 무엇보다 사탄과 전쟁을 하는 전사로, 땅 끝까지 나아가 하나님의 말씀을 가르쳐 지키게 하는 선지자적 사명을 수행하는 작업을 해야 하고, 나아가 이 땅의 모든 사람들을 다 선지자로 기르는 일을 해야 한다. 그리하여 만인이 다 선지자가 되게 하는 것이다(민 11:29).[8]

7.5. 만인 선지자가 되어라

부활하신 예수께서는 승천하시기 전에 그의 열한 제자들을 한데 불러 모아놓고, 그가 승천하여 제자들과 잠시 떨어져 있는 동안에 제자들이 이 지상에서 해야 할 사명을 말씀하신다. 이것은 마치 예수께서 살아생전에 제자들에게 주셨던 열 므나의 비유를 생각나게 한다. 예수께서는 이 비

---

8 손석태, "만인 선지자," *JSOT* 18(2018), 5-36.

유를 말씀하실 때 "예수께서 예루살렘에 가까이 이르셨고, 그들은 하나님 나라가 즉시 나타나게 될 것이라고 생각하였기 때문이라는 것이다."(눅 19:11-27). 예수께서는 이 말씀을 하시고 앞서 예루살렘으로 올라가셨다(눅 19:28). 이 기록을 보면 이는 분명 예수께서 십자가를 지기 위하여 예루살렘을 향하여 올라가는 자신을 왕위를 받으러 먼 지방으로 떠나는 한 귀족으로 비유하며, 제자들에게 그가 다시 돌아올 때까지 나눠주신 돈으로 장사를 하라고 명령을 하고 계신 것이다. 예수님의 제자 된 우리들이 예수께서 재림하실 때까지 무엇을 해야 하는가를 제시하시는 말씀이라고 할 수 있다.

예수께서는 열한 제자들을 한데 모아놓고, 먼저 자기 자신이 부활 이전의 사람이 아닌 것을 밝히신다. 예수께서는 "하늘과 땅의 모든 권세를 내게 주셨다"(마 28:18)라고 자신의 정체를 밝히신다. 하늘과 땅의 모든 권세를 가지신 분은 하나님이시다. 그런데 하나님께서는 그 권세를 이제 예수님에게 주신 것이다. 따라서 예수님은 하늘과 땅을 창조하시고, 하늘과 땅을 다스리시는 왕 중의 왕이시라는 것이다. 하늘과 땅을 창조하신 하나님께서는 아담을 그의 형상대로 만드시고 그가 창조하신 온 세상을 그를 대신하여 관리하고, 다스리도록 왕적인 권세를 주셨다. 그래서 아담은 만물의 왕이요 통치자가 되었었다. 그러나 이제 하나님께서는 부활하신 새 아담 예수님께 하늘과 땅의 통치권을 주신 것이다. 하나님께서는 자기 몸을 아담의 속죄물로 바친 그의 아들, 예수님을 다시 살려, 새 아담으로 세우시고, 하나님과 동등한 그의 아들이 되게 하여 만왕의 왕이 되게 하신 것이다. 세상 우주 만물이 이제 부활하신 예수님 앞에 무릎을 꿇고 복종하고 따라야 하는 새 질서가 세워진 것이다(골 1:12-20).

이어서 예수께서는 하늘과 땅의 권세자로서 제자들에게 명령을 내리신다. "제자를 삼으라"(μαθητεύσατε)는 것이었다. 이 명령은 하늘과 땅의 권세자, 하나님께서 그의 제자들에게 주신 명령이다. 따라서 이 명령은 순종해도 좋고, 순종하지 않아도 좋은 것이 아니다. 반드시 복종해야 할 명령이다. 이후 예수께서는 40일 동안 제자들과 함께 머무르시며 하나님 나라에 관한 일들을 말씀하셨다고 했다(행 1:3). 그리고 예루살렘을 떠나지 말고, 성령으로 세례를 주시겠다는 하나님 아버지의 약속을 기다리라고 명하셨다. 이때에 예수께서 제자들에게 하나님으로부터 성령으로 세례를 받게 하시겠다는 말씀은 오순절에 제자들에게 성령 세례를 받게 하여 하나님으로부터 그의 선지자로 인증받게 하시겠다는 뜻이다. 여러 민족에게 나아가서 예수께서 명하신 것을 지키도록 가르치려면 제자들은 무엇보다 여러 사람들로부터 그들이 하나님께서 보내신 선지자들임을 인정받아야 했기 때문이었다.[9]

새 하늘과 새 땅에 대한 하나님의 비전은 아담과 하와가 하나님의 말씀을 불순종하여 타락하게 만들어버린 세상을 말씀으로 새롭게 하고자 하신 것이었다. 이를 위하여 말씀이신 하나님께서 육신을 입고 이 땅에 오셔서 말씀을 가르치신 일을 하셨다. 선지자적인 일을 하신 것이다. 따라서 예수께서는 요단 물속에 들어가 요한으로부터 물로 세례를 받으시고, 하늘의 하나님으로부터 성령의 인치심을 받으심으로 그가 하나님의 선지자이심을 사람들에게 알게 하신 것이다. 물론 이 사건은 예수께서 하나님의 아들이심을 예수님 자신도 확신하게 하실 뿐만 아니라 사람들에게도 예수님이 보통 사람들과는 다른 신적 존재임을 알리기 위한 목적이 있었다고 할 수 있다. 이를 확증하시기 위하여 예수께서는 안식일에 나사렛 회당에 들어가 이사야 선지자의 책을 펴서 자신에 관하여 예언하고 있는 기록을 펴서 사람들에게 읽어 주셨다.

"주님의 영이 내게 임하였으니, 주께서 내게 기름을 부으셔서 가난한 자들에게 복음을 전하도록 하셨다. 주께서 나를 보내셔서 포로들에게 자유를,

---

9 본서 5.5.3. 참조

맹인들에게 다시 보게 됨을 선포하고, 억눌린 자들을 자유롭게 하며, 주님의 은혜의 해를 선포하게 하셨다."(눅 4:18-19)

예수께서는 주의 영이 그에게 임하여, 그에게 기름을 부으시고 가난한 자들에게 복음을 전하게 하셨다는 것은 하나님께서 그를 선지자로 임명하셨다는 뜻이다. 이후 예수께서는 나사렛을 시작으로 곳곳에 다니시며, 권위 있는 말씀을 가르치고, 병을 낫게 해주고, 악령을 내쫓으며, 사람들이 행할 수 없는 특별한 이적을 행하셨고 사람들은 이것을 보고 놀랐다. 나인 성 과부는 자기의 죽은 아들을 살려주신 예수님에 대하여 "우리 가운데 위대한 선지자가 나타나셨다"(눅.7:16)라고 했고, 니고데모는 "하나님께로부터 오신 선생"이라고 했으며, 남편을 다섯이나 가졌던 사마리아 여인은 "주님, 제가 보기에 당신은 선지자이십니다."(요 4:19)라고 말했다. 예수께서는 하나님의 아들로 이 땅에 오셔서 아담과 그의 연대성 안에 있는 죄인들의 죄를 속죄하기 위하여 자신의 몸을 속죄 제물로 바쳐야 하는 큰일도 해야 했지만 선지자로서 새 하늘과 새 땅을 만드시려는 하나님의 뜻을 백성들에게 알리는 선지자로서의 사명을 먼저 실행해야 했다.

예수께서 제자들에게 사람들이 자기의 정체에 대해서 무엇이라고 말하는가를 물었을 때, 제자들은 사람들이 예수님을 세례 요한이나 엘리야와 같은 선지자 중의 하나로 말한다고 대답했다(막 9:28). 하나님의 아들 예수께서 이 땅에 오셔서 자신을 아담을 대신할 속죄물로 하나님께 바치는 일도 중요하지만 백성들에게 하나님의 말씀을 가르쳐 새 하늘과 새 땅을 이루는 선지자로서 일도 중요한 일이었다. 그리하여 예수님은 그의 생전에 그의 백성을 가르치는 일에 온 마음과 힘을 다 쓰시고, 특별히 그가 세상을 떠나신 후에 그를 대신하여 하나님의 말씀을 가르칠 제자들을 양성하는 선지자적 사명에 전심전력하신 것이다.

예수님은 선지자로 오셔서 제자를 양성하셨는데, 이제 부활 승천하시며, 그 제자들을 하나님과 사람들로부터 선지자로 인정받도록 성령 세례를 받게 하여 새 하늘과 새 땅, 새 나라의 백성들을 모으고 가르쳐, 예수님의 제자들이 예수님의 가르침을 본받아 대를 이어 선지자를 양성하도록 명하신 것이었다. 그리하여 물이 바다를 덮음 같이 하나님을 아는 지식이 온 세상에 차고 넘쳐서 온 세상 사람들이 하나님을 앎으로 온갖 생물들이 태생적인 적대감을 버리고 함께 어울려 평화롭게 사는 새로운 세상을 만들고자 하는 것이었다(사 9장; 11장; 렘 31장).

이 비전은 실상 하나님께서 아브라함을 믿음의 조상으로 선택하시고 부르신 후, 그와 언약을 맺을 때부터 주신 계획이고 뜻이었다. 하나님께서는 아브라함을 부르시고, 그를 큰 민족이 되게 하고, 땅의 모든 족속이 그 안에서 복을 받게 하겠다고 말씀하셨다(창 12:1-3). 그리고 창세기 18:18-19에서 아브라함이 크고 강한 민족이 되게 하고 땅의 모든 민족이 그 안에서 복을 받게 될 것을 다시 확인하며, "내가 그를 선택한 것은 그가 그의 자식과 그의 가족들에게 명령하여 여호와의 도를 지켜 공의와 정의를 행하게 하고, 나 여호와가 아브라함에 대하여 말한 것을 그에게 이루려 하는 것이다."라고 말씀하신다. 하나님의 천사들이 아브라함에게 융숭한 접대를 받은 후 아브라함을 떠나려 하며 하신 이 말씀은 하나님께서 아브라함을 처음 갈대아 우르에서 부르실 때 주신 약속의 말씀, 창세기 12:1-3에 대한 연속이다. 뿐만 아니라 창세기 15-18장에 이르는 아브라함과 하나님의 언약의 일부라고 할 수 있다.[10]

하나님께서 아브라함을 선택한 이유를 아브라함이 그의 후손들에게 "여호와의 도"를 지키게 하여 공의와 정의가 있는 새 하늘과 새 땅을 이루게 하려는 것이라고 말씀하시는 데, 사전적으로 "도"(דרך, road) 라는 말은 주로 사람이나 짐승이 다니는 통로를 의미하지만 비유나 상징으로 쓰는 경우가 많다. 대개의 경우, 사람들의 도덕적인 행위나 성품(a moral ac-

---

10 손석태,『창세기 강의』, 130-133, 155-174.

tion and character)을 나타내거나, 은유적으로 "하나님의 말씀" 혹은 "하나님의 법령"(statutes of God)" 이나 "하나님의 명령" (Commands of God's law) 등의 의미로 사용되고 있다. "여호와의 도"(דרך יהוה)는 종교적으로 사람들이 깨달은 하나님의 주권이나 섭리나 통치, 혹은 마땅히 지켜야 할 도리나 깨달은 이치, 곧 "인생의 길" (course of life, 삿 2:22; 왕상 2:1-4; 잠 10:17,29; 22:6)을 의미하기도 한다. 따라서 일반적으로 "여호와의 도"란 여호와의 말씀과 여호와의 생각이나 법이나 행위나 성품을 기술하는 말이라고 할 수 있다.[11] 따라서 여호와 하나님께서 아브라함을 선택한 이유는 아브라함이 그의 후손들에게 여호와의 말씀을 가르쳐 공의와 정의를 행하는 자들이 되게 하려는 것이었다. 말하자면 그의 후손들에게 선지자적 사명을 부여하신 것이다.

이 일이 있은 후 하나님께서는 그의 아내 사라를 납치해 간 아비멜렉에게 아브라함을 "선지자"(נביא)라고 칭하고, 그의 아내를 돌려보내라고 명하신다(창 20:7). 결국 아브라함의 후손들은 이후 하나님의 아들 예수께서 하나님의 구속사 안에서 정식으로 하나님의 선지자로 등장하기까지 여호와 하나님의 선지자로서의 사명과 역할을 한 사람들이었다. 하나님께서는 아브라함과 언약을 맺으시고, 이어서 그의 후손들이 이집트에서 민족을 이루게 하시고, 모세를 통하여 이들을 이집트에서 이끌어 내어, 시내산으로 데리고 와서 하나님의 백성으로서 살 수 있게 젖과 꿀이 흐르는 땅을 주고, 나라를 세워 주어, 하나님의 "도"를 지키고 살도록 이들과 언약을 맺으셨다. 하나님께서 이들을 마치 아들처럼 대우하시고, 심지어 신부처럼 사랑하고 지키고 돌봐주셨다.

그러나 아브라함의 후손, 이스라엘 백성은 하나님의 말씀을 불순종하고, 배반하여 결국 망할 상황에 이르렀다. 이제 처음 하늘과 처음 땅을 대

---

[11] R. Laird Harris, Gleason L. Archer, Jr. Bruce K. Waltke, "453 Derek" (דרך) *Theological Wordbook of the Old Testament* (Chicago: Moody Bible Institute, 1980), 196-197.

신할 새 하늘과 새 땅을 구체적으로 이루실 때가 가까워진 것이다. 하나님께서는 선지자 예레미야를 통하여 "새 창조"에 대한 새 언약을 주실 것을 말씀하신다. 아브라함과 다윗을 이은 하나님의 아들, 곧 새 아담을 통하여 말씀을 통한 새 나라를 창조하실 것을 말씀하신 것이다. 아담의 하나님의 말씀에 대한 불순종이 하나님의 첫 창조에 대한 심판과 멸망을 초래한 만큼, 이제 하나님께서는 아브라함에게 말씀하신대로 "여호와의 도", 곧 말씀을 통하여 새 창조를 이루시겠다는 확고한 의지를 밝히신 것이다. 하나님께서는 선지자 예레미야를 통하여 훗날 이스라엘 집과 맺을 언약을 말씀하신다.

> "여호와의 말이다. 보아라 그 날이 오면 내가 이스라엘 집과 유다 집과 새 언약을 맺을 것이니, 내가 그들의 조상들의 손을 굳게 잡고 이집트 땅에서 그들을 이끌어 내던 때에 그들과 맺은 언약과 같지 않을 것이다. 그 때에 내가 그들의 남편이었으나 그들은 내 언약을 깨뜨려 버렸다. 여호와의 말이다. 그러나 훗날 내가 이스라엘 집과 맺을 언약은 이러하니, 내가 내 율법을 그들 속에 두며 그것을 그 마음에 기록하여, 나는 그들의 하나님이 되고, 그들을 내 백성이 될 것이다. 여호와의 말이다. 그들이 다시는 자기 이웃이나 형제에게 말하기를 '너는 여호와를 알아라' 하지 않을 것이니 이는 작은 자로부터 큰 자까지 모두가 나를 알 것이기 때문이다."(렘 31:33-34).

하나님께서는 깨어진 옛 언약을 대신하여 새 언약을 주실 것을 말씀하신 것이다. 하나님께서는 시내 산에서 그의 백성들과 언약을 맺을 때에 그의 율법을 돌에 새겨 주셨다. 그럼에도 불구하고 그 돌판은 곧 깨졌고, 언약도 깨졌으며, 율법도 무시되고 버려졌다. 그러나 여호와께서는 그의 백성들에게 새 언약을 주시고, 그것을 각 사람들의 마음에 기록하여 주시겠다는 것이다. 여기에서 율법을 "그들 마음에 기록하겠다"는 말은 히브리어로 "브 알-리밤 에크타베나"(ועל-לבם אכתבנה), "그리고 내가 그들의 심장에 그것을 기록하겠다"(and I will write it on their hearts, ESV)라고 읽는데, 이것이 원문에 더 가까운 번역이다. 심장에 기록했다는 말은 생명과 연관된 의미를 가진 말이다. 뿐만 아니라 그날이 오면 사람들이 자기 이웃이나 형제들에게 여호와를 알라고 말할 필요가 없는 세상이 된다는 것이다. 하나님의 뜻은 세상 모든 사람들이 다 하나님을 알기를 바라는 것이고, 하나님을 알되 형식적으로 아는 것이 아니라 심장에 새겨 주신 말씀을 깊이 알라는 것이다.

예수님을 따르던 큰 무리들은 보리떡 다섯 개와 물고기 두 마리로 오천 명을 먹이신 예수님을 가리켜 "이 분이 참으로 세상에 오실 그 선지자이시다"(요 6:14)라고 말하며 예수님을 그들의 왕으로 삼으려고 했다. 이 말은 하나님께서 모세의 입을 통하여 "내가 그들의 형제 가운데 그들을 위하여 너와 같은 선지자 하나를 세우고 내 말을 그의 입에 두겠다. 그러면 내가 명령한 모든 것을 그가 그들에게 말할 것이다."(신 18:18)라고 하신 예언의 말씀이 이루어진 것이라고 할 수 있다.[12] 예수님은 이 땅에 대선지자로 오셨다. 예수님은 대선지자로서 그의 사명을 시작하기 전에 먼저 하나님의 선지자 세례 요한에게 나아가서 세례를 받았다. 예수께서 세례를 받으실 때 하늘이 자기에게 열리고 하나님의 영이 비둘기같이 내려와 자기 위에 내려오는 것을 보셨다고 했다. 이대에 "이는 내 사랑하는 아들이다. 내가 그를 기뻐한다"는 하나님의 음성을 들으셨다. 예수님은 선지자 요한으로부터 하나님의 선지자로서 인증을 받으신 것이다 (마 3:15). 그리고 그의 공생애 3년 동안 제자들을 선지자로 양성하신 것이다.

부활하신 예수께서는 제자들을 선지자로 세우기 위하여 먼저 이들에게 선지자적 사명을 주셨다. 모든 족속(πάντα τὰ ἔθνη)으로 제자를 삼으라

---

12 본서 5.5.3 대선지자가 된 그리스도 참조

고 명하셨다. 스승인 선지자 예수께서 제자들을 향하여 "제자를 삼으라"는 말씀은 바로 제자들에게 선지자가 되라는 명령이다. 그리고 예수께서는 제자들이 선지자로서 위임을 받기 위하여 성령의 세례를 받을 때까지 기다리라고 명하신다. 그리하여 제자들은 예루살렘에 돌아와 예수께서 약속하신 성령의 세례를 받고, 방언을 하는 가운데 예루살렘 주민들과 오순절 명절에 제사 드리기 위하여 해외에서 온 동포들과 나아가서 유대의 모든 상류 지도자들에게 그들이 하나님께서 세우신 하나님의 입, 곧 하나님의 선지자임을 인증 받았다(행 2-4장). 3천 명, 5천명의 사람들이 세례를 받는 놀라운 일이 벌어졌다.

부활하신 예수께서 그의 제자들에게 분부하신 말씀은 첫째 가서, 둘째 세례를 주고, 셋째 예수께서 명하신 것을 지키도록 가르치라는 것이었다. 세례는 중생하는 자들에게 주는 것이다. 중생은 하나님의 영, 곧 하나님의 씨가 내 마음 속에 뿌려져 자리를 잡는 것을 의미한다. 예수께서 니고데모에게 말씀하신 것과 같이 바람이 어디에서 와서 어디로 가는지 알지 못하는 것과 같이 사람이 거듭나는 것은 (중생하는 것은) 그 자신이 그 때를 알 수 없다(요 3:8). 마치 어린 아이가 엄마의 뱃속에서 언제 잉태했는지, 언제 출생할 것인지 알지 못하는 것과 같다. 그러나 하나님의 씨가 내 안에서 싹이 트고 자라기 시작하면 우리는 우리 속에서 살아 움직이는 영적 움직임을 알 수 있다. 이때부터 우리는 하나님께 마음 문을 열고, 말씀을 받고, 하나님을 찬양하며, 비로소 자신이 죄인임을 깨닫고, 하나님께 구원을 요청하게 된다. 그리고 예수님을 주와 그리스도로 고백하게 된다(마 16:16; 행 9:19-22). 그때에 교회의 목사는 일정한 세례문답의 절차를 걸쳐서 회중들 앞에서 세례를 베풀게 된다. 이때에 하나님께서는 그를 하나님 나라의 새 백성으로 인증하기 위하여 성령으로 인치시고, 집례자는 성령의 임하심을 상징적으로 인치기 위하여 머리에 물을 뿌린다. 이로써 세례를 받은 자는 성령의 인치심을 받아 하나님의 자녀요, 새 하늘과 새 땅의 백성으로 입양되고, 하나님의 자녀로 족보와 호적에 오르는 것이다. 새 사람이 된 것이다. 따라서 우리는 세례를 받음으로 예수 그리스도의 죽음과 부활에 연합한 새 사람이 될 뿐만 아니라 교회의 머리되신 예수님의 지체가 되는 것이다.[13]

우리는 여기에서 세례의 역할이 두 가지라는 것을 알 수 있다. 성령이 임하여 일정한 자격을 인준하는 것인데, 첫째는 예수님의 제자들이 성령으로 세례를 받음으로 하나님의 자녀요 하나님의 백성이 되는 것을 인증하는 것이요, 둘째는 예수님의 제자들이 성령으로 세례를 받음으로 하나님의 일꾼, 곧 선지자가 되는 것을 인증하는 경우이다. 그런데 하나님의 자녀가 되는 것과 하나님의 선지자가 되는 것은 성령의 인증이 필요한 것인데, 성령의 세례는 물세례를 받을 때 동시에 일어난다. 말하자면 물세례를 받을 때, 하나님의 자녀로서 인치심을 받을 뿐 아니라 동시에 하나님의 선지자로 인치심을 받게 되는 것이다. 따라서 성령의 세례는 단회적이며, 신자는 성령의 세례를 받음으로 자녀가 될 뿐만 아니라 동시에 하나님의 선지자가 되는 것이다. 신자는 한편으로는 하나님의 자녀요 하나님의 백성으로서 하나님과의 깊은 관계를 맺게 되는 것이고, 다른 한편으로는 선지자로서 인정을 받아, 하나님의 말씀을 대언하고, 해석해주며, 가르치고 적용하고 순종하도록 하는 일을 하는 것이다. 부활하신 예수께서 그의 제자들에게 "제자를 삼으라"고 하신 명령은 선지자로서 하나님의 말씀을 대언하고, 해석해주고, 적용하도록 가르치는 일을 하라는 말씀이다.

우리 성도들은 물세례와 동시에 성령세례를 받음으로 새 아담, 예수 그리스도의 형제가 되고, 지체가 되고, 백성이 되고, 선지자가 되었다. 그러므로 우리는 이제 예수님의 다시 오심을 앉아서 기다리고 있어서는 안 되는 자들이다. 예수님의 제자로서 선지자로서의 활동을 해야 할 사람들이다. 땅 끝까지 이르러 모든 민족을 제자로 삼는 선지자적 사명을 감당해야 할 사람들이다. 마가는 "온 우주(εἰς τὸν κόσμον ἄπαντα , all the universe,

---

13 손석태, 『성령세례의 새로운 해석』, 145-209.

kosmos)에 다니며 "모든 피조물"(πάση τῆ κτίσει, to the every creature)에게 복음을 선포하라"(막 16:15)고 말하고 있다. 참으로 원대한 사명을 주신 것이다. 우리는 예수께서 약속하신대로 이 땅에 다시 오실 때까지, 이 세상에 머물러 있는 동안 그의 선지자로서 제자를 양성하는 일을 해야 한다. 온 우주까지 나아가 모든 생물들, 모든 피조물들에게까지 예수께서 명한 모든 것을 지킬 때까지 가르쳐야 한다. 물이 바다를 덮음 같이 여호와를 아는 지식이 차고 넘쳐, 모든 만물이 그들의 태생적인 적대감을 버리고, 서로 평화롭게 사는 세상이 이루어질 때까지 제자 삼는 일을 해야한다.

하나님께서 세우시는 새 하늘과 새 땅, 곧 새로운 하나님 나라는 말씀의 나라이다. 우리 성도들은 말씀의 나라를 이루기 위하여 부르심을 받았고, 말씀의 나라 선지자로서 제자 양성에 대한 사명을 받은 자들이다.[14]

7.6. "내가 네 안에, 네가 내안에, 모두가 우리 안에"

성경에서 하나님이 보여주신 종말의 비전은 관계성의 회복이다. 하나님께서는 첫 창조에서 그가 창조하신 세상에 하나님-사람-만물의 관계를 세우셨다. 그가 창조하신 세계가 상명하복과 연대성을 가진 군대와 같은 조직과 질서 속에서 유지되도록 법을 세우신 것이다. 대왕이신 하나님께서는 그가 왕으로 세운 아담에게 에덴동산에 있는 선악을 알게 하는 나무의 실과는 따먹지 말라고 명하시고, 만일에 따먹는 경우에는 반드시 죽게 된다는 법을 공포하셨다. 하나님과 사람과 만물 사이에는 대왕과 왕과 백성이라는 특별한 관계가 맺어진 것이다. 하나님께서는 아담에게 모든 것을 다 베풀어주셨고, 그가 창조한 모든 만물 가운데 오직 사람과만 특별한 관계를 맺으셨다. 그런데 그 첫 사람 아담은 사탄의 유혹에 넘어가 하나님의 말씀을 거역하고, 불순종하여 하나님과의 관계를 스스로 끊고, 무화과

---

14 손석태, "말씀과 하나님 나라," 『개신논집』 JSRT 22 (2022) 5-40, 37-39.

나무의 잎을 엮어서 옷을 만들어 그들의 벌거벗음을 가리고, 하나님의 곁을 떠났다. 그리하여 아담 자신은 물론 아담과의 연대성 안에 있는 모든 사람과 만물은 하나님께서 세우신 법도대로 죽음을 맞게 된 것이다. 하나님께서 창조하신 세상은 사탄이 죄와 죽음을 무기 삼아 왕 노릇하는 세상이 되고 말았다.

이러한 가운데 하나님께서는 새 하늘과 새 땅을 계획하신다. 그가 기획하신 새 세상은 무엇보다 먼저 "관계성의 회복"이다. 에덴동산의 아담은 하나님의 말씀을 거역하고 선악과를 따먹고 하나님과의 관계를 끊고 하나님을 떠났다. 그러나 하나님께서는 아담의 대속 제물로 자신의 생명을 바친 새 아담을 통하여 하나님과의 관계를 새롭게 하고, 하나님께서 세우신 하나님-사람-만물이라는 관계와 이에 따르는 질서를 새롭게 회복하려고 하신다. 하나님께서는 이를 위하여 그의 백성, 이스라엘과의 관계를 다양한 비유를 통하여 가르치신다. 아버지와 아들(출 4:22-23; 호 11:1-11; 시 89:26-27), 왕과 백성(시 24편), 남편과 아내(렘 31:31-34; 호 1-3장), 군 사령관과 병사(출 1-11장), 목자와 양(렘 23, 겔 34장) 등의 다양한 은유나 비유를 통하여 하나님을 아버지, 왕, 남편, 군대사령관, 목자 등으로 표현하고, 그의 백성, 이스라엘을 아들, 아내, 백성, 병사, 양 등으로 묘사하고 있다.[15]

따라서 예수께서는 그의 생전에 제자들과 끊으려야 끊을 수 없는 관계를 맺고 유지하기 위하여 힘쓰셨다. 예수께서는 특히 제자들에게 임박한 그의 죽음과 부활을 앞두고서는 예수님과의 관계, 제자들 사이의 관계, 하나님과의 관계에 대하여 반복하여 가르치시고, 강조하신다. 이와 같은 하나님의 뜻을 잘 보여주는 것이 예수께서 제자들에게 베풀어 주신 유월절 마지막 만찬의 모습이다. 예수께서는 마지막 만찬석상에서 제자들에게

15　손석태,『목회를 위한 구약신학』(서울:기독교문서선교호, 2006). Seock-Tae Sohn, *The Divine Election of Israel* (Grand Rapids: Eerdmans, 1991).

"새 계명을 너희에게 주니, 서로 사랑하여라. 내가 너희를 사랑한 것 같이 너희도 서로 사랑하여라."(요 13:34)고 명하신다. 일찍이 하나님께서는 이스라엘 백성들에게 십계명을 주셨다. 물론 그 계명의 핵심은 하나님 사랑과 이웃 사랑이다. 예수께서 그의 새 백성들에게 주시는 계명도 역시 사랑이다. 사랑의 관계이다(출 20:1-21; 신 7:9; 요 3:16; 16:27). 그의 생전에 관계성에 관하여 많이 가르치셨던 예수께서는 이제 제자들과 마지막 만찬을 나누시며 그들과의 관계성에 대한 중요한 당부의 말씀을 주셨다.

"내 안에 거하여라. 나도 너희 안에 거하겠다. … 내가 곧 포도나무이고 너희는 가지들이다. 그가 내 안에 거하고 내가 그 안에 거하면 그는 많은 열매를 맺으니, 이는 나를 떠나서는 너희가 아무 것도 할 수 없기 때문이다."(요 15:5)

또한 예수께서 제자들과의 만찬 후 송별사(Farewell Discourses)에서 제자들을 위하여 마지막 기도를 드릴 때에도 같은 말씀을 하신다.

"이제 나는 아버지께 갑니다. 이제 내가 세상에서 이것을 말하는 것은 그들이 내 기쁨을 그들 안에 충만히 가지게 하려는 것입니다. … 내가 기도하는 것은 아버지께서 그들을 세상에서 데려가시기 위함이 아니라 그들을 악한 자에게서 지켜 주시기 위한 것입니다. 내가 세상에 속하지 아니한 것 같이 그들도 세상에 속하지 아니하였습니다. …
내가 구하는 것은 이들만 위한 것이 아니라 그들의 말을 통해 나를 믿을 자들도 위한 것입니다. 아버지, 아버지께서 내 안에, 내가 아버지 안에 있는 것처럼 모두 하나가 되어 그들도 우리 안에 있게 하소서. 그리하여 아버지께서 나를 보내신 것을 세상이 믿도록 하소서. 아버지께서 내게 주신 그 영광을 나도 그들에게 주었으니, 이는 우리가 하나인 것같이 그들도 하나가 되게 하려는 것입니다. 내가 그들 안에 있고 아버지께서 내 안에 계신 것은 그들을 하나로 온전하게 하셔서 아버지께서 나를 보내신 것과, 아버지께서 나를 사랑하신 것 같이 그들도 사랑하셨다는 것을 세상이 알게 하려는 것입니다."(요 17:13-16, 20-23)

이러한 예수님의 말씀을 염두에 둘 때, 예수께서 이 땅에 오셔서 가장 관심을 갖고 이루시고자 하신 핵심적인 일이 바로 하나님과의 관계성 회복인 것을 알 수 있다. 예수께서는 "아버지께서 내 안에, 내가 아버지 안에, 그들도(제자들도) 우리 안에" 있어, 하나님 아버지와 그의 아들 예수께서 하나인 것 같이 우리 제자들 모두가 하나님과 그의 아들 예수님 안에 하나가 되게 해주시라고 기도하시고 있다. 예수께서 하시려는 일은 하나님 아버지와 아들이신 예수님, 그리고 그의 제자들이 하나님 안에서 서로 내적 일체성을 갖는 것이다. 그래서 이들 사이에 마귀가 틈탈 수 없고 깨질 수 없는 영원한 관계성이 유지되는 것을 염두에 두신 말씀이다.

7.7. 새 하늘, 새 땅, 새 예루살렘

예수님의 제자 요한은 그의 계시록에서 그가 본 새 하늘과 새 땅에 대한 환상을 보여주고 있다.

"또 내가 새 하늘과 새 땅을 보니, 처음 하늘과 처음 땅이 없어지고, 바다도 더 이상 존재하지 않았다. 또 거룩한 성, 새 예루살렘이 하나님께로부터 하늘에서 내려 온 것을 보니, 신부가 남편을 위하여 단장한 것 같았다. 또 내가 들으니, 보좌에서 큰 음성이 말하기를 '보아라, 하나님의 장막이 사람들과 함께 있고, 그분께서 그들과 함께 계실 것이다. 그들은 하나님의 백성이 되고 하나님께서는 친히 그들과 함께 계실 것이니, 그들의 하나님이 되실 것이다. 하나님께서는 그들의 눈에서 모든 눈물을 닦아 주실 것이며, 다시는 죽음이 없고 슬픔이나 우는 것이나 아픈 것이 더 이상 있지 않

을 것이니, 이는 처음 것들이 지나갔기 때문이다."(계 21:1-4)

요한이 본 환상은 분명, 에덴동산에서 아담의 반역으로 하나님께서 창조한 온 세상 만물이 죄와 죽음의 세력 아래 놓이게 된 이후 하나님께서 새롭게 창조하신 세상의 모습을 기술하고 있다.

첫째로, 이 새로운 세상에는 처음 하늘과 처음 땅이 없어지고, 바다도 더 이상 존재하지 않는다는 것이다. 여기서 말하는 처음 하늘과 처음 땅은 분명 현재 우리가 살고 있는 세상을 두고 한 말이다. 이 점에 대해서 학자들 가운데는 의견이 다양하다.[16] 어떤 자들은 문자적으로 실질적인 새로운 창조를 주장한다(계 6:12-15, 20:11). 첫 창조와 새 창조를 비교하며, 근본적인 변화, 곧 윤리적인 쇄신뿐만 아니라 물질적이고 물리적인 요소(physical elements)를 포함한 근원적인 우주 구조의 변환(transformation)을 의미한다는 것이다. 그러나 "다시는 밤이 없다"(계 22:5; cf.21:25)는 말은 창 8:22, "땅이 있을 동안 심고, 거두는 일, 추위와 더위, 여름과 겨울, 그리고 낮과 밤이 그치지 않을 것이다."는 구절과는 서로 대조되고 있다. 바다가 없다는 말은 새 창조에 있었던 물이나 바다가 없어진다는 것을 의미하는 것은 아니다. 바다는 무질서, 악이나 현재의 세계를 더럽히고, 손상케 하는 모든 것을 상징하는 말이다.

그래서 새로운 우주는 새로 창조된 우주라는 말이라기보다는 기왕에 존재하는 우주가 마치 그리스도께서 부활하셨을 때, 그의 육신의 몸이 그 형태를 유지하면서 신령한 몸으로 새로워지는 것과 같이 (마 27:51-53; 눅 24:39; 요 20:17) 온 하늘과 땅이 새로워지는 것을 의미한다고 주장하는 것이 더 설득력이 있다.[17] 계시록 21:5에 "보아라 내가 만물을 새롭게 한다"

16　G. K. Beal, *The Book of Revelation*. NIGTC (Grand Rapids: Eerd-mans, 1999), 1040.

17　G. K. Beal and Mitchell Kim, *God Dwells Among Us* (Downers Grove: IVP, 2014),

는 표현이나 이사야서 2:1-4, 11:6-10 등의 예언은 하나님의 첫 창조물을 완전히 진멸하고, 무에서 유를 창조하신 것처럼 창조하신다는 의미는 아니다. 선지자 이사야는 하나님께서 새 하늘과 새 땅을 창조하실 때의 모습을 다음과 같이 기술하고 있다.

> "보아라 내가 새 하늘과 새 땅을 창조할 것이니,
> 이전 것들은 기억되거나 마음에 떠오르지 아니 할 것이다.
> 너희는 내가 창조하는 것으로 인해
> 영원히 기뻐하고 즐거워하여라
> 보아라, 내가 예루살렘을 기쁨으로
> 그 백성을 즐거움으로 창조할 것이기 때문이다.
> 내가 예루살렘을 즐거워하며 내 백성을 즐거워할 것이니,
> 우는 소리와 부르짖는 소리가
> 다시는 거기서 들리지 아니할 것이다.
> 거기는 며칠 밖에 살지 못하고 죽는 유아가 없을 것이며
> 자기 수명을 채우지 못하는 노인이 없을 것이다.
> 이는 백세에 죽는 자는 아이이고, 백세를 채우지 못하는 자는
> 저주를 받는 자이기 때문이다.
> ………
> 그들의 수고가 헛되지 아니하며,
> 그들이 낳은 자손이 재난을 당하지 않을 것이니
> 그들은 여호와의 복을 받은 자손이며
> 그들의 후손도 그들과 함께 할 것이기 때문이다.
> 그들이 부르기 전에 내가 응답하겠고
> 그들이 말을 마치기 전에 내가 들어 줄 것이다.

136-40.

> 이리와 어린 양이 함께 먹으며
> 사자가 소처럼 짚을 먹고
> 뱀을 흙으로 음식을 삼을 것이니
> 나의 거룩한 산에는 어디서나
> 상함도 없고 망함도 없을 것이다."
> 여호와께서 말씀하신다.(사 65:17-25)

하나님께서 새 하늘과 새 땅을 창조하시면 우리 성도들에게 첫 창조의 피조물들이 기억되거나 마음에 떠오르지 않게 된다는 것이다. 대신 하나님께서 새롭게 창조하신 것을 기뻐하고 즐거워하게 된다는 것이다. 잠깐 기뻐하는 것이 아니라 영원히 그가 창조하신 것을 기뻐한다는 것이다. 이리와 어린 양과 사자와 소와 뱀 등이 함께 흙과 짚을 먹고 살게 된다는 것이다. 따라서 하나님께서 새 창조를 하시는 데 첫 창조의 피조물들을 진멸한다거나 아예 흔적도 없이 없애버린다는 의미나 개념이 없다.[18] 고후 5:17에서는 "그리스도 안에 있으면 새로운 피조물이다. 이전 것은 지나갔으니 보아라 새것이 되었다"라는 구절에서도 성도들에게 제3자의 입장에서 그리스도 안에서 새롭게 된 세상을 보라고 말하고 있다 (골 1:15-18, 엡 1:20, 2:6-15). 이사야서 66:22은 특별한 의미를 주는 말씀이다.

> "내가 만들 새 하늘과 새 땅이 항상 내 앞에 있는 것처럼 너희 자손과 너희 이름도 항상 있을 것이다. 나 여호와의 말이다."

---

18 빌은 "새롭다"는 의미로 쓰이는 헬라어로 "카이노스"(καινός)와 "네오스"(νέος)라고 말하면서 "카이노스"는 일시적이고 영원하지 않는 것에 쓰이는 말이라면 "네오스"는 영원하고 오래 지속되는 것에 쓰이는 어휘이며, "카이노스"는 "네오스"와 달리 양보다는 질적인 면을 표현하는 데, 계시록에서 새것과 옛것, 처음과 나중 등의 표현은 질적인 면을 표현하는 어휘라고 말하고 있다. G. K. Beale, *The Book of Revelation*, 1040.

이상을 살펴볼 때, 처음 하늘과 처음 땅이 더 이상 존재하지 않고, 바다도 없었다는 말은 첫 창조가 사라지고 전혀 새로운 하늘과 땅이 창조되었다는 문자적인 의미보다는 모형적이고, 은유적인 의미가 크다고 볼 수 있다.

둘째는, 거룩한 성 새 예루살렘이 하나님께로부터 내려오는 데 그 모습이 신부가 남편을 위하여 단장한 것 같았다는 것이다. 에스겔 16장은 예루살렘을 여호와 하나님의 신부로 묘사하고 있다. 예루살렘은 태어나자마자 들판에 버려진 아이와 같았지만, 여호와 하나님께서 그를 주위와 길러 그의 신부로 삼고, 온갖 사랑과 은혜를 다 베풀어 호의호식하며, 온갖 영광과 부귀와 명예를 누리게 해주셨다. 그럼에도 불구하고 그의 신부, 예루살렘은 그의 신랑, 여호와께 반역하여 이방신과 음행한 여자로 비유하고 있다. 그 여자는 결국 여호와의 집에서 쫓겨나게 된다. 에스겔서 16장은 이스라엘의 출애굽, 시내 산 언약, 가나안 정착, 바빌로니아의 포로 생활, 그리고 예루살렘으로의 귀향이라는 이스라엘 백성의 역사적 흐름을 선택, 언약, 의무, 파약, 회복이라는 관계 신학적 틀 안에서 묘사하고 있다.[19] 예루살렘은 여호와께서 선택하신 여호와의 신부였지만, 여호와를 배신한 반역의 성읍이고, 음행의 성읍이 되어버렸다. 하지만 하나님께서는 그를 다시 불러 그의 신부로 삼으시고자 한 것이다. 따라서 요한은 계시록에서 예루살렘의 새로운 모습을 보여주고 있는 것이다. 궁극적으로 예루살렘 성읍은 예루살렘 주민인 이스라엘 백성을 지칭하는 말이다.[20] 그러므로 하나님께서는 이스라엘과 더불어 신랑과 신부의 관계를 새롭게 회복하고, 함께 거하려고 하시는 것이다.

성막에 이어 성전은 여호와의 거처이다. 창조 때에 하나님께서는 에덴에서 아담과 함께 거하셨다. 그러나 아담이 에덴에서 추방당하고 난 후,

---

19　Seock-Tae Sohn, *YHWH, the Husband of Israel* (Eugene: Wipf & Stock, 2002), 96-117. 손석태, 『여호와, 이스라엘의 남편』『목회자를 위한 구약신학』 (서울: CLC, 2006), 205-287.

20　손석태, 『여호와, 이스라엘의 남편』, 101-123, 136-178.

하나님께서는 홍수 심판 중에 노아를 살리시고, 노아의 아들 셈의 장막에 거하실 것을 말씀하신다(창 9:27).[21] 홍수 심판 이후 노아의 후손 가운데 아브라함이 나오고, 아브라함의 후손들은 이집트에서 종살이하며 번창하여 이스라엘 민족을 이룬다. 여호와 하나님께서는 이스라엘을 이집트에서 구출해 내고, 시내 산에 데려와 이들과 언약을 맺고, 아브라함의 후손들을 자기 백성으로 삼으며 이들과 함께 거하기 위하여 성막을 짓도록 명하신다. 여호와께서는 이스라엘을 출애굽 시킨 후, 이들과 혼인 언약을 맺고(렘 31:32), 성막과 성전을 그의 거처로 삼으셨다는 것이다(출 25:8-9; 40:34-38). 그러나 이스라엘은 이방신을 섬기며 온갖 우상으로 성전을 가득 채워, 성전을 더럽혔다. 결국 에스겔 10장에 보면 하나님께서 이 불결한 성전을 떠나시는 것을 볼 수 있다. 그리고 이스라엘도 결국 바빌로니아에게 망하게 된다. 이스라엘 백성이 70년 동안 바빌로니아의 포로살이를 하다가 그곳으로부터 귀향한 유대인들은 새 출발을 한다며 제2성전을 지었고, 이어서 헤롯 성전도 신축했지만 예루살렘은 로마 사람들에게 진멸되고, 성전은 폐허가 되었고, 지금은 그 자리에 이슬람 성전이 대신 서 있다. 그리고 이스라엘 백성은 예루살렘을 떠나 세상 곳곳으로 흩어진 나그네들이 되었다.

이후 새 하늘과 새 땅을 창조하신 하나님께서는 그의 새로운 백성들과 더불어 거할 새로운 거처, 거룩한 성, 새 예루살렘을 마련하신 것이다. 그러나 새 예루살렘에는 성전이 없었다. 요한은 그 이유를 "내가 그 성 안에서 성전을 볼 수 없었으니, 주 하나님, 곧 전능하신 분과 어린 양께서 그의 성전이시기 때문이다."라고 했다. 새 예루살렘에 따로 건축된 성전이 없는 이유는 전능하신 하나님과 그의 어린 양, 예수께서 성전이시기 때문이고, 예루살렘 성 자체가 하나님과 그리스도, 그리고 그의 양들이 함께 거하는 곳이기 때문이라는 것이다. 예수께서는 일찍이 예루살렘의 성전을

---

21   *주 27 참조

헐면 삼일 만에 세울 것이라고 말씀하셨는데, 이는 성전인 자신의 몸에 관하여 하신 말씀이라고 했다(요한 2:21). 뿐만 아니라 바울은 우리 성도들이 하나님의 성전이라고 가르친다.

> "너희가 하나님의 성전인 것과 하나님의 성령께서 너희 안에 계시는 것을 알지 못하느냐? 누구든지 하나님의 성전을 더럽히면 하나님께서 그 사람을 멸하실 것이다. 하나님의 성전은 거룩하며, 너희는 그의 성전이다."(고전 3:16-17)

예루살렘 성전은 여호와 하나님께서 장차 에덴동산에서 쫓겨난 그의 백성들 가운데 다시 그들과 함께 거하실 것을 보여주는 모형적이고 상징적인 집이었다. 타락 이전처럼 아담과 그의 연대성 안에 있는 죄인들이 하나님과 함께 거할 수는 없기 때문이었을 것이다. 그러나 아담 안에 있는 자들이 이제 새 아담 그리스도 안에 들어와 하나님의 새 백성이 되었으므로 이제 성전은 물론 성전 안에 있는 모든 기구와 성전의 예식이나 심지어 제사장도 필요 없게 된 것이다(계 21:22-27). 여호와 하나님의 새 백성, 한 사람 한 사람이 하나님의 성전이기 때문에 손으로 만든 성전이 필요 없게 된 것이다.

셋째는, 요한이 들은 하나님의 음성이다. 하나님의 장막이 사람들과 함께 있고, 하나님께서 이 사람들과 함께 있는데, 이들은 하나님의 백성이 되고, 하나님께서는 이 사람들의 하나님이 되신다는 것이다. 이 구절은 하나님과 사람 사이의 언약 관계를 표현하는 언약 공식이다.[22] 하나님께서

---

22 손석태, "계약공식, 그 기원과 배경," 『목회자를 위한 구약신학』 (서울: CLC, 2006), 175-203. Seock-Tae Sohn, "I Will Be Your God, You Will Be Me People: The Origin and Background of the Covenant Formula" *Ki Baruch Hu: Ancient Near Eastern, Biblical, and Judaic Studies* in Honor of Baruch Levine, eds. R. Chazan, W. W. Hallo and L. H. Schiffman

는 이스라엘과 언약을 맺으시며 "나는 너희 하나님이 되고, 너희는 내 백성이 될 것이다."라고 선언하셨다. 그러나 여기서는 이스라엘을 향하여 하신 말씀이라기보다는 새 아담과의 연대성 안에 있는 새 백성을 향하여 하신 말씀이기 때문에 모든 믿는 자로서 새 창조의 새 아담과의 언약적 연대성 안에 들어있는 모든 사람들을 지칭하는 말씀이라고 할 것이다. 아담의 범죄로 말미암아 끊겨진 하나님과의 교제가 새롭게 회복되었음을 보여주는 말씀이다.

넷째는, 여호와께서 사람들의 눈물을 닦아주고 슬픔을 위로하고 상처를 싸매주시는 모습과 더불어 더 이상 죽음이 없음을 선언하는 말씀이다. 하나님께서 이루실 새로운 세상은 더 이상 죽음이 없다. 하나님께 대한 반역으로 말미암은 죄 값이 치러졌기 때문에 이제는 죽음이 없는 영원한 생명만이 있는 것이다. 하나님께서는 우리에게 영원한 생명을 주시고 그의 백성들과 더불어 영원한 교제를 나누게 될 것이다. 그곳에는 더 이상 성전도 필요 없게 된다. 그의 백성이 하나님과 함께 항상 거하기 때문이며, 하나님이 성전이 되고, 새 아담이 성전이 되실 것이기 때문이다 (계21:22).

7.8. 보아라, 내가 속히 오겠다.

예수께서는 제자들과 마지막 만찬을 드시고, 눈을 들어 하늘을 바라보시며 말씀하셨다.

> "아버지 때가 왔습니다. 아버지의 아들을 영광스럽게 하셔서 아들로 아버지를 영광스럽게 하소서. 아버지께서 아들에게 주신 모든 이에게 영생을 주게 하시려고 모든 이를 다스리는 권세를 아들에게 주셨습니다. 영생은

(Winona Lake: Eisenbrauns, 1999), 355-72.

이것이니 곧 유일하신 참 하나님이신 아버지를 아는 것(γινώσκωσιν)과 아버지께서 보내신 예수 그리스도를 아는 것입니다. 아버지께서 내게 하라고 주신 일을 완성하여 내가 땅에서 아버지를 영광스럽게 하였습니다. 아버지, 세상이 있기 전에 내가 아버지와 함께 누리던 그 영광으로 이제 나를 아버지와 함께 영광스럽게 하소서." (요 17:1-5)

예수께서는 여기에서 하나님께서 그에게 부여하신 사명을 다 완성했다고 말씀하신다. 아버지께서 주신 사명은 아버지께서 아들에게 주신 모든 사람들에게 영생을 주는 것이며, 그 영생은 아버지를 알고, 아버지께서 보내신 예수 그리스도를 아는 것이라고 했다. 여기에서 "안다"(γινώσκω)는 말은 단순히 지식을 안다는 의미 이상의 관계를 의미하는 말이라고 할 수 있다. 아버지 하나님과 아버지께서 주신 모든 사람들과 마치 부부의 관계처럼 깊고, 인격적인 관계를 의미하는 말이라고 할 수 있다. 예수께서는 그 일을 다 이루었기 때문에 땅에서 아버지를 영화롭게 했다는 것이다. 그래서 이제는 아버지 하나님께 자기를 아버지와 함께 영화롭게 해달라는 기도를 하고 있는 것이다.

옛 아담의 범죄로 말미암아 영생을 잃은 인생들을 살려 영생을 주기 위하여 여자의 후손으로 이 땅에 오신 새 아담 예수께서는 이제 그의 사명을 완수하셨다는 것이다. 그래서 예수께서는 이제 이 세상이 있기 전에 아버지와 함께 누리던 그 영광을 다시 누리고자 아버지 앞으로 돌아가기를 바라는, 말하자면 귀향 신고를 하고 있는 것이다. 반면에 예수께서는 제자들에게 자신이 이 세상을 떠난다는 고별사를 말씀하신다.

"내가 이것들을 너희에게 비유로 말하였으나 다시는 비유로 말하지 않고 아버지에 대하여 명백하게 알려 줄 때가 올 것이다. 그날에는 너희가 내 이름으로 구할 것이다. 내가 너희를 위하여 아버지께 구하겠다는 말이 아니다. 이는 너희가 나를 사랑하였고 또 내가 하나님께로부터 왔음을 믿었으므로 아버지께서 친히 너희를 사랑하시기 때문이다. 나는 아버지께로부터 나와서 세상에 왔다가 다시 세상을 떠나 아버지께로 간다."(요 16:25-28).

이 말씀을 들은 제자들은 "보소서 주께서 지금은 명백히 말씀하시고 비유로 말씀하시지 않으시니 이제야 저희가 주께서 모든 것을 아신다는 것과 또 아무도 주께 질문할 필요가 없는 것을 알겠습니다. 이것으로 저희는 예수님이 하나님으로부터 오신 것을 믿습니다." (16:29-30). 제자들은 이제야 예수님이 하나님께로부터 오신 분이라는 확신을 갖게 되었고, 예수께서는 제자들에게 그들을 두고 아버지와 함께 하기 위하여 그들을 떠난다는 것을 확실하게 말씀하신다(16:32). "나는 아버지께로 나왔다가 다시 세상을 떠나 아버지께로 간다."(16:28).

요한계시록 22:1-5은 하나님께서 요한에게 새 에덴의 모습을 보여주시는 장면이다. 하나님과 어린 양의 보좌로부터 수정같이 맑은 생명수의 강이 흘러나와 성읍의 가운데로 흐른다. 마치 첫 창조 때에 네 개의 강이 에덴으로부터 흘러나와 동산을 적시고 있었던 것과 같이, 여호와 하나님께서 보시기에 아름답고 먹기에 좋은 나무가 땅에서 나오고, 그곳에는 생명나무와 선과 악을 알게 하는 나무도 있었다.

그러나 요한은 요한계시록 21:1에서 "또 내가 새 하늘과 새 땅을 보니, 처음 하늘과 처음 땅이 없어지고, 바다도 더 이상 존재하지 않았다."고 했다. 처음 하늘과 처음 땅, 곧 창세기 1:1 에 말씀대로 태초에 하나님께서 창조하신 하늘과 땅은 이제 없어지고, 바다도 더 이상 존재하지 않는다는 것이다.

이제 새 에덴에서는 수정같이 맑은 생명수가 하나님과 어린 양의 보좌로부터 흘러나와 강을 이루고, 그것이 성읍의 거리 가운데로 흐르고 있었다. 그리고 그 강 양쪽에는 생명나무가 있어 열두 가지 열매를 달마다 맺었으며, 그 나무 잎사귀들은 만국 백성을 치료하는 약으로 쓰기 위하여 있었다. 맑고 깨끗하고 풍성한 생명수, 풍성한 생명나무에 풍성하게 맺은 열매와 풍성한 나뭇잎이 만국 백성을 살리고, 병든 생명들을 치료하기 위하여 있었다(계 22:2). 열두 가지 열매를 먹지 말라는 율법도 없었고, 먹음직하고 보암직하고 지혜롭게 할 만큼 탐스러웠지만 먹으면 병들게 하고 죽음에 이르게 하는 열매도 없어, 에덴동산의 모습과는 너무나 대조적이다. 그곳에는 어떤 저주도 다시없었다고 했다. 대신 하나님과 어린 양의 보좌가 그 안에 있으며 그를 섬기는 자들이 그분의 얼굴을 보게 될 것이며, 그들은 하나님의 자녀이고 하나님의 백성이라는 표지로 그들의 이름이 그 이마에 있게 된다는 것이다. 그곳은 주 하나님께서 친히 비추실 것이기 때문에 다시는 밤이 없고, 등불이나 햇빛이 필요하지 않고, 하나님께서 그의 모든 피조물들을 영원무궁토록 다스리시게 된다는 것이다.

하나님께서 새롭게 이루시고자 하시는 새 하늘과 새 땅은 처음 하늘과 처음 땅과는 다른 세상이다. 더 이상 죽음이 없고, 슬픔과 아픔과 고난과 상처와 눈물이 없는 영원한 생명이 살아 움직이는 세상이다. 온갖 생명들이 함께 적대감을 버리고 상생하는 세상이다. 하나님께서 사람들과 함께 영원한 생명을 누리며, 영원한 교제를 누리는 세상이다. 하나님께서는 바로 이러한 세상을 염두에 두시고 새 하늘과 새 땅을 구상하시고, 그 구체적인 계획을 보여주시며, 실행해 나가신다. 그리고 주께서 말씀하신다. "보아라, 내가 속히 오겠다. 이 책의 예언의 말씀을 지키는 자는 복이 있다."(계 22:7). 우리 주 예수님은 분명 다시 오시겠다고 말씀하신다. 요한계시록 22:12에도 "보아라. 내가 속히 오겠다. 내가 줄 상이 나에게 있으니, 각 사람에게 그의 행위대로 갚아 주겠다."라고 말씀하신다. 요한계시록 22:20에는 "이것들을 증언하신 분께서 말씀하시기를 "참으로 내가 속히 오겠다."라고 하시니, 아멘, 주 예수님이시여 오시옵소서. 주 예수님의 은혜가 모든 이들과 함께 있을지어다. 아멘."하고 말씀하신다. 계시록 22장, 마지막 장에서 부활하신 예수께서는 그의 제자 요한에게 예수님 자신이 다시 오겠다는 약속을 세 번이나 반복해서 말씀하신다. 주님의 재림은 그만큼 분명하고 확실하다는 것을 강조하고 또 강조하신 것이다. 우리는 세상 사람들의 말은 믿을 수 없을지라도 우리를 위하여 그의 목숨을 내어주신 예수님의 말씀을 못 믿을 이유가 없다. 우리를 만나고 구원하여 함께 거하기 위하여 다시 오시겠다고 세 번을 강조하여 약속하신 말씀을 믿지 못하는 사람이 있다면 그 사람이야 말로 하나님 나라에 갈 수 없는 사람이다.

하나님의 백성인 우리는 우리의 왕 예수께서 다시 오실 때까지 하나님의 전신갑주를 입고, 한편으로는 마귀들과 하나님의 싸움을 싸우며, 다른 한편으로는 주님의 백성을 모으고, 그가 명하신 말씀을 지키도록 가르치는 선지자적 사명을 수행해야 한다. 예수께서는 그가 떠남으로 슬퍼할 제자들을 향하여 다시 말씀하신다.

"이와 같이 지금은 너희가 슬퍼하지만 내가 다시 너희를 볼 것이니, 너희 마음이 기쁠 것이며 아무도 너희 기쁨을 너희에게서 빼앗지 못할 것이다. 그 날에는 너희가 나에게 아무 것도 묻지 않을 것이다. 내가 진정으로 진정으로 너희에게 말하는데 너희가 내 이름으로 아버지께 구하면 그분께서 너희에게 주실 것이다. 지금까지는 너희가 내 이름으로 아무것도 구하지 않았으나 이제 구하여라. 그러면 받을 것이니, 너희 기쁨이 충만하게 될 것이다."(요 16:22-24)

사도 요한은 창세기의 처음 하늘과 처음 땅을 돌이켜 보며, 새 하늘과 새 땅을 보고 있다.

"또 내가 새 하늘과 새 땅을 보니 처음 하늘과 처음 땅이 없어지고, 바다도 더 이상 존재하지 않았다. 또 내가 거룩한 성, 새 예루살렘이 하나님께로부터 하늘에서 내려오는 것을 보니 신부가 남편을 위하여 단장한 것 같았다. 또 내가 들으니 보좌에서 큰 음성이 말하기를 '보아라, 하나님의 장막이 사람들과 함께 있고, 그분께서 그들과 함께 계실 것이다. 그들은 하나님의 백성이 되고 하나님께서는 친히 그들과 함께 계실 것이니, 그들의 하나님이 되실 것이다. 하나님께서 그들의 눈에서 모든 눈물을 닦아 주실 것이며, 다시는 죽음이 없고 슬픔이나 우는 것이나 아픈 것이 더 이상 있지 않을 것이니 이는 처음 것들이 지나갔기 때문이라.'" 라고 하셨다.

또 보좌에 앉으신 분께서 말씀하시기를 '보아라 내가 만물을 새롭게 한다' 하셨고 또 말씀하시기를 '너는 기록하여라. 이 말들은 확실하고 참되도다' 하셨으며, 그분께서 또 말씀하셨다. '다 이루었다. 내가 곧 알파와 오메가이고 시작과 끝이다. 내가 목마른 자에게 생명수 샘물을 값없이 주겠다. 이기는 자는 이것들을 상속받을 것이며, 나는 그의 하나님이 되고, 그는 나의 아들이 될 것이다. 그러나 두려워하는 자들과 믿지 않는 자들과 … 은 불과 유황이 타는 못 안에 들어가는 것이다. 이것이 둘째 사망이다.'(계 21:1-7)

결 론

우리는 지금까지 아담의 타락으로 말미암아 하나님의 진노의 심판 아래 있는 세상을 새롭게 하시려는 하나님의 계획이 어떤 것이며, 또한 그 계획이 어떻게 이루어져 가고 있는가를 살펴보았다. 하나님께서는 아담을 대신한 새 아담을 세워, 새 하늘과 새 땅을 창조하시려는 것이었다. 아담과 그 연대성 안에 있는 사람들이 하나님의 말씀을 불순종하여 하나님께서 지으신 세상이 멸망하게 되었기 때문에 하나님께서는 하나님의 말씀을 통한 새로운 세상을 만들려고 하셨고, 아담이 하나님의 말씀을 불순종하고 하나님의 품을 떠나 하나님과의 관계를 끊었지만 하나님께서는 그의 백성들과 변치 않는 견고한 관계를 새롭게 맺고, 유지하려고 하셨다. 따라서 말씀을 통한 새 하늘과 새 땅, 그리고 새 아담의 죽음과 부활로 맺어진 언약적 관계성이 바로 성경에 흐르는 중심 사상이라고 할 수 있다.

하나님께서는 홍수로 세상을 쓸어버린 후에 아담을 대신하여 그의 대리 통치자 역할을 노아와 그의 가족과 후손들에게 넘겨주셨다. 그리고 다시는 홍수로 세상을 멸하지 않겠다는 언약을 주시고, 무지개를 언약의 표로 주셨다(창 9장). 그 후 여호와께서는 노아의 입을 통하여, 노아의 아들, 셈의 장막에 거하실 것을 말씀하신다(9:27). 아담은 하나님의 명령을 거역하고 하나님의 얼굴을 피하여 나무 뒤에 숨었지만, 노아는 하나님의 말씀을 절대적으로 순종한 사람이었기에 하나님께서는 노아의 아들, 셈의 장막에 거하시겠다는 뜻을 말씀하신 것이다. 셈의 장막은 후에 이스라엘이 광야 생활하며 만든 성막, 약속의 땅 예루살렘에 건축한 성전, 그리고 자신을 속죄물로 바친 새 아담, 예수님의 몸이 되었고, 예수님 부활 후에는 성령께서 그의 성도들의 몸 안에 거하심으로 우리 성도들이 성전이 되었다(고전 3:16). 하나님을 반역한 인간들과 그의 후손들은 아담 이후 계속 하나님의 품을 떠나려고 발버둥 쳤지만 하나님께서는 우리 죄인들을 끝까지 버리지 않으신 것이다.

하나님께서는 아담의 후손들과의 관계를 계속 유지하기 위하여, 아브라함의 자손들과 부자 관계, 혹은 부부 관계의 은유를 통하여 그의 백성과의 관계를 이해시키고, 그 관계를 변치 않고 유지하게 하기 위하여 짐승을 잡아 피를 뿌림으로 목숨을 담보하는 언약을 맺으신다. 예수께서 마지막 만찬 석상에서 제자들에게 떡과 포도주를 나눠주시며, 제자들에게 "그 날에는 내가 내 아버지 안에 있고, 너희가 내 안에 또 내가 너희 안에 있음을 너희가 알 것이다"(요 14:20)라고 말씀하셨다. 아담은 선악과를 따먹고 하나님의 곁을 떠났지만 새 아담, 예수님의 살과 피를 먹고 마신 제자들은 하나님과 예수님과 떼려야 뗄 수 없는 관계를 맺은 있는 것이다. 그래서 하늘 보좌에서 "보아라, 하나님의 장막이 사람들과 함께 있고, 그분께서 그들과 함께 계실 것이다. 그들은 하나님의 백성이 되고 하나님께서는 친히 그들과 함께 계실 것이니, 그들의 하나님이 되실 것이다."(계 21:3)라고 하는 큰 음성이 보좌에서 나왔다. 아담은 하나님의 말씀을 거역하고 하나님을 떠났지만 하나님께서는 그의 백성과 함께 계시고 그들의 하나님이 되실 것을 선언하시고 다짐하신다.

뿐만 아니라 하나님께서 그의 백성들과 함께 하시며 "새 하늘과 새 땅"을 만드신다. 하나님께서는 아담의 범죄로 황폐하게 된 세상을 이제 새롭게 창조하려고 하신다. 그래서 하나님께서는 선지자들을 통하여 말일에 하나님께서 만드시려는 세상을 역사 가운데 계시해주셨다. 이사야 2장에 보면 하나님께서 만드실 새 하늘과 새 땅은 말씀을 통하여 이루시는 세상이다. 말일에 여호와의 전의 산이 모든 산들 꼭대기에 서고 모든 민족들이 그 전을 향하여 올라가며 "가자, 우리가 여호와의 산과 야곱의 하나님의 전으로 올라가자. 주께서 주님의 길을 우리에게 가르치실 것이니 우리는 그 길을 걸어 갈 것이다. 이는 율법이 시온에서 여호와의 말씀이 예루살렘에서 나올 것이기 때문이다"(사 2:3)라고 말한다는 것이다.

마지막 날에 높고 높은 산에 여호와의 전이 서게 되고, 열방의 모든 민족들이 그 전을 향하여 올라가는데, 그 성전에 계신 주께서는 그를 찾아오는 열방 백성들에게 "주님의 길"(מדרכיו, his way)을 가르치시고, 가르침을 받은 백성들은 "그 길"(בארחתיו)을 가게 된다는 것이다. 여기서 "주님의 길"은 시온에서 나오는 율법과 예루살렘에서 나오는 여호와의 말씀을 의미한다. 이 비전은 이미 하나님께서 아브라함을 부르시고 그를 부르시는 목적을 말씀하실 때 하신 말씀이다(창 18:18-19). 하나님께서 아브라함을 선택하신 목적은 아브라함이 그의 자식과 가족들에게 "여호와의 도(길)"를 지켜 공의와 정의를 행하게 하여 땅의 모든 족속이 아브라함 안에서 복을 받게 하려(ונברכו בו, and shall be blessed in him [아브라함 안에서 복을 받을 것이다]) 한다고 말씀하셨는데, 바로 이 말씀이 마지막 날에 이루어질 하나님의 비전, 곧 위로는 하나님과의 바른 관계, 아래로는 사람과의 바른 관계를 맺고 유지함으로 온 세상에 평화가 이루어지게 된다는 것을 하나님께서 이사야에게 확인해 주신 것이다. 아브라함을 부르신 것도 여호와의 도를 통한 평화의 세상을 만들기 위함이었고, 여자의 후손, 임마누엘을 보내시는 것도 여호와의 도를 통한 공의와 정의가 있는 평화의 세상을 만들기 위함이었다(사 2:3; 7:14; 11:1-13)..

세상 열방 사람들이 여호와의 전에 모여들어 여호와의 도를 받고, 공의와 정의가 이루어지면 이 세상 사람들은 칼을 쳐서 보습을 만들고, 창을 쳐서 낫을 만들 것이므로 다시는 나라가 나라를 향하여 칼을 들지 않을 것이고 다시는 전쟁을 하지 않는다는 것이다(사 2:4). 세상 모든 사람들이 여호와의 도, 곧 여호와의 말씀을 배우고 행함으로 공의와 정의가 서고, 전쟁이 없는 세상이 된다는 것이다. 따라서 이사야는 이러한 세상은 물이 바다를 덮음 같이 여호와의 지식이 온 땅에 충만한 세상이 될 때, 세상에 있는 온갖 물고 물리는 생물들이 그들이 가진 태생적인 적대감을 버리고 함께 어울려 사는 평화의 세상이 될 것임을 말하고 있다. 말하자면 아브라함의 후손, 곧 새 아담을 통하여 나오는 여호와의 말씀, 여호와의 도, 여호와를 아는 지식이 넘치는 세상이 바로 새 하늘과 새 땅이 되고, 이 새 하늘과 새 땅이 바로 하나님과 그의 백성이 함께 사는 나라, 평화의 나라가 되는 것이다. 더 이상 성전이 필요 없고, 하나님의 장막이 사람들과 함께 있고, 하나님께서 사람들과 함께 계셔서, 그들은 하나님의 백성이 되고, 하나님은 그들의 하나님이 되시는 새로운 세상이 되는 것이다.

하나님의 새 세상은 말씀으로 만드는 세상이다. 말씀으로 새로워지고, 말씀으로 새롭게 세워진 나라가 바로 하나님의 새 나라, 새 하늘과 새 땅이다. 말씀이신 하나님께서 새 하늘과 새 땅을 만들기 위하여 하늘 영광과 보좌와 권세를 버리시고 이 땅에 오셔서 말씀을 가르쳐 제자를 삼고, 제자들을 훈련하여 말씀을 가르치는 성경 선생이 되게 하셨다.

하나님의 궁극적인 뜻은 말씀을 통한 새 세상, 곧 전쟁이 없고, 오로지 공의와 정의가 넘치는 평화로운 세상이다. 이를 위하여 말씀이신 하나님께서 육신을 입고, 이 땅에 오셔서 그의 몸을 바쳐 새 왕국을 세우시고, 그 자신이 무지몽매한 인간들에게 여호와의 도를 가르쳐 새 사람이 되고, 이 새 사람들이 새 왕국을 이루는 새 백성이 되게 하는 것이다. 그러므로 이 땅에 남은 하나님의 백성들은 이 땅에서 살아 있는 동안 말씀의 일꾼으로서 말씀의 나라를 세우는 일을 해야 할 말씀의 종들이 되어야 하는 것이다.

참 고 문 헌

Beale, G. K. *The Book of Revelation*. NIGTC. Grand Rapids: Eerdmans, 1999.

_____. *A New Testament Biblical Theology: Unfolfing of the Old Testament in the New*. Grand Rapids: Baker Academy, 2011.

Beale, G. K. and Mitchell Kim, *God Dwells Among Us: Expanding Ends of the Earth*. Downers Grove: IVP, 2014.

Bruce, F .F. *The New International Greek New Testament Commentary: The Epistle to the Galatians*. Grand Rapids: Eerdmans, 1982.

Chazan R., W.W. Hallo, L.H. Schiffman, *Ki Baruch Hu : Ancient Near Eastern, Biblical, and Judaic Studies in Honor of Baruch A. Levine*. Winona Lake: Eisenbrauns,1999.

Constantine R. *Paul and Union with Christ: An Exegetical and Theological Studies*. Grand Rapids: Zondervan, 2012.

Cooper, L .E. *Ezekiel*. Vol. 17, NAC. 1994.

Dumbrell, William J. *The End of the Beginning: Revelation 21-22 and the Old Testament*. Eugene: Wipf and Stock, 2001.

Dunn, James D. G. *Romans 1-8*. WBC 38a. Dallas: Word, 1998.

Eichrodt, W. *Theology of the Old Testament,* trans. J. A. Baker. Philadelphia: Westminster, 1951.

Enn, Peter. *The NIV Application Commentary,* 113-20.

Frame, J. M. The Person of Christ: *Systematic Theology: An Introduction to Christian Belief*. Phillipsburg: R&R, 2013.

Gentry, Peter J. & Stephen J. Wellum, *Kingdom through Covenant: A Biblical-Theoogical Understanding of the Covenant*. Wheaton Crossway, 2012.

Goldingay, John. *Old Testament Theology*. Downers Grove: IVP, 2003.

Hahn, Scott. *Kinship by Covenant: Canonical Approach to the Fullfilment fo God's Saving Promises.* New Haven & London; Yale University Press, 2009.

Harris, Laird. Gleason L. Archer, Jr. Bruce K. Waltke, "453 Derek" (דרך) *Theological Wordbook of the Old Testament.* Chicago: Moody Bible Institute, 1980.

Hasel, G. "Recent Translation of Genesis 1:1" *The Bible Translator* 22. 1971.

Horton, Michael. *Introducing Covenant Theology.* Grand Rapids: Baker, 2006.

Jeon, Jeong Koo. *Biblical Eschatology.* Covenant Eschatology for the Global Mission Age. Eugene: Wipf & Stock, 2021.

Kim, Seyoon. *The Origin of Paul's Gospel.* Tuübingen: J.C.B. Mohr [Paul Siebeck], 1981.

_____. *Paul's Gospel for the Thessalonians and others*, Mohrs Siebeck, 2021.

Kline, M. G. *The Structure of Biblical Authority.* Grand Rapids: Eerdmans, 1975.

_____. *Kingdom Prologue.* Eugene: Wipf & Stock, 2006.

Levine, B.A. *Leiviticus: The JPS Torah Commentary.* The Jewish Publication Soeciety. 1989.

_____. Numbers, 1-20(1993), 21-36(2000). The Anchor Bible: New York:
Doubleday.

Lillback, Peter A. *The Binding of God: Calvin's Role in the Development of Covenant Theology,* Grand Rapids: Baker, 2001.

Longman, Tremper. *Revelation Through Old Testament Eyes: A Background and Application Commentary.* Grand Rapid. Kregel Publication, 2022.

_____. "Army, Armies" *Dictioary of Biblical Imagery.* Downers Grove: IVP, 1998.

_____. Genesis: The Story of God Bible Commentary. Grand Rapids: Zondervan, 2016.

Machen, J. G. *The Virgin Birth of Christ.* London, 1932.

Matthew, Kenneth A. *Genesis 1:11:26* (NAC 1A; Nashville: Broadman & Holman, 1996.

_____. Kenneth Mathews, *Genesis 4:27-11:26.* NAC (The Broadman & Holman Publishers, 1966.

Mounce, R. H. *Romans.* NAC. Vol. 27; Nashville: Broadman & Holman Publishers, 1995.

Murray, J. *The Epistle to the Romans.* Grand Rapids, MI; Cambridge, U.K.: Wm. B. Eerdmans Publishing Co., 1968.

Murray, Robert. *The Cosmic Covenant* London: Sheed & Ward, 1992.

Plastara, James. *The God of Exodus: The Theology of the Exodus Narrative,* Milwaukee: Bruce, 1966.

Reymond, R. L. *A New Systematic Theology of Christian Faith,* 2nd ed. Nashville: Thomas Nelson Publishers, 1998;

Ridderbos, Herman N. "When the Time Fully Come" in *Redemptive History and the Kingdom of God.* ed. & tr. Kwang-Man Oh. 오광만 편역

Robertson, O. Palmer *The Christ of the Prophet.* P&R: Phillipsburg, 2014.

_____. 계약신학과 그리스도(The Christ of the covenant). 김의원 역. 서울: 기독교문서선교회, 2015.

Sohn, S. *The Divine Election of Israel.* Grand Rapids: Eerdmans, 1991.

_____. "'I will be your God, you will be my people': The Origin and Background of the Covenant Formula" *KI BARUCH HU: Ancient Near Eastern, Biblical, and Judaic Studies In Honor of Baruch Levine,* eds. R Chazan, W. W. Hallo, L. H. Shiffman. Winona Lake: Eerdmans, 1999.

_____. *YHWH, The Husband of Israel.* Eugene: Wipf & Stock, 2002.

_____. *His Touch on the Mouths: New Perspective on the Baptism of the Holy Spirit .* Eugene: W&S, 2018.

Sproul, R. C. gen.ed. *Genesis.* n.1:1-2:3. *The Reformation Study Bible.* Orlando: Reformation Trust, A Division of Ligonier Ministry, 2015.

Walton, John H. *Genesis: The NIV Application Commentary.* Grand Rapids: Zondervan, 2001.

_____. *The Lost World of Genesis One: Ancient Cosmology and the Origins Debate.* Downers Grove: InterVarsity Press, 2009.

Wenham, G. I. *Genesis 1-15,* WBC. .Dallas: Word, 1987.

Young, E. J. *My Servants the Prophets.* Grand Rapids: Eerdmans, 1952.

_____. *The Book of Isaiah, Chapters 40–66* (Vol. 3). Grand Rapids: Eerdmans, 1972.

강대훈. 『마태복음 주석 (하)』, 서울: 부흥과 개혁사, 2019.

김세윤. 『데살로니가인들과 모두를 위한 복음』 (*Paul's Gospel for the Thessalonians and others*). 서울: 두란노, 2023.

손석태. "성경의 계약공식: 그 기원과 배경" 『개신논집』 *JSRT* 1994.

_____. 『여호와, 이스라엘의 남편』, 서울: 도서출판 솔로몬, 1997.

_____. 『목회자를 위한 구약신학』, 서울: CLC, 2006.

_____. 『말씀과 구속사』, 서울: RTS, 2010.

_____. 『성경을 바로 알자』, 서울: CLC, 2013.

_____. "옛 언약과 새 언약" 『개신논집』 *JSRT* 2015.

_____. "만인선지자" 『개신논집』 *JSRT* 2018.

_____. 『성령세례의 새로운 해석』, 서울: CLC, 2020.

_____. 『창세기 강의』, 서울: CLC, 2021.

_____. "말씀과 하나님 나라" 『개신논집』 *JSRT* 22. 2022.

윌리암 J. 덤브렐. 『새 언약과 새 창조』 (*The End of the Beginning: Revelation 21-22 and the Old Testament*), 장세훈 역. 서울: CLC, 2003.

제임스 B. 프리처드. 『고대근동문학선집』 (*Ancient Near East: An Anthology of Texts & Picture*). 책임감수 및 번역. 김구원. 서울: CLC, 2016.

조호형. "갈라디아 6:2에 나타난 '그리스도의 법'에 대한 연구" 『신약연구』14.4, 2015

후크마, 안토니 A. 『개혁주의 인간론』, 서울: CLC, 1990,